AF275324

CARPE DIEM

Emilio del Río

Carpe diem

Autoayúdate con los clásicos

ESPASA

© Emilio del Río, 2025

© Editorial Planeta, S. A., 2025
Espasa es un sello de Editorial Planeta, S. A.
Avda. Diagonal, 662-664
08034 Barcelona
www.planetadelibros.com
www.espasa.es

Primera edición: febrero, 2025
Segunda edición: marzo, 2025

Diseño de cubierta: Planeta Arte & Diseño
Ilustración de cubierta: © Héctor Trunnec
Fotografía del autor (solapa): © Nines Mínguez

Depósito legal: B. 1.267-2025
ISBN: 978-84-670-7603-5

La lectura abre horizontes, iguala oportunidades y construye una sociedad mejor. La propiedad intelectual es clave en la creación de contenidos culturales porque sostiene el ecosistema
de quienes escriben y de nuestras librerías. Al comprar este libro estarás contribuyendo a
mantener dicho ecosistema vivo y en crecimiento.
En Grupo Planeta agradecemos que nos ayudes a apoyar así la autonomía creativa de autoras
y autores para que puedan seguir desempeñando su labor.
Dirígete a CEDRO (Centro Español de Derechos Reprográficos) si necesitas fotocopiar o
escanear algún fragmento de esta obra. Puedes contactar con CEDRO a través de la web
www.conlicencia.com o por teléfono en el 91 702 19 70 / 93 272 04 47.
Queda expresamente prohibida la utilización o reproducción de este libro o de cualquiera de
sus partes con el propósito de entrenar o alimentar sistemas o tecnologías de inteligencia
artificial.

Impreso en España – *Printed in Spain*
Impresión: Rodesa, S. A.

PEFC Certificado

Este libro procede de
bosques gestionados
de forma sostenible

PEFC

PEFC/14-38-00305   www.pefc.es

Para Mayte,
que me autoayuda de toda la vida.

ÍNDICE

INTRODUCCIÓN
BUSCA SIEMPRE EL LADO POSITIVO DE LA VIDA

¿Cómo vivir una buena vida? ¿Cómo encontrar la felicidad? ¿Cómo enfrentar el dolor y la incertidumbre? ¿Cómo asumir el cambio? ¿Cómo construir relaciones duraderas? ¿Qué valor tiene la amistad? ¿Cómo afrontar la muerte? ¿Cómo vivir con plenitud? ¿Cómo superar el miedo? ¿Cómo mantener la serenidad en tiempos difíciles? ¿Cómo conseguir ser perseverantes? ¿Cómo encontrar sentido en medio del caos? ¿Cómo tener hábitos de trabajo? ¿Cómo lograr el equilibrio entre el trabajo y la vida personal? ¿Cómo amar y ser amado?

Estas son algunas de las grandes preguntas que todos nos hacemos. A lo largo de la historia, la humanidad ha reflexionado sobre ellas, buscando respuestas que trascendieran el tiempo. Hoy en día vivimos bombardeados por consejos y fórmulas para mejorar nuestra vida, por libros de autoayuda que nos dicen desde cómo alcanzar el éxito en el trabajo hasta cómo encontrar la paz interior.

En marzo de 2019 hacía una parodia sobre esta invasión de los libros de autoayuda Marcos Mundstock, el genial músico y humorista de los míticos Les Luthiers. En esa fecha intervino, a través de videoconferencia, en el Congreso Internacional de la Lengua Española celebrado en Córdoba (Argentina) —en la que

fue su última aparición pública, por cierto— para, fiel a su estilo
de humor inteligente, solicitar a la RAE y al Instituto Cervantes
que supervisaran «la proliferación de los libros de autoayuda».

Con ironía confesaba, «con cierto rubor, debo admitir que yo
mismo he escrito libros de autoayuda», un manual que le había
encargado el Automóvil Club y que «más que de autoayuda era
de ayuda-autos», que, aseguraba, fue incomprendido por el gran
público y eso le llevó a escribir el siguiente, *Ayuda para leer libros
de autoayuda*. Que, «ese sí, fue un éxito».

Esto fue antes de la pandemia. ¡Después ha ido a más!

Proliferan los *coachs* de la felicidad que en sus manuales de
autoayuda venden como fórmulas mágicas afirmaciones obvias
como «hay que vivir el presente», «la felicidad está en tus manos»
o «tú eres el arquitecto de tu destino». Y reducen conceptos filosóficos o psicológicos complejos a simples eslóganes comerciales,
lo que no solo es engañoso sino también peligroso, porque lleva a
muchos a creer que los problemas profundos pueden resolverse
con una frase inspiradora.

¿Alguna vez te has preguntado por qué tantos «predicado-
res» de la autoayuda parecen estar redescubriendo la rueda?
Plantean supuestamente «nuevas» estrategias para la felicidad y
para el éxito (siempre hablan del éxito, y yo me pregunto: ¿qué
es el éxito?). Pero ¿cuántas de estas ideas son realmente nuevas?
¿Cuántas son simplemente versiones actualizadas de la sabiduría
que los clásicos griegos y romanos ya nos legaron?

Por ejemplo, ¿has oído hablar del cambio como una constante? Hoy en día, los gurús de la autoayuda nos dicen que debemos aceptar el cambio, adaptarnos y fluir con la vida. Pero esta
no es una idea nueva. Heráclito lo resumió hace miles de años
con su famoso «todo fluye» (*panta rei*). Heráclito nos enseñó que
el cambio es la esencia misma del universo, que todo está en
movimiento y que una de las claves del bienestar emocional es
saber adaptarse al cambio. Mientras los libros de autoayuda
intentan vendernos la adaptación al cambio como la gran novedad, los clásicos ya sabían que abrazar la transformación y estar
preparados para el cambio es algo fundamental para vivir en
armonía con la realidad y para ser felices.

¿Y qué me dices de la importancia de tener objetivos claros en la vida? Los expertos en «desarrollo personal» predican la necesidad de fijar metas, «visualizar el éxito» y «poner el foco». Un fijo en esos charlatanes es «el éxito». Pero ¿no nos había advertido ya Séneca que «ningún viento es favorable para quien no sabe a qué puerto se dirige»? La idea de Séneca no solo resalta la importancia de tener objetivos en la vida, sino también la sabiduría de entender que, sin fijarnos objetivos, todos nuestros esfuerzos serán en vano.

¿Has leído que se necesitan veintiún días para formar un hábito? Los manuales de autoayuda contemporáneos están llenos de fórmulas para establecer rutinas. Sin embargo, Apeles, el pintor griego, tenía un consejo mucho más simple y duradero: *Nulla dies sine línea*, es decir, 'ningún día sin una línea'. Plinio el Viejo, hace dos mil años, nos cuenta que Apeles, a pesar de sus múltiples ocupaciones, nunca dejaba pasar un solo día sin practicar su arte, dibujando al menos una línea. Esta práctica constante, esta perseverancia, más que cualquier fórmula mágica, es la verdadera clave para conseguir nuestros objetivos. Es una lección que los clásicos nos enseñaron hace milenios.

Hoy, muchos libros de autoayuda nos instan a vivir en el presente, a practicar el *mindfulness* y dejar de lado las preocupaciones del pasado o el futuro. Pero esto tampoco es una novedad. Epicuro, hace 2300 años, ya nos decía que «no debemos arruinar lo que tenemos deseando lo que no tenemos» y que la clave para la felicidad es disfrutar plenamente del momento presente. Mientras que el concepto de *mindfulness* se presenta hoy como una técnica revolucionaria, los clásicos ya sabían que la capacidad de atención y aceptar la vida tal como es en cada momento son esenciales para una vida equilibrada y satisfactoria, para una vida feliz.

¿Has escuchado que debemos vivir cada día como si fuera el último? Esta idea, que se encuentra en tantos libros de autoayuda, tiene raíces mucho más antiguas. Séneca, hace dos mil años, nos aconsejaba «organizar cada día como si fuera el último», no para vivir con miedo, sino para aprovechar plenamente cada momento y asegurarnos de que estamos viviendo de acuerdo con nuestros valores. En lugar de esperar que el futuro nos traiga la felicidad, los clásicos nos enseñan a encontrarla en el presente, obviamente sin olvidar el futuro, pero sin estar angustiados por él.

¿Por qué deberíamos prestar atención a los clásicos grecolatinos? Porque, en un mundo donde las soluciones instantáneas pero inconsistentes están a la orden del día, los clásicos nos ofrecen respuestas profundas, atemporales y bien fundamentadas, que han resistido la prueba del tiempo y siguen siendo las mejores para enfrentar los desafíos de la vida moderna. ¿No es mejor ir a quienes pensaron primero sobre la condición humana? Y, además, ¡es divertido leerlos!

Mientras tanto, los actuales charlatanes de feria nos ofrecen respuestas facilonas y frases motivacionales, muchas veces supuestamente basadas en los clásicos grecolatinos, aunque realmente se las inventan. ¡Cuántas veces me he encontrado con que Séneca no dijo eso, ni Marco Aurelio escribió lo que le atribuyen, ni se encuentra en las obras de Cicerón esa cita! ¿No es más seguro ir a la fuente directa, a los propios clásicos?

Hoy en día, además, nos invade toda una avalancha de libros y de cuentas en las redes sociales que han puesto de moda el estoicismo, repletos de frases «motivacionales» —me echo a temblar cuando escucho «motivacional»— que la mayor parte de las veces son inventadas o manipuladas. En las redes el estrago es especialmente tremendo. Hay mucho homeópata del alma por ahí suelto. Sin embargo, el verdadero estoicismo es mucho más que simples máximas inspiradoras: es una ética que nos invita a vivir de acuerdo con la razón, la virtud y la aceptación de lo que no podemos controlar.

El estoicismo está de moda. En este libro encontrarás a los grandes pensadores estoicos del mundo clásico, pero no solo a los estoicos. En esto sigo a Cicerón, ecléctico, que no se sujetaba a ninguna ortodoxia filosófica y cogía lo que le parecía mejor de cada una de ellas: admiraba el estoicismo, encontraba valiosas las enseñanzas del epicureísmo y asumía principios del escepticismo. Al igual que Cicerón, creo que no es necesario adherirse a una sola escuela de pensamiento para alcanzar el bienestar emocional. De hecho, es enriquecedor aprovechar lo mejor de cada corriente.

Del estoicismo podemos tomar la serenidad ante las adversidades, la fuerza interior para aceptar lo que no podemos cambiar y la determinación para vivir según nuestros principios.

Del epicureísmo podemos aprender a disfrutar de los placeres simples, a cultivar la amistad y a valorar los pequeños momentos de alegría que nos ofrece la vida. El título de este libro es un lema del epicúreo poeta latino Horacio: *carpe diem*.

Del escepticismo debemos seguir el ejemplo de no aceptar las cosas sin cuestionarlas, la importancia de la duda como herramienta para evitar el dogmatismo. El escepticismo nos enseña a ser críticos, a no dejarnos llevar por las apariencias ni por las opiniones mayoritarias, nos recuerda la importancia de la humildad intelectual: reconocer los límites de nuestro conocimiento y aceptar que no siempre tenemos todas las respuestas.

Sin embargo, cuando se trataba de la defensa de la libertad, Cicerón no era un ecléctico. Para él, la libertad no era una cuestión sujeta a interpretaciones flexibles o compromisos filosóficos. La libertad era un valor supremo, intrínsecamente ligado a la justicia y al desarrollo personal. Hasta tal punto se empeñó en eso que le costó la cabeza. Literalmente. Marco Antonio ordenó que le trajeran la cabeza de Cicerón.

Tenemos otro ejemplo en Demóstenes, uno de los más grandes defensores de la democracia en el mundo clásico. Su vida y obra estuvieron dedicadas a la preservación de los ideales democráticos en Atenas en el siglo IV a. C., frente a las amenazas internas y externas. A través de sus discursos, Demóstenes denunció con pasión los peligros de la tiranía y la importancia de la participación de los ciudadanos en la vida pública. Sus discursos contra Filipo II, el padre de Alejandro Magno, son el recuerdo milenario de que la democracia requiere constante vigilancia, compromiso y, a veces, sacrificio para ser mantenida. La libertad debe ser protegida y defendida a toda costa. Esta es otra de las grandes lecciones de los clásicos, de Demóstenes a Cicerón.

Este libro no es un manual ni de filosofía ni de literatura clásicas. Este libro, en realidad, son mis notas de lectura de los clásicos durante cuarenta años, lecturas que me han ayudado a ser mejor persona y a intentar encontrar el camino para ser feliz. Es una invitación a redescubrir esas enseñanzas tan actuales de los clásicos grecolatinos y a aplicarlas, de forma ecléctica, como Cicerón, a nuestra vida cotidiana. Porque, ¿quién mejor que los grandes escritores grecolatinos para guiarnos en nuestro camino hacia una vida plena y equilibrada? La vida está siempre llena de incertidumbres, y los clásicos nos ayudan a tomar las mejores decisiones.

¿Estás listo para dejar de buscar «lo último» en desarrollo personal y, en su lugar, redescubrir lo esencial? Me he atiborrado de libros de ayuda, ahora llamados «de bienestar emocional». Es como si hubiera ido a comer a sitios de comida basura para hacer un reportaje al respecto. Me ha afectado mucho, hasta el punto de que no sé si me doctoré en Filología Clásica en la Complutense o en Ciencias del Bienestar. Al fin y al cabo, Séneca, Marco Aurelio, Cicerón, Epicteto, Epicuro, Horacio o Demócrito, en realidad son autores que nos ayudan para la vida. Y como todo lo que lleva el nombre de «ciencias» parece mejor, voy a proponer cambiar el nombre a la titulación y que en lugar de Filología Clásica se llame Ciencias del Bienestar.

Bromas aparte, lo que realmente nos proporcionan los clásicos es bienestar emocional. Los autores de Grecia y Roma son refugio ante la intemperie moral, una protección en tiempos difíciles, son clásicos para la vida, como escribió mi querido y añorado Nuccio Ordine. No nos explican el presente (a veces es inexplicable), pero nos ayudan a entenderlo y a entendernos a nosotros mismos.

Como digo, en este libro comparto mis notas de lectura de los clásicos, que siempre me han servido para la vida. Son mis propias «meditaciones» a partir de sus obras. Lo que pretendo es que te animes a leer a estos grandes autores de Grecia y Roma que han marcado la cultura occidental. No se trata, como afirma Mary Beard, de hacer un club de fans de los clásicos. Se trata de leerlos porque, como escribió con su genial ironía el gran Chesterton, «¿para qué cometer los errores de siempre si podemos cometer otros nuevos?».

En una de sus epístolas, Séneca, hablando de los grandes maestros del estoicismo, escribe algo genial: «Quienes antes que nosotros abordaron estas cuestiones no son dueños, sino guías de nuestra mente» (*Epístolas* 33). ¡Eso es! Los clásicos son nuestros guías.

Termina su carta diciendo: «La verdad está a disposición de todos. Nadie todavía la ha acaparado, gran parte de su estudio ha sido encomendado también a la posteridad». Pues eso, que nadie puede acaparar la verdad: está y estará a disposición de todos.

Los clásicos nos dieron las respuestas a las preguntas de la condición humana, ahora es nuestro turno de escucharlas.

Acompáñame en este viaje, donde cada página te acercará a las claves que los clásicos griegos y romanos dieron para vivir una vida feliz, esas claves que no pasan de moda, porque, al final, las grandes verdades de la vida siguen siendo las mismas.

La vida es compleja, llena de desafíos e incertidumbres, con situaciones muy dolorosas y complicadas, pero también con momentos de alegría y belleza. Como escribió Borges en el prólogo a su última obra, *Los conjurados*:

> Al cabo de los años he observado que la belleza, como la felicidad, es frecuente. No pasa un día en que no estemos, un instante, en el paraíso.

Los autores grecolatinos nos invitan a encontrar esa belleza en lo cotidiano, a vivir plenamente y a aprovechar el día, como nos recuerda el famoso *carpe diem* de Horacio.

En última instancia, esto se resume de manera «brillante» y con humor en la canción final de *La vida de Brian* de los Monty Python: «*Always look on the bright side of life*». Brian y los que están crucificados con él van a morir y saben que van a morir (aquí no va a quedar nadie). Y, ¿qué hacen? ¿Se ponen a llorar y a lamentarse? ¡Al contrario! Cantan y silban «busca siempre el lado positivo de la vida».

En medio de las dificultades, cuando todo parece perdido, esta canción nos recuerda la importancia de buscar siempre,

siempre, el lado positivo de la vida, de no tomar las cosas demasiado a pecho, y de aprovechar cada momento. Este es el verdadero espíritu de *carpe diem*: disfrutar de la vida, aquí y ahora, con serenidad, con paz interior y con una sonrisa, gracias a la sabiduría que nos han legado los clásicos griegos y romanos. Los clásicos nos enseñan a no amargarnos la vida.

Al inicio hacía estas preguntas: «¿Cómo encontrar la felicidad? ¿Cómo enfrentar el dolor y la incertidumbre? ¿Cómo asumir el cambio? ¿Cómo construir relaciones duraderas? ¿Qué valor tiene la amistad? ¿Cómo afrontar la muerte? ¿Cómo vivir con plenitud?».

Si quieres encontrar respuestas sólidas y perdurables a preguntas de este tipo, entonces este es tu libro. Es urgente vivir. Y no te olvides: busca siempre el lado positivo de la vida. *Carpe diem*.

1
VIVIR ES COMBATIR

«Pero es que vivir, Lucilio, es combatir» escribe Séneca en la carta 96: *Vivere militare est.*

Séneca defiende la idea de que la vida es una batalla constante, no contra nadie, sino para ser capaces de superar las adversidades. Aunque debemos aceptar con serenidad estoica lo que nos sucede, esto no significa resignarse a la inactividad. Me encanta esta idea: serenidad no es inactividad. ¡Al contrario! Para Séneca debemos enfrentarnos a los desafíos de la vida con determinación y esfuerzo.

Normalmente se asimila el estoicismo a la resignación. No quiero entrar en debates filosóficos. A propósito de esos debates, se atribuye al genial director de cine Billy Wilder la frase «que no me tomen por un intelectual». Pues a mí me pasa igual. No quiero que me tomen por un intelectual, pero sí quiero rebatir la idea que se tiene de la resignación estoica. Una cosa es la serenidad a la hora de aceptar las cosas que no dependen de nosotros y otra muy distinta es resignarse a la inacción. ¡Para nada! ¡Vivir es combatir! Vivir es caerse y levantarse.

La vida es complicada, claro. Hay problemas, claro. Séneca plantea un mercado y un campamento como símbolos de dos tipos de vida. El mercado representa la vida cómoda, fácil, sin desafíos, donde las personas buscan el placer y evitan el esfuerzo.

El campamento, en cambio, representa la vida del guerrero, donde hay que enfrentarse a dificultades, peligros y desafíos constantes. Para Séneca, la vida verdaderamente digna es la del campamento, donde se vive en alerta y se lucha por salir adelante:

> Pregúntate a ti mismo, si algún dios te permitiera escoger, si querrías vivir en un mercado o en un campamento. Pero es que vivir, Lucilio, es combatir. Y así, los que van de acá para allá entre trabajos y dificultades, los que afrontan misiones muy peligrosas son valientes y lo más granado del campamento; pero esos que, mientras los otros se esfuerzan, se entregan a un ocio vergonzoso y gozan de una repugnante quietud, mientras los otros se esfuerzan, son unos tortolitos, solo seguros a costa de su deshonor.

> (*Cartas a Lucilio* 96)

El gran mensaje de Séneca es que, aunque no podemos controlar lo que nos sucede, sí podemos controlar cómo respondemos. Y esa respuesta no es la resignación, como tantos falsos intérpretes del estoicismo predican. La respuesta es la acción, la lucha. Para el filósofo, donde se manifiesta la plenitud de la vida es levantándose contra la adversidad, no en la comodidad. Viven una vida más plena quienes luchan para superar las dificultades.

Y es que el estoicismo nos enseña a no desperdiciar nuestra energía en lo que está fuera de nuestro control, pero también nos insta a esforzarnos en lo que sí podemos influir. En la carta 107 escribe:

> Vivir no es una cuestión de remilgos. Has emprendido un largo camino [el de la vida]: no tienes más remedio que resbalar, que tropezar, que caer, que cansarte.

Y hay que estar preparado para todo:

> Que el ánimo se prepare frente a todo, que sepa que ha venido a un lugar donde truena el rayo, donde [*y aquí cita unos versos de Virgilio,* Eneida, *VI, 274-5*]: «El duelo y las angustias vengadoras han hecho su madriguera, donde habitan las pálidas enfermedades y la triste vejez».

Entre esos inquilinos hay que pasar la vida. No puedes escapar de esos males, pero puedes despreciarlos. Y los despreciarás si a menudo los imaginas y de antemano supones que habrán de llegarte. Por el contrario, el que no está preparado, se espanta de lo más insignificante.

El verdadero estoicismo no es resignación, sino preparación. Esta es la verdadera armadura del estoico —¡ya que hablamos de guerrero!—: no la indiferencia ante lo que sucede, sino la fortaleza interior para afrontar valerosamente los azares y adaptarse a la naturaleza:

No podemos alterar las condiciones de la realidad; podemos, eso sí, hacernos con un alma grande y digna de un hombre bueno, para con ella afrontar valerosamente los azares y acomodarnos a la naturaleza.

Vivimos en un mundo saturado de gurús de la autoayuda que nos ofrecen fórmulas mágicas para enfrentar la vida. Muchos de ellos han descubierto el estoicismo y lo han convertido en su nuevo mantra: «Acepta lo que viene, no te resistas, todo sucede por una razón…». Pero ¿de verdad Séneca nos habría vendido esta resignación, esta inacción disfrazada de sabiduría? ¡Ni en broma! Séneca no nos dice que nos tumbemos en la hamaca —en su caso en el triclinio— a esperar que el destino haga su trabajo. Séneca nos recuerda que la vida no es un paseo por el parque, sino un campo de batalla: «Vivir, Lucilio, es combatir».

La lucha de la que habla Séneca es interna. No se trata de pelear contra el destino, sino de prepararnos para que, cuando los golpes lleguen, podamos resistirlos con firmeza y dignidad. Muchos falsos profetas nos venden una versión deformada del estoicismo como simple resignación. El verdadero mensaje estoico nos llama a prepararnos, a luchar y a enfrentarnos a la vida con coraje, no a aceptar todo pasivamente. Como dice mi amigo, el escritor y editor Jordi Nadal, «vivir es proponer, vivir es defenderse, vivir es luchar».

En sus *Meditaciones* también Marco Aurelio reclama que *vivir es combatir*:

El arte de vivir se asemeja más a la lucha que a la danza, en lo que se refiere a estar firmemente dispuesto a hacer frente a los accidentes, incluso los imprevistos.

(*Meditaciones* VII)

Marco Aurelio nos ofrece una metáfora de la vida más como una lucha que como una danza. La danza simboliza un movimiento fluido, armonioso y predecible, donde cada paso está cuidadosamente coreografiado. En contraste, la lucha representa lo imprevisible. En la lucha, cada momento exige una respuesta inmediata y decisiva, una disposición constante para adaptarse y afrontar lo que venga.

Para Marco Aurelio, la vida no es un camino suave ni una serie de movimientos predefinidos. Vivir es estar en constante alerta, preparado para enfrentarse a los obstáculos que surgen de manera imprevista. Esta metáfora de la lucha subraya la necesidad de estar siempre listo, de anticipar los desafíos y de enfrentarlos con valentía y firmeza. No podemos prever ni controlar todo lo que nos sucede. Sin embargo, lo que sí podemos controlar es nuestra respuesta. La vida como lucha implica una aceptación activa, no resignada, de esta realidad: en lugar de esperar que las cosas sucedan de acuerdo con nuestros planes, debemos estar preparados para adaptarnos, para *combatir* con serenidad y convertir cada desafío en una oportunidad de mejora personal.

El grupo mexicano Maná titula uno de los álbumes *Amar es combatir*. Séneca y Marco Aurelio en estado puro: *vivir es combatir*.

2
TODO CAMBIA

Proteo era un anciano dios marino que tenía la capacidad de cambiar su forma a su voluntad. Se decía que quien lograra capturarlo y sujetarlo con firmeza a pesar de sus transformaciones podría obtener de él las respuestas sobre el futuro. Si querías que hablara, tenías que atraparlo. Pero esta tarea era extremadamente difícil porque Proteo se transformaba en cualquier cosa para escapar: fuego, agua, animales, plantas, etc. El truco era mantenerte firme, aceptar cada cambio sin pestañear y no perder la paciencia. Solo así, Proteo se rendía y soltaba la verdad (por cierto, de ahí viene 'proteico', que significa 'que cambia de forma o de ideas').

¿Y qué tiene que ver esto con tu vida? Todo. Proteo es la metáfora perfecta del mundo: está en constante cambio. Aceptar el cambio, como hacían los que se enfrentaban a Proteo, es la clave para vivir a lo grande. La vida no te espera sin moverse. Se mueve y cambia todo el tiempo, y si te empeñas en agarrarte a algo estático, lo único que atraparás será tu propia frustración.

NUNCA TE BAÑAS DOS VECES EN EL MISMO RÍO

La resistencia al cambio genera sufrimiento y, para prosperar, debemos aceptar y adaptarnos a los cambios en nuestro entorno, en nuestras relaciones y en nosotros mismos. Esta adaptación no solo es una forma de sobrevivir, sino también de crecer y evolucionar.

Esto ya lo dice hace ¡dos mil quinientos años! un filósofo griego, Heráclito, en su famoso *panta rei*, que quiere decir 'todo fluye', donde recoge una idea central que debemos tener muy clara para ser felices: el cambio es la única constante en el universo. Esto es genial: lo único fijo es el cambio.

Heráclito, nacido en Éfeso (en la costa de la actual Turquía), también escribió que «nunca te bañas dos veces en el mismo río», lo que nos recuerda que tanto el mundo, lo que nos rodea, como nosotros mismos, estamos en un estado permanente de transformación. Este, insisto, es un pilar básico de nuestro bienestar emocional: aceptar la naturaleza cambiante de la realidad y cómo nos tenemos que adaptar al cambio.

Heráclito utilizó el río como una metáfora para expresar su visión de que todo en la vida y en el universo está en un estado constante de flujo. Así como el agua de un río está en movimiento continuo, así también lo está todo en la realidad. Nada permanece estático, todo está en un proceso de cambio.

Al igual que Heráclito, que ve el mundo y la vida como un río en constante movimiento, Ovidio presenta un universo donde el cambio es inevitable. Las historias de las *Metamorfosis* nos enseñan que resistirse al cambio es inútil, y que la verdadera comprensión de la naturaleza del mundo viene de aceptar y adaptarse a ese «todo fluye».

Esto incluye no solo los objetos físicos sino también nuestras experiencias, pensamientos, y nosotros mismos. Cuando intentas entrar en el río por segunda vez, no solo ha cambiado el río, sino que tú también has cambiado. Tus pensamientos, emociones y experiencias han evolucionado, aunque sea de manera sutil, desde la primera vez que entraste al río.

Por lo tanto, la realidad que experimentas es siempre nueva y diferente, en parte debido a los cambios que han ocurrido dentro de ti mismo. ¿Somos el mismo o la misma que hace diez años? ¿Nos gustan las mismas canciones, películas o bebidas? ¿Vestimos igual? ¿Nos relacionamos con las mismas personas?

Tampoco Séneca se baña dos veces en el mismo río

De la misma manera, las circunstancias, las personas y las situaciones cambian continuamente, aunque a veces no lo notemos a simple vista. Ya Séneca escribe en una de sus cartas, la 58:

> Ninguno de nosotros es hoy por la mañana el mismo que fue ayer. Todo cuanto contemplas sigue el curso de un río. Ninguna de las cosas que vemos subsiste: yo mismo he cambiado mientras digo que ellas cambian.

Y se refiere a Heráclito:

> Este devenir es el que expresa Heráclito: «Nunca nos bañamos dos veces en el mismo río». Porque el río conserva su mismo nombre, pero el agua se le ha ido.

Y hace una reflexión magnífica sobre la muerte, bueno, sobre el miedo a la muerte, cuando continúa diciendo:

> Este cambio es más evidente en el caudal del río que en el hombre, pero también a nosotros una corriente, no menos rápida, nos empuja adelante, y por ello me sorprendo de nuestra locura de amar con tanta intensidad la cosa más efímera, el cuerpo, y tener miedo a morir algún día, cuando en realidad cada instante es la muerte del estado anterior.

Todo es cambio también para Marco Aurelio

Marco Aurelio invita a aceptar el cambio como un proceso natural y necesario, inherente tanto al universo como a nuestra propia existencia. Desde esta perspectiva, el cambio no es algo a temer sino una condición constante y, de hecho, indispensable para la vida.

El emperador filósofo utiliza ejemplos cotidianos, como el fuego que convierte la leña en calor o los alimentos que se transforman en nutrientes, para ilustrar que nada en el universo se

mantiene inmutable sin volverse estéril. Tal como el fuego necesita consumir y transformarse para generar calor, nosotros necesitamos abrazar nuestra propia capacidad de transformación.
Si rechazamos el cambio nos apartamos de la naturaleza misma de
la realidad, una idea cercana a lo que Heráclito llamaba «lucha
de opuestos», un conflicto dinámico y necesario para el equilibrio del mundo:

> ¿Se teme el cambio? ¿Y qué puede producirse sin cambio? ¿Exis-
> te algo más querido y familiar a la naturaleza del conjunto univer-
> sal? ¿Podrías tú mismo lavarte con agua caliente si la leña no se
> transformara? ¿Podrías nutrirte si no se transformaran los alimen-
> tos? Y otra cosa cualquiera entre las útiles, ¿podría cumplirse sin
> transformación? ¿No te das cuenta, pues, de que tu propia trans-
> formación es algo similar e igualmente necesaria a la naturaleza del
> conjunto universal?

(Meditaciones VII)

En cuanto al miedo al cambio, Marco Aurelio parece sugerir
que este temor proviene de una falta de comprensión de la naturaleza del universo. Cuando percibimos el cambio como una
amenaza surge el miedo; sin embargo, si reconocemos que somos
parte de esa misma naturaleza cambiante, entonces entendemos
el cambio no como una pérdida, sino como un paso necesario en
nuestro desarrollo personal y en el funcionamiento del mundo.
La actitud ha de ser, por tanto, adaptarse y aceptar con serenidad el cambio, entendiendo que nuestra propia existencia es la
renovación constante.

DE CHURCHILL AL QUESO

A Churchill se le atribuyen muchas frases, debido a su ingenio, a
su destacado papel en la historia y a su reputación como gran
orador. Hay un chiste sobre las frecuentes citas apócrifas:
«Encontrado en Almería un yacimiento de citas de Churchill».

Pues bien, no he logrado localizar en Churchill esta frase que se le atribuye, y que, sea de quien sea, es buenísima:

> Cambiar no siempre equivale a mejorar, pero para mejorar, hay que cambiar.

En cualquier caso, nuestro entorno cambia, y tenemos que adaptarnos a él para tener una buena vida.

A finales de los años noventa triunfó en el mundo el librito *¿Quién se ha llevado mi queso? Cómo adaptarnos a un mundo en constante cambio*, de Spencer Johnson, en el que «con palabras y ejemplos comprensibles incluso para un niño, nos enseña que todo cambia, y que las fórmulas que sirvieron en su momento pueden quedar obsoletas».

Pues claro, lo mismo que nos enseñaron Heráclito y Séneca, y lo que otros autores clásicos escribieron también, desde Demócrito a Lucrecio pasando por Epicuro, en su teoría del átomo (y sin microscopios electrónicos): somos átomos en constante movimiento y cambio.

TODO CAMBIA

Me encanta una canción titulada *Todo cambia* de la cantante argentina Mercedes Sosa. La letra dice:

> Cambia lo superficial,
> cambia también lo profundo,
> cambia el modo de pensar,
> cambia todo en este mundo.

Repite, «cambia, todo cambia». Y termina con algo maravilloso, «todo cambia, pero no cambia tu amor».

El valor del cambio, la necesidad de adaptarse no ya para mejorar, sino para mantenernos, lejos de ser conceptos modernos, forman parte del núcleo del pensamiento de los clásicos grecolatinos. El cambio es tanto una oportunidad como un desa-

fío. Al final, no es el cambio en sí lo que importa sino la dirección en la que nos guía y nuestra capacidad para adaptarnos en
medio de la constante transformación de la vida.

El tiempo avanza, y con él, todo lo demás cambia. «Todo
fluye». Los clásicos tenían muy claro que hay que aceptar el cambio y adaptarse a él. Tenlo claro tú también: todo cambia.

3
NADA EN DEMASÍA

¿Te ha pasado alguna vez que entras al Museo del Prado, con toda la ilusión del mundo, listo para empaparte de arte y cultura, y después de dos horas ya te da igual si estás viendo un cuadro del Greco o una señal de salida de emergencia? A mí me ha pasado. Y es que llega un punto en el que tu cerebro simplemente dice: «Basta. No puedo más». Es en ese momento cuando entiendes que, incluso para algo tan maravilloso como el arte, ¡nada en demasía!

Esta es una lección que los antiguos griegos y romanos tenían clarísima: μηδὲν ἄγαν (*medén ágan*), decían los griegos, que significa 'nada en demasía'. Se atribuye a uno de los siete sabios de Atenas, Solón, y según Platón estaba inscrita en el frontón del Templo de Apolo en Delfos. En cualquier caso, los griegos sabían que el exceso, en cualquier aspecto de la vida, te lleva al agotamiento, al hartazgo y, al final, a la insatisfacción.

Aristóteles, en su *Ética a Nicómaco* (Libro II), se extiende, y bastante, en que «lo mejor es el término medio, en el que reside la virtud»:

La virtud es, pues, un hábito escogido, que consiste en un término medio para nosotros, definido por la razón y por lo que determine el hombre prudente.

Es decir, que en todo debemos buscar el punto medio, porque los extremos siempre son malos. Este principio aristotélico es la famosa máxima latina *in medio virtus*.

NADA EN EXCESO

Los romanos expresaron esa idea en *ne quid nimis*, que viene a ser lo mismo: 'nada en exceso'. La frase la pronuncia uno de los personajes de la obra *La Andriana*, del autor de comedias Terencio (siglo II a. C.). Simón le cuenta a Sosias que su hijo de dieciocho años hace «lo que casi todos los jóvenes, se entrega a alguna afición, sin frecuentar ninguna de ellas en particular más que las demás, sino que todas las practica con moderación», y Sosias le contesta con la famosa máxima:

> Considero que en la vida no hay principio más útil que aquello de «nada en demasía» (*ne quid nimis*).

Me llama la atención que sea en una comedia donde encontramos esta idea. Muchas veces buscamos en las obras de los filósofos una guía para la vida, pero la buena literatura, sea del tipo que sea, sirve para la vida.

Hay que saber disfrutar de la vida, pero también hay que saber cuándo parar, viene a decir Terencio. ¿Cuántas veces nos hemos metido un atracón de comida o un maratón de series, solo para terminar sintiéndonos como una morsa aburrida? Ahí es donde fallamos, al no escuchar a los clásicos.

Esta idea de que el equilibrio es la clave para una vida bien vivida no es solo una ocurrencia de un par de filósofos o de un poeta, sino una constante en el pensamiento clásico. Cicerón, otro grande del mundo antiguo, también lo deja claro en sus *Tusculanas*:

> *In ómnibus fere rebus mediocritatem esse optimam.*
> En casi todas las cosas el término medio es lo mejor.

(*Tusculanas* IV)

EL PUNTO MEDIO DE HORACIO

Es Horacio, un poeta romano genial y uno de los más grandes de la literatura, seguidor de Epicuro, como él mismo reconoce, quien formula de manera magistral una enseñanza que sigue siendo completamente válida hoy en día, cuando nos habla del *aurea mediócritas*, que podríamos traducir como 'el término medio es oro'.

Se suele traducir por «mediocridad dorada», pero *mediocridad* en español es otra cosa —es 'vulgaridad, ramplonería'—, mientras que en latín es 'el punto medio, el término medio' (las palabras vuelan, *verba volant*). Hay que evitar los extremos, viene a decirnos, no se trata de vivir en la miseria, ni de rodearse de lujos excesivos. Lo mejor es estar en ese punto medio donde la vida es cómoda, pero sin volverse loco con demasiadas cosas.

Horacio (*Odas* II) utiliza la metáfora de la vida como navegación: si estás siempre navegando por alta mar, puedes perderte o naufragar en una tormenta; y si te acercas demasiado a la costa, corres el riesgo de chocar contra las rocas. En nuestra vida moderna sería como decir que no te obsesiones ni con el trabajo ni con el descanso absoluto: el equilibrio está en hacer lo suficiente, pero no tanto como para ahogarte en el estrés o caer en la pereza:

Mejor vivirás, Licinio, si dejas de navegar siempre por alta mar, y evitas acercarte demasiado al peligroso litoral.

Horacio nos dice que es mejor vivir en esa *aurea mediócritas*, donde no te falta nada, pero tampoco estás tan arriba como para atraer la envidia o los problemas:

El que elige la *aurea mediócritas*, carece, bien protegido, de la sordidez de una casa vieja; carece, en su sobriedad, de un palacio que cause envidia.

Y sigue con una imagen poderosa:

Los vientos zarandean con más frecuencia el pino alto, y las torres altas caen con más estruendo, y los rayos golpean la cumbre de las montañas.

Es decir, cuanto más alto llegas, más expuesto estás. Cuanto más alto llegues, más dura será la caída.

Y sigue Horacio recordándonos una verdad fundamental: la vida da vueltas. Si ahora te va mal, no siempre será así. Las cosas cambian, y en los momentos difíciles hay que mantenerse animoso y fuerte, porque todo pasa. Pero aquí viene la parte clave: cuando la vida te sonríe, cuando los vientos son favorables, no te dejes llevar por la euforia. El poeta continúa con la metáfora de la vida como un viaje: aprende a replegar las velas cuando el viento sopla demasiado fuerte, puede rompértelas:

El alma bien preparada espera una suerte distinta en las situaciones desfavorables, la teme en las propicias.
Si ahora te va mal, no será así en el futuro (*non, si male nunc, et olim / sic erit*)
En los momentos difíciles muéstrate animoso y fuerte (*rebus angusti animosus atque / fortis appare*), pero aprende a replegar las velas hinchadas por un viento demasiado favorable.

Horacio nos enseña que la clave de una vida buena está en evitar los extremos. No te obsesiones con lo más alto, ni te conformes con lo más bajo. Busca ese punto medio donde puedes vivir cómodamente, sin envidias ni temores, y recuerda siempre que la vida es un constante ir y venir. Nada en demasía, ni siquiera cuando la suerte te favorece.

En otra de sus obras, las *Sátiras*, Horacio parodia a aquellos que viven de manera excesiva, acumulando riquezas sin límite, y escribe:

Est modus in rebus.
Hay una medida en las cosas.

(*Sátiras* I)

Nos recuerda que en la vida hay un punto de equilibrio que no se debe sobrepasar. Excederse en cualquier aspecto, ya sea en la búsqueda de riqueza, poder, o incluso en los placeres, no lleva a la felicidad. También hoy en día el exceso y la falta de medida siguen siendo fuente de muchos problemas.

LA LECCIÓN DEL MITO DE FAETÓN

El punto medio es una lección también de la mitología. El mito de Faetón nos cuenta la historia de un joven que, para demostrar que era realmente hijo del dios Sol, le pide a su padre que le deje conducir el carro solar a través del cielo. Ovidio, en sus *Metamorfosis*, narra cómo Faetón, impulsado por la ambición, insiste en llevar el carro, a pesar de las advertencias de su padre. El mito es una lección de las consecuencias de la *hybris* (se pronuncia «jíbris»), la soberbia, que es algo que no perdonan los dioses (lo perdonan todo menos la soberbia y la ingratitud).

El Sol, preocupado por la inexperiencia de Faetón, le advierte que debe *mantener el carro en un camino intermedio*, sin ascender demasiado hacia los cielos ni descender demasiado cerca de la tierra. Le dice:

Medio tutíssimus ibis.
Por el medio irás más seguro.

(*Metamorfosis* II)

Sin embargo, Faetón, incapaz de controlar los caballos, se desvía de la ruta, causando un caos en el mundo, lo que lleva a su trágica muerte. Ovidio ilustra con este mito la importancia de la moderación y los peligros del exceso, reforzando la idea de que el camino seguro está en el término medio.

SÉNECA Y EL PELIGRO DE LOS EXCESOS

Séneca también nos advierte de los peligros de los excesos:

Vitiosum est ubique, quod nimium est.
En todas partes es malo lo que es excesivo.

(*Sobre la tranquilidad del ánimo* 9)

Y nos deja en sus cartas esta joya:

Magni ánimi est magna contémnere, ac mediocria malle quam nimia.
Es propio del alma grande despreciar las cosas grandes y preferir
el punto medio a los excesos.

(*Cartas a Lucilio* 39)

En un mundo donde nos bombardean con la idea de que
siempre hay que querer más, lo mejor, en cambio, es situarse en
el punto medio. Séneca, con su visión tan clara de la vida, nos
recuerda que la felicidad no está en acumular más cosas, en buscar siempre lo más espectacular, sino en saber cuándo decir
«basta». Nos invita a despreciar lo que parece grande pero que
en realidad nos aleja de la paz interior. Séneca nos recomienda
también mantenernos en el punto donde reina el equilibrio, porque es allí donde se encuentran la verdadera libertad y serenidad.
Así que la próxima vez que te veas tentado a seguir hasta el
agotamiento, ya sea en un museo, en una cena o en cualquier
aspecto de la vida, por agradable que te resulte, acuérdate de los
clásicos. Ellos ya nos enseñaron hace más de dos mil años que
nada en exceso. En efecto, lo que comienza como un placer,
cuando se lleva al extremo, se convierte en una carga.

4
¿CÓMO CONSEGUIR LA SERENIDAD?

Durante varios veranos trabajé en una fábrica de calzado para pagarme la carrera en la universidad. Iba con mi padre, Emilio, que llevaba años trabajando allí, y comenzábamos el turno a las 6 de la mañana. Más de un día llegué sin dormir, porque venía directamente de alguna de las fiestas de verano. A pesar del cansancio, recuerdo con un cariño enorme aquellos veranos, no solo por estar junto a mi padre y aprender tanto de él, sino porque fueron una verdadera escuela de vida. Tanto como leer a los clásicos.

En la fábrica, uno de los trabajadores que más me impresionaba era Antonio. Era un tipo sencillo y tranquilo, que mantenía la serenidad en cualquier situación, sin importar lo complicada que fuera. Antonio trabajaba en una de las tareas más duras: el vulcanizado del caucho. El proceso de vulcanizado, realizado a temperaturas que oscilan entre 140 y 180 grados, transformaba el caucho en un material más resistente, flexible y duradero. Este caucho se utilizaba para las suelas de los zapatos, que deben soportar el desgaste diario y mantener su forma. Durante el proceso, la tela de la zapatilla se unía a la suela, y el trabajo era muy exigente; había que hacer un número mínimo de pares a la hora —los que hacías de más te los pagaban extra—, y había que hacerlos bien, si no te los descontaban.

Y es que a veces el resultado no salía perfecto, y esas zapatillas iban a lo que llamábamos «saldo». Eran perfectamente usables, pero con alguna pequeña irregularidad que las hacía menos atractivas a la vista. Antonio, sin embargo, nunca perdía la calma cuando esto sucedía. Simplemente lo aceptaba, hacía las correcciones necesarias y seguía adelante. Otros se cabreaban y soltaban una retahíla de palabrotas mientras golpeaban a veces la zapatilla contra la máquina.

Un obrero llevaba varias máquinas, porque el vulcanizado tarda unos minutos y da tiempo para hacerlo en varias máquinas a la vez. En la misma fábrica trabajaba también Gabino, un hombre completamente opuesto a Antonio. Gabino era irritable, competitivo y siempre estaba buscando maneras de demostrar que él era el mejor. Le molestaba profundamente que Antonio, con su calma inalterable, fuera tan apreciado por los demás. No podía entender cómo alguien tan tranquilo podía ganarse el respeto de todos.

Un día, decidido a probar la paciencia de Antonio, Gabino se propuso hacerle perder los estribos. Mientras todos trabajaban en silencio, comenzó a hacer comentarios sarcásticos sobre la velocidad y la destreza de Antonio en el trabajo. Al principio le lanzaba indirectas, pero al ver que Antonio no reaccionaba, Gabino se volvió más agresivo:

—Mira, Antonio, parece que hoy las máquinas van más rápido que tú. ¿Será que el calor del vulcanizado te está afectando? Tal vez deberías dejar el puesto a alguien más joven —soltó Gabino con una sonrisa maliciosa.

Los demás compañeros miraban con incomodidad, esperando a ver cómo reaccionaría Antonio. Pero, fiel a su carácter, Antonio simplemente sonrió y siguió con su trabajo, como si no hubiera escuchado nada. Gabino, frustrado por la falta de reacción, se acercó más y continuó con su provocación.

—¿De verdad no tienes nada que decir, Antonio? Quizás deberías dejar de pretender que todo está bien. Todos sabemos que no eres tan perfecto como te haces ver. Seguro que el próximo par de zapatillas acaba en el saldo, como siempre.

Antonio finalmente levantó la vista de su trabajo y, con una serenidad que desarmó a Gabino y dejó a todos en silencio, respondió:

—Mira, Gabino, lo que dices de mí es solo tu opinión, y no me afecta en lo más mínimo. Me afecta cómo hago mi trabajo, no lo que tú digas. Como si me insultas. Me da igual.

Gabino quedó sin palabras, y la tensión en la fábrica se disipó. Antonio, con su respuesta tranquila y su actitud inalterable, en su sencillez —era un obrero del calzado, no un filósofo de la Complutense— no solo mantuvo su dignidad, sino que también dio una lección de serenidad a todos los presentes. Desde ese día, Gabino dejó de intentar provocar a Antonio y, con el tiempo, comenzó a admirar la serenidad con la que Antonio manejaba cada situación.

Nos equivocamos si pensamos que solo aprendemos de los filósofos. Tenemos muchos casos de sabiduría a nuestro alrededor, solo hay que tener la mirada y la mente abiertas. Aquellos veranos en la fábrica fueron más que un simple trabajo para mí. Aprendí lecciones muy valiosas de personas como Antonio y de mi padre, que me enseñaron que la verdadera fuerza y serenidad no vienen de evitar los desafíos, sino de cómo elegimos responder a ellos.

LA SERENIDAD DEL VERDADERO ESTOICO

La serenidad transforma las situaciones conflictivas, manteniendo la paz en un entorno tenso. Todos hemos experimentado momentos en los que las dificultades parecen insuperables, en los que la vida se asemeja a una empinada montaña llena de obstáculos. En esos momentos nos enfrentamos a un dilema: dejarnos llevar por la ansiedad y el temor, o encontrar una manera de mantener la serenidad y la firmeza interior.

La serenidad, o paz interior, es una de las claves del estoicismo y es fundamental para conseguir el bienestar emocional, pero no es algo que se alcance de manera inmediata. Es el resultado de un proceso, un viaje personal hacia la independencia emocional y la estabilidad mental. Es algo en lo que Séneca insiste en toda su obra:

> Ha llegado a la perfección quien sabe con qué ser feliz, quien no ha puesto su felicidad en manos ajenas.
>
> (*Cartas a Lucilio* 23)

Es decir, la verdadera felicidad no depende de factores externos ni de las acciones o decisiones de otras personas. Ha alcanzado la perfección quien ha aprendido a encontrar la felicidad dentro de sí mismo, sin depender de circunstancias externas o de lo que otros piensen o hagan.

Se trata de, en lugar de buscar la aprobación, la riqueza o el éxito como fuentes de felicidad, enfocarse en el control de las propias reacciones, en mantener la paz interior.

A la serenidad dedica Séneca una de sus obras, *De constantia sapientis* (*Sobre la serenidad del verdadero estoico*), donde reivindica que la serenidad no es estar libre de dificultades, sino afrontarlas con un espíritu inalterable a los golpes del destino.

Se trata de una profunda paz interior que proviene de saber que lo externo no tiene poder sobre nuestro estado de ánimo. ¿Cómo podemos conseguir la serenidad en nuestra vida cotidiana? Escribe Séneca sobre la libertad interior:

> Invulnerable no es lo que no recibe golpes, sino lo que no puede ser herido. Por este indicio te haré conocer al verdadero estoico. Del mismo modo que algunos materiales no pueden ser consumidos por el fuego, sino que conservan, aun rodeados de llamas, su rigidez y su aspecto, así el espíritu del estoico es firme y acumula tanto vigor que está a salvo de las ofensas y de las injurias.

¿CÓMO ALCANZAR LA SERENIDAD?

Séneca explora la naturaleza de la serenidad (*constantia*) de un estoico y cómo esta actitud (él la llama «virtud») le permite mantenerse imperturbable frente a las adversidades y provocaciones externas.

De constantia sapientis es uno de los diálogos más breves de Séneca, tiene treinta páginas, pero treinta páginas que han marcado la historia de la ética occidental como pocas obras.

Séneca define la firmeza, la serenidad del buen estoico como la capacidad de mantenerse inalterable e imperturbable ante cualquier circunstancia externa. La *constantia* es una manifestación de la virtud estoica, que implica la autosuficiencia y la serenidad interior. No se llega fácilmente, es como subir a una montaña, comienza explicando Séneca:

> ¿Se llega a pie llano a las alturas? No, claro. Tan solo la primera parte tiene rocas y piedras y aspecto de impracticable, tal como algunos lugares pueden parecer abruptos y macizos a quienes los otean de lejos, puesto que la lejanía engaña a la vista. Luego, a medida que se van acercando, poco a poco se distinguen las cosas que la confusión de los ojos había juntado en montón, entonces se les vuelve ligera pendiente lo que se les hacía precipicio por culpa de la distancia.

¡Esto es genial! ¡Nos pasa tan a menudo! Séneca utiliza una metáfora para ilustrar un principio fundamental del estoicismo: la percepción y la realidad pueden ser muy distintas, y lo que inicialmente parece insuperable puede, con el enfoque adecuado, convertirse en algo que podemos lograr.

Séneca describe cómo, desde la distancia, una subida puede parecer llena de rocas y piedras, casi imposible de superar. Esto simboliza los desafíos y dificultades que enfrentamos en la vida. Desde lejos, o sin una perspectiva adecuada, estos problemas pueden parecer abrumadores.

La lejanía engaña a la vista porque junta en un solo montón lo que, en realidad, son obstáculos distintos y separados. Esto refleja la tendencia humana a ver los problemas como un todo insuperable, en lugar de descomponerlos en partes manejables. La mente, cuando está abrumada por la ansiedad o el miedo, no puede distinguir claramente entre los distintos aspectos de un problema.

A medida que uno se acerca al supuesto «precipicio», la perspectiva cambia y lo que parecía imposible se revela como una pendiente gradual y manejable. Esto deja clara la importancia de la perseverancia y de la aproximación gradual a los problemas. El estoicismo enseña que, al enfrentar los desafíos paso a paso, se puede superar incluso lo que inicialmente parece imposible.

Séneca insiste en la disciplina mental y la corrección de las percepciones erróneas. Tiene claro que, con la práctica y la experiencia, lo que una vez parecía una barrera insuperable se convierte en una serie de pasos manejables. Para el estoicismo esto es clave: debemos entrenar nuestras mentes para ver las cosas como son, sin dejarnos llevar por las primeras impresiones engañosas.

A través de esta metáfora nos recuerda que los problemas y desafíos de la vida pueden parecer abrumadores desde lejos. Sin embargo, con una perspectiva correcta, paciencia y un enfoque racional, lo que parece un precipicio puede transformarse en una pendiente superable. Este mensaje está en el corazón del estoicismo, que nos enseña a enfrentar la vida con serenidad y, para ello, necesitamos una percepción clara de la realidad.

EL EJEMPLO DE LOS MITOS

Séneca usa también ejemplos históricos y mitológicos de figuras que demostraron gran firmeza frente a la adversidad. Estos ejemplos ilustran cómo la filosofía estoica se puede aplicar en la práctica y cómo la serenidad es algo que podemos alcanzar. Cita a Ulises y Hércules, de los que dice que son ejemplos de estoicismo. Escribe:

> A Ulises y Hércules nuestros estoicos los proclamaron sabios, invictos en sus trabajos, menospreciadores del placer, y victoriosos en toda suerte de espantos.

Y se detiene en el ejemplo histórico de Catón, el opositor a César. El buen estoico, según Séneca, no se ve afectado por el dolor, el sufrimiento, las ofensas o los hechos externos. Esto se debe a que ha alcanzado una comprensión profunda de la naturaleza del bien y del mal, reconociendo que solo las virtudes y los vicios son verdaderamente importantes.

Argumenta que el buen estoico no puede ser ofendido porque no atribuye valor a las opiniones y acciones de los demás, que no están bajo su control. Las ofensas solo tienen poder si uno les concede importancia. Es lo que hacía Antonio en la fábrica.

¿QUÉ ES LA SABIDURÍA?

Mientras que cualquiera se ve afectado por las emociones y las opiniones ajenas, el buen estoico permanece firme y sereno. La firmeza del «sabio» de Séneca se basa en su conocimiento y su carácter, que le permiten vivir en armonía consigo mismo y con el mundo. Según Séneca, aquel obrero con el que yo trabajé era un «sabio»; no pensemos cuando Séneca dice «sabio» en un filósofo o en una persona rodeada de libro, ¡no! Escribe:

> A tal extremo de estupidez se ha llegado que nos angustia no solo el dolor sino la idea del dolor, a la manera de los niños, a quienes infunde miedo una sombra y la deformidad de las máscaras y un rostro desfigurado. Provocan sus lágrimas los nombres poco agradables al oído e incluso los movimientos de los dedos.

Séneca discute la actitud del «sabio» —insisto en cómo hay que entender la palabra— hacia la muerte y el dolor, argumentando que el buen estoico no los teme porque comprende su inevitabilidad y su naturaleza. La serenidad nos permite enfrentar la muerte y el dolor con calma y dignidad.

El buen estoico es independiente, porque su felicidad y bienestar dependen únicamente de su firmeza mental, no de circunstancias externas. Esta independencia es una fuente de su serenidad:

El «sabio» nada puede perder, todo lo ha basado en sí mismo, no confía nada a la suerte, contento con su virtud. Nada cambia en su rostro, ya se le presenten acontecimientos duros o favorables. No perderá nada que vaya a notar que ha desaparecido, pues está en posesión de la virtud sin más, de la que no se puede apartar.

El concepto de «sabio» en Séneca, como digo, ha de entenderse como una figura ideal en el estoicismo que ha alcanzado un estado de perfección moral, por eso lo interpreto como «buen estoico». Este buen estoico es alguien que se mantiene imperturbable ante cualquier adversidad o placer.

LA SERENIDAD Y LA ALEGRÍA

El buen estoico es alegre, escribe:

> El buen estoico está libre de ira y está siempre erguido y alegre, se deja llevar siempre por un continuo júbilo.

Por un lado, la ira es una pasión desordenada que surge de juicios erróneos y expectativas no cumplidas. Los estoicos creen que la ira, al igual que otras pasiones, es una perturbación del alma que impide la serenidad. Un buen estoico practica la disciplina de las emociones, aprendiendo a controlar y, eventualmente, eliminar la ira mediante la comprensión de su origen y el desarrollo de una actitud de tranquilidad ante las cosas externas que no están bajo su control (esto lo vemos en «Cómo evitar los ataques de ira»).

Por otro, habla de la postura erguida y la alegría constante, que son reflejos de un estado interno de serenidad. Para los estoicos la verdadera alegría no depende de circunstancias externas, sino de un equilibrio interno emocional. Estar «erguido» simboliza la fortaleza y la dignidad moral, mientras que estar «alegre» representa la euforia serena que resulta de la sabiduría y la práctica de la virtud (que cuento en «Defender la alegría»).

El júbilo continuo mencionado aquí no debe confundirse con el placer momentáneo. En el estoicismo, el júbilo es una profunda satisfacción que proviene de la *autarquía* (independencia, autosuficiencia) y la *ataraxia* (imperturbabilidad). Este estado de ánimo es alcanzable al aceptar lo que no se puede cambiar.

El continuo júbilo del estoico es el resultado de su aceptación de la realidad tal como es, sin resistirse a lo que escapa a su control. Al enfocarse en lo que puede controlar —sus propias acciones y actitudes— esto le permite mantenerse sereno y alegre incluso en medio de la adversidad. La serenidad no es estar triste o cariacontecido. ¡Al contrario!

VISUALIZAR ANTES LOS PROBLEMAS

Para alcanzar la serenidad los estoicos practicaban la meditación diaria sobre sus pensamientos y acciones (lo cuento en el siguiente capítulo, «Escucha tu voz interior»). También empleaban técnicas como la visualización negativa (en latín es *premeditatio malorum*, cuando lo digo en latín es porque creo que merece la pena aprenderse la expresión) para prepararse mentalmente para posibles desafíos y así reducir el impacto emocional de eventos adversos. ¿Lo has probado? Es muy eficaz, como cuando decimos «ponte en lo peor».

Hay que entrenar mucho, ya lo dice Séneca, usando el ejemplo del boxeo:

Del mismo modo que, en las competiciones deportivas, muchos vencieron agotando con su resistencia los puños de quienes los golpeaban, el verdadero estoico, gracias a un entrenamiento prolongado y constante, logra un vigor capaz de resistir y fatigar toda fuerza hostil.

El verdadero estoico no es el que no recibe golpes, sino el que los supera, dice literalmente:

Recibe golpes, pero una vez recibidos, los supera, los cura y los mitiga.

¿Qué es la sabiduría? La verdadera sabiduría es la serenidad.

La magnanimidad

La virtud más hermosa de todas es la magnanimidad.

En latín *magnanímitas* significa literalmente 'grandeza de alma' (en latín no hay tildes, pero las pongo para pronunciar correctamente). Para Séneca esta virtud representa la capacidad de mantener una actitud elevada y noble frente a las circunstancias adversas y las tentaciones de la vida. Se trata de cultivar una mentalidad que va más allá de las preocupaciones triviales y los intereses egoístas. Una persona magnánima tiene la capacidad de perdonar, de no guardar rencor y de actuar con justicia y generosidad incluso cuando se enfrenta a la ingratitud o a la injusticia.

Para los estoicos una persona magnánima no se ve afectada por las opiniones o acciones de los demás. Mantiene su dignidad y su paz interior sin importar las circunstancias externas. Esto se debe a que ha desarrollado una comprensión profunda de lo que realmente importa: el equilibrio emocional y la integridad moral.

La magnanimidad estoica se manifiesta en la capacidad de enfrentar las dificultades con serenidad y firmeza, reconociendo que tanto el éxito como el fracaso son transitorios y externos a su verdadero ser.

La magnanimidad también implica una disposición generosa y benevolente hacia los demás. Una persona magnánima actúa con empatía y compasión, buscando el bien común y ayudando a otros a alcanzar su potencial. Esta actitud surge de la comprensión de que todos somos parte de una comunidad más amplia y de que nuestras acciones deben contribuir al bienestar colectivo. Una persona magnánima mantiene su dignidad y su paz interior frente a cualquier circunstancia.

En *De constantia sapientis* Séneca subraya la importancia de la serenidad y la paz interior como algo central para una vida feliz. Esto nos permitirá mantenernos inalterables frente a las adversidades y provocaciones de la vida. Séneca nos enseña cómo cultivar una mente firme y serena en un mundo lleno de incertidumbre y desafíos.

CÓMO CONSEGUIR LA TRANQUILIDAD DEL ÁNIMO

La tranquilidad del espíritu es algo que reclama Séneca en otro de sus diálogos, *De tranquillitate ánimi*. En esta obra de cuarenta páginas explora cómo alcanzar la serenidad, entendida como un estado de paz interior y equilibrio. Explica que la verdadera tranquilidad no proviene de las circunstancias externas, sino de la forma en que nuestra mente se enfrenta y responde a esos desafíos. Nos advierte sobre un error común que nos lleva a la inquietud y la falta de paz interior: la sobreestimación de nuestras capacidades:

> Ante todo, es preciso valorarse a sí mismo, porque generalmente nos imaginamos poder más de lo que podemos: uno da un resbalón por la confianza en su elocuencia, otro le ha impuesto a su patrimonio más de lo que podía soportar, otro ha abrumado su cuerpo endeble con una tarea fatigosa.

La verdadera tranquilidad del espíritu surge cuando nos conocemos a nosotros mismos y actuamos dentro de nuestras capacidades reales. Reconocer nuestros límites no es un signo de debilidad, sino de sabiduría. Nos permite tomar decisiones más equilibradas, evitar sobrecargarnos y, en última instancia, mantener un estado de calma y equilibrio.

Este autoconocimiento y la aceptación de nuestros límites son clave para evitar la agitación interna. Cuando aceptamos quiénes somos, y lo que realmente podemos hacer, reducimos la posibilidad de enfrentarnos a situaciones que nos desbordan y, de esta manera, podemos mantener una serenidad duradera.

Séneca reivindica también la austeridad, con el símil de las carreras de carros:

> Tenemos que acostumbrarnos a vivir con austeridad. No solo en una carrera y en una competición del circo, sino también en las pistas de la vida hay que dar las curvas bien cerradas.

Solo si nos centramos en nuestro interior, confiamos en nosotros mismos, valoramos lo que ya tenemos y enfrentamos la

adversidad con una mente tranquila, podremos encontrar la paz
interior y la fortaleza necesarias para disfrutar de una vida buena, independientemente de las circunstancias externas:

> Sobre todo, el espíritu hay que retirarlo de todo lo externo hacia sí
> mismo: que confíe en sí mismo, que disfrute de sí mismo, que apre-
> cie sus bienes, que se aleje cuanto pueda de los ajenos y se replie-
> gue sobre sí mismo, que no acuse los daños, que se tome incluso la
> adversidad con benevolencia.

Es decir, tenemos que ejercitarnos en tener una actitud de
gratitud y satisfacción con lo que somos y lo que tenemos, sin
caer en la trampa de desear constantemente lo que está fuera de
nuestro alcance o lo que pertenece a otros. «Gracias a la vida,
que me ha dado tanto» como cantó la chilena Violeta Parra, que
luego popularizó Joan Baez.

Otra de las claves es prepararse mentalmente para las adversidades antes de que estas ocurran:

> Si uno se graba esto en las entrañas y contempla todas las desgra-
> cias ajenas, cuya abundancia es a diario enorme, como si también
> tuvieran ellas despejado el camino hacia él, estará armado mucho
> antes de ser agredido; tarde se resguarda el espíritu para pasar peli-
> gros, tras los peligros. «No pensé que fuera posible» y «¿Habrías
> creído tú nunca que fuera a ocurrir esto?». Pero ¿por qué no?

Séneca nos invita a reflexionar sobre la naturaleza impredе-
cible de la vida, sugiriendo que, al contemplar las desgracias ajenas, y reconocer que también pueden sucedernos a nosotros, nos
armamos mejor para enfrentarlas con serenidad y fortaleza.

Y también nos dice —con qué contundencia, qué metáfora
tan genial eso de que hay que «grabar en las entrañas»— que
ninguna desgracia está fuera de nuestro alcance. Esta metáfora de
«grabar en las entrañas» sugiere que debemos interiorizar profundamente la posibilidad de que las adversidades nos golpeen
en cualquier momento. Al hacer esto, no nos sorprendemos ni
nos desmoronamos cuando la desgracia finalmente nos afecta; al
contrario, estaremos mentalmente preparados para enfrentarla.

Séneca critica la sorpresa ingenua que expresamos cuando algo malo ocurre: «No pensé que fuera posible» y «¿Habrías creído tú nunca que fuera a ocurrir esto?». Séneca nos recuerda que la vida es incierta y que nada está garantizado. Más adelante escribe:

Las riquezas no nos protegen de la pobreza, ni el rango social nos asegura contra la caída.

Al reconocer esta realidad podemos reducir el impacto emocional de las adversidades cuando se presentan. Esto es la serenidad, la tranquilidad del ánimo.

EL MAPA DE LA SERENIDAD

En este mundo del *coach* y de la charlatanería de la autoayuda leo con frecuencia consejos del tipo «Viaja para encontrarte a ti mismo», «Escapa para reencontrarte». Séneca nos advierte que no por mucho viajar vamos a encontrar la fortaleza mental, la tranquilidad del ánimo:

Crees que eso solo te pasa a ti y, como si fuera algo nuevo, te extrañas de que, tras un viaje tan largo y por lugares tan variados, no te hayas quitado de encima la tristeza y el abatimiento de espíritu. Debes cambiar tu alma, no el clima. Aunque cruces el ancho mar, aunque, como dice nuestro Virgilio, «tierras y ciudades queden atrás», te seguirán tus defectos dondequiera que vayas.

(*Cartas a Lucilio* 28)

Viajar es algo estupendo y necesario, pero con eso no vamos a lograr la serenidad. Continúa Séneca:

A uno que le preguntó eso mismo a Sócrates, le respondió: ¿Por qué te extrañas de que los viajes no te sirvan de nada si lo que haces es llevarte a ti mismo de aquí para allá? Te agobia la misma razón que te llevó a viajar […].

¿Quieres saber por qué esa escapada no te sirve? Porque escapas contigo. Hay que dejar en tierra la carga del alma; antes, no te agradará ningún sitio.

Es verdad que muchas veces buscamos lugares que relajan: el mar infinito, un atardecer… A mí me relaja pasear por el bosque, pero relajarse y serenidad no son lo mismo, aunque están relacionados.

Relajarse es un estado físico y mental que se logra cuando liberamos tensiones y reducimos el estrés. Es algo que podemos experimentar temporalmente al descansar, tomar un baño, darnos un masaje, contemplar el mar, caminar por el bosque o practicar técnicas de relajación como la respiración profunda o el yoga. Pero es un estado momentáneo.

La serenidad, en cambio, es una cualidad más profunda y duradera. Es un estado de calma y paz interior que no depende de las circunstancias externas. La serenidad implica tener control sobre nuestras emociones. Hace dos mil años escribe Séneca:

> El lugar no contribuye a la paz interior (*tranquillitatem*): es el alma la que, por cuenta propia, vuelve buenas las cosas. He visto yo en una casa de recreo alegre y bonita, gente entristecida. He visto en medio de la soledad gente estresada (*occupatis*).
>
> (*Cartas a Lucilio* 55)

¡Es que es buenísimo el texto de Séneca! Relajarse es como tomar un respiro en medio del caos; la serenidad es tener una paz interior constante, incluso cuando el caos persiste.

Es una tendencia humana buscar en el exterior soluciones a problemas internos. A menudo intentamos escapar de nuestras inquietudes internas emprendiendo viajes o cambiando de entorno, pensando que, al cambiarlo, también cambiaremos nuestro estado interior. Sin embargo, Séneca nos recuerda que este intento de huir es inútil, porque, al final, uno siempre lleva consigo sus problemas y preocupaciones:

Emprenden un viaje tras otro, como dice Lucrecio: «Así cada cual de sí mismo huye siempre». Pero ¿de qué le sirve, si no puede escapar? Uno va consigo mismo y, como un acompañante pesadísimo, se molesta a sí mismo.

(*Sobre la tranquilidad del ánimo* 2)

Nuestros problemas internos —ansiedades, miedos, insatisfacciones— no desaparecen simplemente porque viajemos, porque cambiemos de lugar o de actividad, porque demos muchas vueltas por el mapa. Porque el mapa de la serenidad está dentro de ti.

¿SIGUES BUSCANDO A ALGUIEN QUE TE LIMPIE LOS MOCOS?

Unos años después de Séneca, otro de los grandes pensadores estoicos, el griego Epicteto, reclama también la serenidad como una de las claves para una vida feliz. Nos desafía a recordar lo que realmente importa y a vivir de acuerdo con esos valores. En el libro IV de sus *Disertaciones* escribe:

Lo que vale es esforzarse en hacer desaparecer de la propia vida los padecimientos y las lamentaciones, y los «ay de mí» y los «qué desdichado soy», y la desdicha y el infortunio, y comprender qué es la muerte, qué es la cárcel, qué es el destierro. ¿Qué otra cosa son las tragedias sino los padecimientos, contados en verso, de hombres, que admiraban lo exterior?

Epicteto insiste en que lo único que realmente está en nuestro poder son nuestras propias percepciones, impulsos y deseos, mientras que todo lo demás, como la riqueza, la fama y el poder, no deben ser el foco de nuestras vidas. Esta distinción es fundamental para la práctica estoica, ya que conduce a una vida de serenidad y resiliencia.

Un tema recurrente en el libro I es el concepto de *proairesis* ('facultad de elección moral') —perdón por la palabra— que Epicteto considera esencial para alcanzar la felicidad. Según

Epicteto cada uno no es otra cosa que las decisiones que toma. Es una gran verdad.

En otro momento hace una reflexión crítica sobre los que quieren ser admirados:

> Cuando alguien ocupa en la vida la posición que debe, no aspira a otra cosa.
>
> —Hombre, ¿qué quieres que te suceda?
>
> —Me basta con desear y aborrecer de acuerdo con la naturaleza, con servirme, como conviene a mi naturaleza, del impulso y la repulsión, del propósito, de la intención.
>
> —Entonces, ¿por qué andas por ahí como si te hubieras tragado el palo de una escoba?
>
> —Quería que me admiraran los que salieran al paso y que me siguieran gritando, «¡Oh, qué gran filósofo!».
>
> —¿Quiénes son esos por los que quieres ser admirado? ¿No serán aquellos de quienes sueles decir que están locos? ¿Qué? ¿Quieres ser admirado por los locos?

Epicteto nos hace ver, también, que la serenidad y la autosuficiencia vienen de dentro, no de lo externo. Nos invita a dejar de depender de los demás para resolver nuestros problemas y a confiar en nuestra propia fortaleza y capacidad para superar cualquier adversidad con calma y determinación:

> ¿Qué admiramos? Lo exterior. ¿Por qué nos afanamos? Por lo exterior. ¿Y luego no sabemos qué hacer, por qué tememos o por qué nos angustiamos? Entonces, ¿qué hacer cuando consideramos que lo que nos sobrevienen son males? No podemos dejar de temer, no podemos dejar de angustiarnos. Y entonces decimos: «¡Ay, dioses! ¿Cómo no me voy a angustiar?». Insensato, ¿no tienes manos? ¿No te las hizo la divinidad? ¿Te vas a poner ahora a rezar para que no se te caigan los mocos? Mejor límpiatelos y no te quejes. Entonces, ¿qué? ¿No se te ha concedido nada? ¿No se te ha concedido la perseverancia, no se te ha concedido la magnanimidad, no se te ha concedido el valor? Teniendo esas manos, ¿todavía andas buscando quien te limpie los mocos?

(*Disertaciones* II)

Nos recuerda que, al igual que tenemos manos para limpiarnos los mocos cuando es necesario, también tenemos la capacidad de enfrentar y superar nuestras dificultades. No necesitamos rezar o depender de fuerzas externas para resolver problemas sencillos. En lugar de buscar soluciones fuera de nosotros mismos, Epicteto nos insta a recordar que la divinidad, o la naturaleza, ya nos ha dado las herramientas necesarias: la perseverancia, la magnanimidad y el valor. ¿Qué hay que hacer? Lo indica así:

> Expulsa de tu pensamiento la tristeza, el miedo, el deseo, la envidia, la malevolencia, la avaricia, la molicie, la intemperancia.

Este pasaje de Epicteto es una guía clara para alcanzar la serenidad, esta virtud central del estoicismo. Nos insta a expulsar de nuestra mente una serie de emociones y deseos negativos que, según los estoicos, son las principales causas de la agitación interna y de la infelicidad.

Epicteto nos está diciendo que la clave para alcanzar la serenidad es «liberar nuestra mente» de todas esas emociones destructivas que nos agobian. Sentimientos como la tristeza, el miedo, la envidia y la avaricia son como cargas que nos impiden vivir con tranquilidad y claridad mental. Cuando dejamos que estos sentimientos dominen nuestros pensamientos nos alejamos de la paz interior y nos volvemos esclavos de nuestras emociones, de nuestras pasiones, de nuestros temores.

La verdadera serenidad, según Epicteto, proviene de un «control consciente» de nuestra mente, donde elegimos no dar cabida a estas emociones que nos perturban. Al expulsar de nuestro pensamiento todas esas emociones y deseos negativos nuestra mente se mantiene firme y tranquila ante cualquier situación. Al superar estos obstáculos internos nos acercamos a una vida más plena y serena.

Hay un momento en el que Epicteto defiende que tenemos que concentrar nuestras energías en las cosas que podemos cambiar, escribe:

Debemos hacer lo mejor con las cosas que están en nuestro poder y tomar el resto como las presenta la naturaleza.

En esto, sin duda, se basa la llamada «Oración de la serenidad», que se atribuye al teólogo y filósofo estadounidense del siglo XX Reinhold Niebuhr:

Dame serenidad para aceptar todo lo que no puedo cambiar, valor para cambiar lo que soy capaz de cambiar, y sabiduría para entender la diferencia.

Pues miles de años antes ya lo dijo Epicteto. En los dos últimos milenios han cambiado muchas cosas, pero no la condición humana.

En las enseñanzas de Epicteto encontramos una guía para enfrentarnos a los problemas de la vida con serenidad y sabiduría.

Creo que no hay nada de más actualidad que cuando Epicteto explica que la felicidad es vivir libre y sereno, ajeno a la agitación. ¿No deberíamos recordar sus enseñanzas en nuestro turbulento mundo, esclavos de la inmediatez y del consumo?

Epicteto también aborda la necesidad de preparación y entrenamiento constante (*askesis*) para enfrentar los desafíos de la vida. Esto incluye la *meditación* sobre posibles adversidades y el ejercicio de la autodisciplina para no ser gobernados por nuestras respuestas automáticas a los eventos externos.

Su influencia posterior ha sido impresionante, fue un auténtico *bestseller* en toda Europa durante los siglos XVI y XVII. En la novela *Todo un hombre* de Tom Wolfe, publicada en 1998, uno de los personajes secundarios, Conrad Hensley, una excelente persona y humilde trabajador de una de las empresas del protagonista, Charlie Croker, descubre la filosofía estoica de Epicteto, que le sirve de salvavidas frente al despido y a una equivocación que le lleva a la prisión de Alameda County. Epicteto también como respuesta a los problemas de la vida y a los retos de la sociedad actual en las páginas de uno de los grandes novelistas de siglo XX, Tom Wolfe.

Epicteto nos recuerda que el estoicismo no es solo una disciplina teórica, sino una guía práctica para vivir mejor. Uno de sus principales argumentos es que la angustia proviene de preocuparnos por cosas que no podemos controlar. No lo olvides, teniendo esas manos, ¿todavía andas buscando quien te limpie los mocos?

LA PAZ INTERIOR DE MARCO AURELIO

Las *Meditaciones* de Marco Aurelio nos ofrecen una maravillosa lección sobre la serenidad y el poder de la mente para mantenernos firmes y equilibrados ante las adversidades. Marco Aurelio, como emperador, se enfrentó a innumerables desafíos, tanto personales como políticos. ¡Casi nada! Sin embargo, en medio de todas las dificultades, nos recuerda que la verdadera serenidad proviene de nuestra capacidad para mantener la calma interior, independientemente de las circunstancias externas:

> Pasa la vida sin violencias en medio del mayor júbilo, aunque todos clamen contra ti las maldiciones que quieran… Porque, ¿qué impide que, en medio de todo eso, *tu inteligencia se conserve en calma*, tenga un juicio verdadero de lo que acontece en torno tuyo y esté dispuesta a hacer uso de lo que está a su alcance? De manera que tu juicio pueda decir a lo que acaezca: «Tú eres eso en esencia, aunque te muestres distinto en apariencia». Y que puedas decir a lo que te suceda: «Te buscaba. Pues para mí el presente es siempre materia de virtud racional, social y, en suma, materia de arte humano o divino». Porque todo lo que acontece se hace familiar a Dios o al hombre, y ni es nuevo ni es difícil de manejar, sino conocido y fácil de manejar.

(Meditaciones VII)

En este texto, Marco Aurelio nos enseña que, aunque el mundo exterior pueda ser violento y hostil, nuestra mente puede permanecer serena. Y hay que aprender a conseguirlo.

La clave está en entender que nuestra percepción y reacción ante los eventos es lo que realmente definen nuestra experiencia. La serenidad no es la ausencia de problemas, sino la capacidad de enfrentarlos con una mente *tranquila*. La calma interior de Marco Aurelio, de Epicteto, de Séneca. Los clásicos escriben para la vida.

5
ESCUCHA TU VOZ INTERIOR:
EL VALOR DE LA MEDITACIÓN

A distinguir me paro las voces de los ecos
y escucho solamente, entre las voces, una.

Estos versos de Machado en su maravilloso poema *Retrato* (que todo español debería aprender) nos invitan a hacer una pausa, a detenernos para distinguir entre las voces verdaderas y los ecos vacíos que resuenan a nuestro alrededor. En un mundo lleno de distracciones y ruido, es fácil perder de vista lo que realmente importa, dejándonos llevar por el bullicio exterior en lugar de escuchar nuestra voz interior.

Las tensiones diarias, el constante flujo de información y la presión por estar siempre conectados nos empujan a una vida en la que apenas tenemos tiempo para detenernos y reflexionar. Nos levantamos de la cama ya agobiados, pasamos el día en tareas y obligaciones, y cuando llega la noche nos encontramos agotados, sin haber dedicado un momento a pensar en lo que de verdad importa.

En medio de esta vida acelerada nos sentimos abrumados, ansiosos, y muchas veces desconectados de nosotros mismos y de nuestras verdaderas metas. Es en este contexto donde la sabiduría de los clásicos grecolatinos es más necesaria que nunca. Séneca, Epicteto y Marco Aurelio nos enseñaron la importancia de la meditación como una herramienta cotidiana y esencial para vivir una vida feliz.

SÉNECA: LA IMPORTANCIA DE LA MEDITACIÓN

Séneca comienza así la primera de sus cartas:

> Reivindica para ti tu propia persona, y recoge y guarda el tiempo que hasta hora o bien te quitaban o bien te escamoteaban, o bien perdías. Algunos momentos nos los arrebatan, otros nos los sustraen, otros se disipan.
>
> Pero la pérdida más bochornosa de tiempo es la que tiene lugar por descuido. Abraza todas horas, dependerás menos del mañana si te has aplicado al día de hoy Mientras aplazamos las decisiones, la vida se pasa.

Es que el texto es maravilloso. Y sigue Séneca diciendo que tan solo el tiempo es nuestro:

> Todo, Lucilio, es ajeno a nosotros, tan solo el tiempo es nuestro. La naturaleza nos ha dado la posesión de este único bien, tan fugaz y huidizo, del que nos despoja el primero que pasa. Y nos dejamos. Son tan tontos los mortales que consienten en que se les considere deudores de los bienes más insignificantes y baratos, recuperables en cualquier caso, mientras que ninguno cree que deba nada si recibe tiempo, que es lo único que ni el agradecido siquiera puede devolver.

Lo único que no podemos recuperar es el tiempo. Tenemos que tomar conciencia del tiempo perdido, de la vida que se nos escapa de las manos. Estar con nosotros mismos, eso es lo que reivindica Séneca: la vida interior.

El gran poeta griego Kavafis escribió mil novecientos años después un poema imprescindible que Séneca habría suscrito completamente. Se titula «En la medida que puedas»:

> Y si no te es posible hacer la vida que deseas,
> intenta al menos esto

en la medida que puedas: no la envilezcas
en el contacto asiduo con la gente
en asiduos ajetreos y chácharas.
No la envilezcas arrastrándola,
dando vueltas constantes y exponiéndola
a la idiotez diaria
del trato y relaciones
hasta que se convierta en una extraña cargante.

Para Séneca, una de las claves de la felicidad es aislarse «del tráfago inacorde de las calles y plazas populosas», como escribió el gran Blas de Otero (qué grande y qué olvidado poeta). Si quieres ser feliz, escribe Séneca (lo escribo en latín para que puedas citarlo en la lengua original):

Recéde in te ipse quantum potes.
Recógete en tu interior cuanto te sea posible.

(*Cartas a Lucilio* 7)

En una sociedad que nos pone como gran objetivo el «éxito», que nos empuja a vivir hacia afuera, a cumplir con las expectativas externas y a perseguir logros inmediatos, la meditación que reivindican los clásicos nos devuelve al centro. Séneca nos recuerda que, para tener una vida feliz, debemos primero mirar hacia dentro, reflexionar sobre nuestros valores, nuestras intenciones, y nuestras respuestas ante la vida.

¿Hay algo de más modernidad en nuestra época, llena de *sound and fury*, como escribió Shakespeare, de ruido y furia? (De ahí tomó Faulkner el título de su gran novela).

¿Hay algo de más actualidad que ese sentimiento de libertad interior en esta nuestra época en la que tan difícil es aislarse del maldito guasap, de las redes, de los medios de comunicación, de la sobreexposición informativa veinticuatro horas al día, cada día, todos los días?

El secreto es estar en paz con uno mismo, escribe Séneca:

Me prius scrutor, deinde hunc mundum.
En primer lugar me examino a mí mismo, luego a este mundo.

(Cartas a Lucilio 65)

Para Séneca, estar en paz con uno mismo es encontrarse con los dioses. Séneca no era cristiano, aclaro esto porque no se refiere al Dios cristiano cuando escribe esto, maravilloso (que da para otro libro):

Deus prope est a te, tecum est, intus est.
Dios está cerca de ti, está contigo, está dentro de ti.

(Cartas a Lucilio 41)

De hecho, la *razón* es otra muestra de que los dioses habitan en el interior del ser humano, nos dice Séneca:

En efecto, la razón no es otra cosa que una parte del espíritu divino introducida en el cuerpo humano.

(Cartas a Lucilio 66)

Para él la verdadera libertad está en nuestra paz interior. No se trata de no tener nada que nos haga la vida más fácil, sino de no ser esclavos de esos objetos. No se trata de no hacer vida social, sino de no depender de estar siempre rodeado de gente.

LA MEDITACIÓN, ESTE INVENTO DE LOS CLÁSICOS

Hoy en día, cuando hablamos de meditación muchos la asimilan al yoga, al budismo o a prácticas orientales. Y me parece estupendo que se practique yoga, pero a menudo olvidamos que, en nuestra propia tradición cultural, en los clásicos grecolatinos, ya encontramos un profundo reclamo de la meditación, del ejercicio diario de la reflexión y la introspección.

La meditación es un concepto absolutamente occidental. Es una práctica que ha estado con nosotros desde hace siglos, invitándonos a parar, a mirar hacia adentro y a reenfocar nuestra vida hacia lo que realmente importa. El estoicismo nos brinda una meditación que se basa en la preparación mental para enfrentar las adversidades de la vida, y para asumir lo inevitable de la muerte. Para Séneca, citando a Epicuro (también Séneca es ecléctico), una de las cosas más importantes es aprender a morir:

> Dice Epicuro: medita sobre la muerte. Una de las cosas más importantes es aprender a morir.

(Cartas a Lucilio 26)

Tendemos a evitar hablar de la muerte, a relegarla a un rincón oscuro de nuestras mentes, como si ignorarla pudiera de algún modo hacerla desaparecer. Sin embargo, tanto Epicuro como Séneca nos enseñan que meditar sobre la muerte no es un ejercicio morboso, sino que nos recuerda la fragilidad y lo efímero de la vida:

> Medita en esto cada día (en que vas a morir), para que puedas abandonar con espíritu sereno la vida a la que algunos se aficionan y aferran como lo hacen a los espinos y las rocas los que son arrastrados por un agua torrencial. La mayoría fluctúa miserablemente entre el miedo a la muerte y las penas de la vida.

(Cartas a Lucilio 4)

No se trata de obsesionarse con la muerte, sino de comprenderla y, al hacerlo, liberarnos de la ansiedad que esta genera. Es una vacuna contra la procrastinación y la superficialidad. Cuando recordamos que nuestra existencia tiene un final inevitable, nos volvemos más conscientes del valor de cada momento, más inclinados a vivir de acuerdo con nuestros verdaderos valores y menos dispuestos a perder el tiempo en trivialidades.

Aprender a morir, para Séneca, es en realidad aprender a vivir sin miedo, a enfrentarse a las adversidades con valentía y a mantener la calma ante las incertidumbres de la vida. Al meditar

sobre la muerte nos entrenamos para aceptar lo inevitable con
serenidad y con alegría de vivir, y nos damos cuenta de que hay
que aprovechar cada momento de la vida; es decir: *carpe diem*.

Rara vez nos detenemos a pensar en nuestras acciones, nuestros objetivos y lo que realmente queremos de la vida, así que
recuperar la meditación es más importante que nunca.

EPICTETO: HABLA CONTIGO MISMO

Epicteto en sus *Disertaciones* nos invita a la meditación no solo
como un ejercicio intelectual, sino como una práctica esencial
para alcanzar la paz interior y la fortaleza emocional:

> Pero no ha de estar uno en absoluto menos preparado para poder
> bastarse a sí mismo, para poder uno convivir consigo mismo.

Epicteto compara esta autosuficiencia con la de Zeus, el dios
supremo en la mitología griega. Zeus, en su poder y sabiduría, es
capaz de vivir en paz consigo mismo, meditando sobre su propio
gobierno y sobre el orden del universo. Epicteto nos sugiere que
adoptemos una actitud similar: que aprendamos a «hablar con
nosotros mismos», a reflexionar profundamente sobre nuestra
vida y nuestras acciones:

> Igual que Zeus convive consigo mismo y se mantiene en paz en sí
> mismo y medita cómo es su propio gobierno y se mantiene en
> meditaciones que le son adecuadas, así también seamos nosotros
> capaces de hablar con nosotros mismos […].

Esta práctica de la meditación no es simplemente un ejercicio
pasivo, sino un proceso activo de autoexamen. Epicteto nos invita a observar nuestras relaciones con los demás, a evaluar cómo
hemos enfrentado los desafíos en el pasado y cómo lo hacemos
ahora. Reclama la autoevaluación continua, donde examinamos
las cosas que nos preocupan, que a veces nos atormentan y buscamos maneras de remediarlas o extirparlas de nuestra vida:

[…] así también seamos nosotros capaces de hablar con nosotros mismos, de no necesitar a otros, de no andar escasos de entretenimientos: examinar el gobierno divino, nuestra relación con los demás, observar cómo nos comportábamos antes frente a los acontecimientos y cómo ahora; cuáles son las cosas que aún nos atormentan, cómo podrían, también ellas, ser remediadas, cómo podrían ser extirpadas […].

Esta meditación es esencial para el bienestar emocional. Epicteto nos anima a perfeccionar las áreas de nuestra vida que necesitan mejora, basándonos en la razón y en la comprensión de nosotros mismos. Es un proceso de automejora constante, en el que la meditación nos guía para vivir de acuerdo con nuestros principios y corregir nuestros fallos.

[…] y si alguna de estas cosas necesita perfeccionamiento, hay que perfeccionarla según su razón.

Epicteto nos recuerda que debemos ser capaces de convivir con nosotros mismos, encontrar paz en nuestro interior y reflexionar diariamente sobre nuestras acciones y pensamientos. Nos enseña que la verdadera fortaleza mental y serenidad se encuentran en la capacidad de reflexionar diariamente, de preparar nuestra mente para los desafíos y ser conscientes de nuestra vida.

LAS *MEDITACIONES* DE MARCO AURELIO

El libro de Marco Aurelio, como ya he señalado, es en realidad unas notas para él mismo que la tradición ha dado en titular *Meditaciones*. El mensaje del libro, más allá del propio contenido, está claro: no solo hay que meditar, sino tomar nota de las meditaciones. Yo me apunto también, siguiendo a Marco Aurelio, lo que siento. Prueba a hacerlo, no te imaginas lo que te ayuda a centrarte.

La meditación es un antídoto contra la vorágine del mundo. Hace dos mil años y también ahora. Mientras que ahora está de moda la palabra *mindfulness*, los estoicos ya comprendían la necesidad de parar, reflexionar, meditar y reorientar nuestra mente hacia aquellos principios que nos permiten tener una buena vida.

En lugar de dejarnos arrastrar por las urgencias del momento, la meditación estoica nos invita a tomarnos un tiempo cada día para pensar, para evaluar nuestras acciones y para prepararnos mentalmente para los desafíos que vendrán. Ya lo dice Marco Aurelio:

> Cava en tu interior. Dentro se halla la fuente del bien, y es una fuente capaz de brotar continuamente si no dejas de excavar.
>
> (*Meditaciones* VII)

En lugar de dejarnos arrastrar por lo que nos rodea, los clásicos nos invitan a tomar las riendas, a meditar sobre lo que podemos controlar y a aceptar con serenidad lo que no podemos cambiar.

Así que, la próxima vez que pienses en meditación, recuerda que no necesitas irte lejos para encontrar una práctica que te proporcionará bienestar emocional. En los clásicos, en nuestra propia tradición cultural, ya se encuentra la meditación como una clave para asegurarnos una buena salud mental.

Antes de que el día te arrastre en su incesante corriente, detente un momento. Reflexiona. Piensa en lo que puedes controlar y en lo que no, en cómo has actuado y cómo podrías mejorar. Prepara tu mente para enfrentar con calma y determinación lo que venga.

De la misma forma que Machado nos invita a escuchar «una» voz entre las muchas que nos rodean, la meditación estoica nos ayuda a enfocarnos en lo que realmente importa, filtrando el ruido innecesario y fortaleciendo nuestra conexión con lo esencial. Porque, al final, la serenidad y el verdadero bienestar no se logran corriendo hacia no se sabe dónde, sino que las encontramos en la meditación.

6
Cómo evitar los ataques de ira

—¡Imbécil, casi me das al girar! —dijo, bajando la ventanilla.

—¡Imbécil tú! Mira por dónde vas, cabrón —le contestó el conductor del coche de al lado mientras el semáforo se había puesto en verde y los coches de atrás les pitaban.

Es un día como cualquier otro en la ciudad. Pablo, un economista de cuarenta y ocho años, se sube a su coche después de una larga jornada laboral. Está cansado, deseando llegar a casa, relajarse un poco, ver a su esposa, sentarse a leer un libro o a ver una serie. Pero en cuanto enciende el motor y se pone en marcha algo en su mente cambia.

La primera chispa de molestia surge cuando un coche se le cruza de repente en un cruce. «¡Gilipollas!», murmura entre dientes, mientras aprieta con fuerza el volante. Al llegar al semáforo tiene ese intercambio de insultos con el otro conductor. Minutos después, un peatón cruza la calle sin mirar y, aunque no tiene que frenar, golpea el claxon con intensidad. «¿Es que nadie sabe cómo se circula en esta ciudad?», exclama, notando cómo la tensión se va acumulando.

Para cuando llega a la autovía, la irritación de Pablo ha evolucionado a una ira furiosa. Cada coche que cambia de carril sin poner el intermitente, cada conductor que va demasiado lento en el carril izquierdo, cada motocicleta que se cuela entre los

coches, parece estar ahí solo para arruinarle el día. Pablo se
encuentra gritando al vacío de su propio coche, golpeando el
volante y lanzando maldiciones al aire, como si su furia pudiera
de alguna manera mejorar el tráfico o hacer que los demás conductores desaparezcan.

Pero, como suele pasar, su furia no cambia lo que sucede. El
tráfico sigue lento, el atasco no se soluciona, los conductores
siguen siendo los mismos y, para cuando llega a casa, está exhaus-
to, con la mandíbula dolorida por apretar los dientes y el corazón palpitando a toda velocidad. Lo que comenzó como una
molestia leve ha evolucionado a una ira fuera de control, y Pablo
se pregunta cómo pudo dejar que algo tan común como el tráfico le llevara al borde del colapso. Hay gente que va al volante y
se transforma. El tráfico hace que algunos no puedan controlar
sus emociones.

Cuando hablé por teléfono con mi amigo Pablo esta noche
y me contaba lo que le había pasado, arrepentido por haberse
encolerizado, me acordé del mito de Edipo. ¿Por qué? Porque
una de las historias más famosas de la mitología clásica comienza por una discusión de tráfico. Edipo mata a su padre sin saber
que es su padre, Layo, en un cruce de caminos porque discuten
sobre quién tiene preferencia. Layo golpea a Edipo, y este se
defiende y lo mata. Luego pasó lo que pasó: que se casó con su
madre, Yocasta, sin saber que era su madre. Freud, miles de
años después, utilizaría esta historia para dar nombre al famoso
complejo (pero Edipo no tenía complejo de nada). Todo comenzó por la ira en una discusión de tráfico, dos carros que se
encuentran en un cruce de caminos y los conductores discuten
a ver quién tiene la preferencia. Los mitos tienen siempre lecciones morales, y esta es una de las de este mito: que hay que
saber controlar las emociones. Es la función catártica de las tragedias.

Al colgar el teléfono me puse a escribirle a Pablo unas notas
sobre la ira a partir de los grandes autores de Grecia y Roma. Y
es que los clásicos nos enseñan que controlar nuestras emociones
negativas, y en especial dominar la ira, es una de las cosas más
importantes que debemos hacer para tener bienestar emocional.

A mí los clásicos me han venido muy bien para entrenarme mental y emocionalmente y evitar perder los papeles; en esto me ha sido de especial ayuda Séneca.

Porque la ira, la cólera, la furia, la rabia, como lo llamemos, es el sentimiento más abominable y violento de todos, un estado en el que la razón queda completamente anulada y perdemos nuestro equilibrio emocional. Y si el ataque de ira le domina a alguien con gente delante todavía es peor. Si además le lleva a quien lo sufre a arremeter contra otros, las consecuencias pueden ser dramáticas. No es un simple cabreo. Es mucho más. Es mucho peor. La ira para Séneca (esta frase es absolutamente genial) es:

La ira es un delito del espíritu.

Por eso Séneca escribió todo un tratado, *Sobre la ira*, dedicado a explorar la naturaleza, causas y efectos de la ira, así como a ofrecer estrategias para dominarla. Estas 130 páginas son uno de los textos más profundos y sistemáticos sobre las emociones humanas, especialmente la ira, desde la perspectiva estoica. Vamos, de hecho es una obra fundamental del estoicismo. Le da tanta importancia porque:

La ira supera todos los defectos. No hay ningún sentimiento al que no domine la ira.

Seneca explora cómo la ira se gesta y se intensifica en el alma humana, partiendo de percepciones y juicios erróneos:

Cuando la ira se apodera de la mente, se apodera de ella por completo [...] haciendo imposible cualquier pensamiento o planificación.

Cuando estamos dominados por la ira perdemos nuestra capacidad de pensar con claridad y de tomar decisiones sensatas. Es como si dejáramos de ser personas libres y nos convirtiéramos en esclavos de nuestras emociones más destructivas:

> Algunos de los hombres sabios calificaron la ira de *locura transitoria*. Cerrada a la razón y a los consejos, exasperada por motivos banales, incapaz de discernir lo justo y lo verdadero, del todo parecido a las ruinas que caen destrozadas sobre aquello que aplastaron.

Me parece genial esa definición de la ira como «locura transitoria». Y subraya que la ira se desata «por motivos banales». Esto es algo crucial: a menudo nos encolerizamos por cosas que no tienen importancia. La ira, entonces, es desproporcionada, una reacción exagerada a estímulos que, en una mente serena, tranquila (recuerda, «sobre la tranquilidad del ánimo») serían fácilmente ignorados o resueltos con calma.

Séneca compara la ira con «ruinas que caen destrozadas sobre aquello que aplastaron». Esta imagen es muy buena. La ira no solo nos lleva a destruir lo que nos rodea —relaciones, oportunidades, nuestra propia paz interior— sino que también nos destruye a nosotros mismos. Al igual que unas ruinas que, al colapsar, se desmoronan y aplastan todo lo que encuentran a su paso, la ira nos derrumba desde dentro y, en el proceso, causa un daño irreparable tanto a nosotros como a los demás. Y dice una gran verdad sobre la ira:

> No puedes saber qué es más la ira: si detestable o degradante.

Porque es detestable, sí, pero también degrada a quien es dominado por ella. Lo que hace a la ira particularmente peligrosa es que es una pasión que fácilmente se alimenta a sí misma. Un pequeño desaire, una ofensa menor, puede encender la llama de la cólera. Y una vez que se enciende, va a más:

> Las demás pasiones es posible esconderlas y alimentarlas en secreto: la ira se revela y se exterioriza en la expresión y cuanto más profunda es, tanto más se manifiesta. Los demás sentimientos surgen, este sobresale.

La ira ciega a la persona, la vuelve sorda a la razón y la empuja a tomar decisiones de las que a menudo se arrepiente, pero muchas veces ya es demasiado tarde para retroceder:

> Ninguna otra calamidad ha costado más cara al género humano que la ira: la ira es la más destructiva de las pasiones.

Séneca nos advierte que, debido a su poder destructivo, la ira debe ser la principal pasión que tenemos que controlar y dominar. Mientras que otras pasiones, como el deseo o la ambición, pueden tener efectos negativos, pero también pueden ser canalizadas de manera constructiva (como el estrés, si uno sabe canalizarlo y siempre que no te domine), la ira nunca conduce a un resultado positivo, nunca. En cambio, casi siempre deja a su paso un rastro de dolor, destrucción y... arrepentimiento.

LA IRA Y LA JUSTICIA

La razón es la que nos permite distinguir lo verdadero de lo falso y lo justo de lo injusto. En cambio, cuando nos domina la ira, nuestras decisiones están guiadas por esa emoción; por eso, escribe Séneca:

> La razón quiere dictar sentencias que sean justas. La ira quiere que parezcan justas las sentencias que ha dictado.

Señala que la ira no busca la verdadera justicia, sino una apariencia de justicia que satisface nuestro impulso emocional. Esto puede llevar a acciones impulsivas, vengativas o irracionales que, aunque parezcan correctas en el calor del momento, a largo plazo resultan injustas y perjudiciales tanto para nosotros como para quienes nos rodean. Por ejemplo, un conductor enfadado que decide vengarse de otro no está actuando de manera justa, sino reaccionando de forma desproporcionada a una situación menor.

Este contraste subraya la importancia de cultivar la razón por encima de las emociones descontroladas. Para Séneca y los estoicos, la verdadera justicia y la serenidad provienen de un juicio claro y sereno, no de reacciones impulsivas. Al reconocer que la ira puede destruir nuestro equilibrio emocional, nos insta a entrenar el autocontrol y practicar la reflexión antes de actuar.

¿Qué hay que hacer cuando uno tiene un ataque de ira? No tomes ninguna decisión, no actúes, en esos casos *lo urgente es esperar*:

> Uno de los mejores remedios para la ira es la dilación. Exígele [a la persona airada] al principio no que perdone, sino que piense: tiene un primer impulso intenso, pero desistirá si espera.

Séneca reconoce que el primer impulso de la ira es el más peligroso, porque es cuando la emoción está en su punto más alto, nublando nuestra capacidad de razonar. En este estado tendemos a actuar de manera impulsiva y desproporcionada, haciendo o diciendo cosas que luego lamentaremos. La ira, en su explosión inicial, busca una salida rápida y violenta, sin dejar espacio para la reflexión. El consejo de Séneca es claro: no actúes de inmediato. Así esa ola inicial de ira perderá fuerza. Al retrasar la reacción, damos tiempo a la razón y permitimos que esa emoción destructiva se enfríe. Este momento es crucial. Cuenta hasta diez, hasta cien si hace falta, respira profundamente o, simplemente, aléjate. Esto debería ser el primer mandamiento para muchos en las redes sociales.

Esto no quiere decir que no haya que ejercer la justicia, claro, pero sin ira. Las grandes tragedias de la literatura griega tienen que ver con esto (eso da para otro libro), y Séneca también defiende que nunca hay que tomarse la justicia por su cuenta:

> ¿No es preciso a veces un correctivo? Sí, claro, pero sin ira, con lógica. ¿El hombre bueno no se encoleriza si ve golpear a su padre o raptar a su madre? Pero no debe encolerizarse, sino defenderlos y luego hacer justicia. Si van a golpear a mi padre lo protegeré. Si lo han golpeado, los perseguiré en los tribunales. Hay que defender a los padres, hijos, amigos y conciudadanos con decisión, resolución y reflexión, no con arrebato y furia.

MEJOR SER AMADO QUE TEMIDO

Séneca defiende que hay que ser amado, no temido. Critica la famosa frase «que me odien, mientras me teman» que tanto repetía Calígula, como cuenta el historiador Suetonio. Séneca escribe:

> Es espantoso y abominable decir «que me odien con tal de que me teman».

Y también critica duramente la que se atribuía a Tiberio:

> Que me odien con tal de que me obedezcan.

Si la ira es perjudicial en un conflicto, ¿cómo será de tóxica en lo cotidiano?

También defiende que no es útil en la guerra, a pesar de lo que algunos piensan. Séneca refuta los argumentos de Aristóteles, para quien

> […] la ira es necesaria y sin ella nada se puede conquistar, si no llena ella el ánimo; ahora bien, hay que servirse de ella no como general sino como soldado.

¡Toma, Aristóteles!

En cambio, para Séneca, cualquier beneficio aparente es superado por sus daños (lleva toda la razón):

> Es falso que la ira sea útil. Si escucha a la razón y sigue por donde la conduce ya no es ira, cuya característica es la obstinación. Si por el contrario planta cara y no se aquieta cuando se le ha ordenado, sino que avanza según su capricho y su ferocidad, es un asistente del espíritu tan inútil como el soldado que desoye la señal de retirada.

Y reclama la moderación, la comprensión y la empatía como medios para controlar la ira. Si no se controla desde el principio, la ira «es desenfrenada e indomable, perniciosa e indigna». Fren-

te a los que piensan que la ira es necesaria en la guerra, afirma
precisamente todo lo contrario:

> «Pero contra los enemigos», dice alguno, «es necesaria la guerra».
> En ninguna otra ocasión menos, porque en la guerra es cuando
> más conviene que los impulsos no sean desenfrenados, sino tem-
> plados y obedientes.

Y pone el ejemplo de Publio Cornelio Escipión:

> [...] que triunfó sobre su ira antes que sobre Aníbal. Escipión dejó
> atrás a Aníbal y al ejército cartaginés [que habían invadido Italia]
> y trasladó la guerra a África, con tanta calma que daba a los mali-
> ciosos la impresión de apatía y desgana.

Y menciona también a Publio Cornelio Escipión Emiliano,
nieto del anterior, que con mucha paciencia asedió Numancia,
soportando que la derrota de esta llevase más tiempo que la de
Cartago:

> Así pues, no es la ira útil ni siquiera en las batallas o las guerras,
> pues es proclive a la temeridad y no se guarda de los peligros al
> dejarse llevar de la intención de provocárselo a otros.

EL MITO DE ATENEA

La diosa Atenea es la diosa no solo la sabiduría y la inteligencia,
sino también de la estrategia en la guerra. No es una diosa de la
violencia impulsiva, como Marte. Se caracteriza por su prudencia y por la planificación en combate, lo que la convierte en una
deidad ideal para simbolizar la victoria mediante la inteligencia
en lugar de la brutalidad. Al igual que Séneca, ella también nos
enseña que, en los conflictos, tanto en la guerra como en los
cotidianos, es la razón la que debe prevalecer sobre la furia.
  Para disfrutar de una buena vida, para ser feliz, como defendía Séneca, es esencial mantener la cabeza fría, que es la lección
moral del mito de Atenea.

LO NATURAL NO ES LA IRA

Séneca reivindica que lo natural del ser humano es ayudarse, no encolerizarse. Me parece maravilloso este texto:

> El hombre ha nacido para la ayuda mutua, la ira para el extermi-nio. El ser humano quiere agruparse, la ira separar. El ser humano quiere beneficiar, la ira perjudicar. Él socorrer incluso a los desco-nocidos, ella acometer incluso contra los más queridos. Él está dis-puesto a desvivirse por la convivencia de otros; la ira, arrojarse al peligro con tal que los arrastre consigo.

Porque lo que nos produce bienestar emocional es la colabo-ración con los demás (somos animales sociales):

> La vida humana está fundada en los favores y la armonía, y no por el terror, sino por el mutuo amor se obliga a la alianza y la ayuda recíproca.

EVITAR LA IRA, ADEMÁS, ES RENTABLE

> Airarse con un igual es arriesgado, con un superior demencial, con un inferior mezquino.

Es decir, por un lado, para Séneca, encolerizarse con un igual es como jugar a la ruleta rusa: ambos tienen las mismas balas, el peligro está en quién aprieta primero el gatillo.

Por otro lado, lo tenía claro: solo un insensato se atrevería a desafiar a quien tiene más poder. Hoy diríamos «has cavado tu propia tumba».

Y, por último, encontramos la mezquindad de descargar la ira sobre un inferior. Aquí entramos en el terreno de lo rastrero. Es la bajeza moral en su máxima expresión.

Si alguna vez sientes que la ira te domina, piensa en esa frase de Séneca. Te está diciendo que frenes, porque cualquiera de las tres opciones es un desastre anunciado. Con la ira siempre vas a

salir perdiendo. De hecho, en términos de rentabilidad, más allá
de otras consideraciones, evitar la ira es muy rentable:

> ¿Qué hay más encomiable que cambiar la ira por amistad? ¿Qué
> aliados tiene el pueblo romano más leales que los que tuvo como
> enemigos acérrimos? Alguien se va a airar contigo: tú, a cambio,
> desafíalo a base de favores.

Y viene a decir que dos no discuten si uno no quiere:

> Sin pareja no hay pelea.

Aunque solo sea por interés, ¡evita la ira!

EDUCAR PARA EVITAR LA IRA

No todos tenemos el mismo carácter, el mismo temperamento.
Unos están más predispuestos que otros a sufrir un ataque de ira,
por eso hay que educar desde pequeños a los niños para evitar
que la ira les domine. Primero, como siempre, con el ejemplo: los
niños hacen lo que ven. Y, después, no dándoles todo lo que
piden, porque:

> Se encolerizará más fácilmente uno al que nunca se le ha negado
> nada.

Y por eso no hay que humillar al joven que pierde en un
juego ni hacer que se crea que es el no va más a quien gana, porque quien tiene una alta estima de sí mismo, tiene más riesgo de
ser dominado por la ira:

> Cada vez que el muchacho triunfe y haga algo digno de alabanza,
> consintamos que se anime, no que salte de gozo; pues al alborozo
> sigue la exaltación, a la exaltación la arrogancia y la estimación
> excesiva de sí mismo.

MENOS ES MÁS

Séneca reivindica a Demócrito, ese filósofo griego de hace casi 2.500 años que parece que ya había dado con el secreto de la paz mental mucho antes de que el *mindfulness* estuviera de moda. Nos lanza una advertencia que sigue siendo tan fresca como el pan recién hecho: no te metas en más fregados de los que puedes manejar.

Según su saludable norma, la tranquilidad solo se alcanza si no intentamos abarcar más de lo que nuestras fuerzas permiten, y si no valoras tus fuerzas siempre habrá algo o alguien que te saque de quicio. Y, claro, por mucho que te esfuerces, el día nunca será lo suficientemente plácido como para evitar que venga alguien y te joda el ánimo.

Así que el consejo de Demócrito es claro y conciso: no quieras ser el superhéroe de la multitarea, porque lo más probable es que acabes dominado por la ira. Es decir: menos es más, sobre todo cuando hablamos de mantener la calma y no perder la cabeza en el intento:

> Nos será útil la saludable norma de Demócrito, según la cual la tranquilidad aparece si ni en lo privado ni en lo público emprendemos innumerables cosas o superiores a nuestras fuerzas. Para quien corre a innumerables ocupaciones, el día nunca transcurre tan felizmente que no le surja de parte de un hombre o de parte de una cosa un agravio que le disponga el ánimo a la ira.

Nos dice que, si vivimos como pollos sin cabeza, dispersos y sin un rumbo claro, lo único que cosecharemos serán frustraciones. Y claro, con la frustración viene la ira, porque cuando los planes se nos tuercen —y, créeme, siempre se tuercen, cuantos más tengas, más cosas se te torcerán— empezamos a airarnos con todo y con todos: con la persona que pasa por ahí, con la situación, con el lugar, con la mala suerte, y hasta con nosotros mismos:

> Igualmente, en esta manera de vivir dispersa y sin rumbo sobrevienen muchos obstáculos, muchos problemas: uno ha defraudado nuestras esperanzas, otro las ha diferido, otro las ha abortado; los

planes no han salido según lo previsto. A nadie se le ha rendido
tanto la suerte que le responda en todas partes cuando intenta
muchas cosas; luego se deduce que aquel para quien unos cuantos
casos han concluido en contra de lo que había planeado se muestra
intolerante con hombres y cosas. Por motivos muy leves se encole-
riza con la persona, o con el asunto, o con el lugar, o con la suerte,
o con él mismo. Así pues, para que el espíritu pueda estar reposa-
do, no hay que zarandearlo ni fatigarlo, según he dicho, con la
realización de cosas innumerables e importantes y apetecidas por
encima de nuestras fuerzas.

Una clave para evitar que la ira te consuma está en no so-
brecargarte. Dedica tu energía a lo que realmente importa y
está a tu alcance, y verás cómo esa paz interior tan deseada
empieza a hacer acto de presencia. Séneca nos enseña que el
camino a la serenidad pasa por evitar complicarnos la vida
innecesariamente. ¡Menos es más!

NO ENTRES AL TRAPO

Séneca nos da aquí un consejo que parece hecho a medida para
la era de las redes sociales: deja de espiar, deja de curiosear, ¡deja
de buscar problemas donde no los hay! ¿Quieres evitar cabrearte a cada rato? Pues no andes husmeando en lo que dicen de ti,
o desenterrando lo que se cuchichea en los rincones. Porque
quien busca, encuentra, y lo que encuentras rara vez te alegra el
día. Es como si fueras a un bufé de disgustos y te sirvieras un
plato bien lleno.

   ¿La solución? Muy simple: aprende a ignorar y, sobre todo,
a reírte. Séneca nos dice que no vale la pena enfadarse por cosas
que, con un poco de humor, se convierten en tonterías:

No interesa verlo todo, oírlo todo. Que nos pasen por alto muchos
ultrajes, los más de los cuales no recibe quien los ignora. ¿No quieres ser iracundo? No seas curioso. Quien pregunta qué han dicho
de él, quien desentierra conversaciones malévolas, aunque se han
tenido en secreto, él mismo se intranquiliza. Una determinada

interpretación lleva a que le den la impresión de ultrajes; así que unas cosas hay que diferirlas, otras desdeñarlas, otras disculparlas.

Haz como Sócrates, al que dieron un codazo en una calle abarrotada de gente y, en lugar de armar un escándalo, soltó una frase digna de un meme: «Es una lástima que los hombres no sepan cuándo deben salir a la calle con casco». Así de fácil, le dio la vuelta a la situación y evitó la bronca:

Hay que restringir la ira de mil maneras; que la mayoría de los casos se eche a risa y a broma. Cuentan que Sócrates, golpeado de un codazo, no dijo nada más que era una lástima que los hombres no supieran cuándo debían salir a la calle con casco. No importa de qué modo se ha hecho el ultraje, sino de qué modo se ha soportado; y no veo por qué razón es difícil la mesura, cuando sé que incluso los temperamentos engreídos de su suerte y su poder, como los de los tiranos, han reprimido su saña habitual.

El mensaje de Séneca es claro: no importa tanto el golpe que recibas, sino cómo lo soportes. Si quieres mantener la calma en este mundo hiperconectado, donde las ofensas están a la orden del día, no quieras saber todo lo que dicen de ti. Y, en cualquier caso, siempre será mejor soltar una carcajada que sufrir un ataque de ira.

PONTE MÚSICA

A mi amigo Pablo le dije que se pusiera inmediatamente una música que le relajase. La música te cambia el estado de ánimo. Hay un diálogo genial de Woody Allen en *Misterioso asesinato en Manhattan* (1993). Está saliendo de una ópera de Wagner y le dice a Diane Keaton —su esposa en la película—, en un tono irónico, esta frase que es una muestra del humor sarcástico de Allen (hay que tener en cuenta que Woody Allen es judío, y está jugando con la asociación entre la música de Wagner y la admiración de Hitler por el compositor, por eso esto vale doble):

Cada vez que escucho a Wagner, me dan ganas de invadir Polonia.

Y es que la música es una de las formas más directas de influir en nuestras emociones. La música ha sido utilizada en rituales, celebraciones y momentos de duelo, precisamente porque tiene la capacidad de conectar con nuestras emociones de manera profunda y casi instantánea.

Cuando escuchamos música, especialmente aquella que nos gusta, nuestro cerebro libera dopamina, un neurotransmisor asociado con el placer y la recompensa. Esto explica por qué una canción puede hacernos sentir eufóricos o melancólicos en cuestión de segundos. Además, la música puede influir en la producción de cortisol, la hormona del estrés, ayudando a calmar la ansiedad y a mejorar el estado de ánimo. Y en cambio, si escuchas música estridente, esto te altera.

Bueno, pues sin saber lo de la dopamina y el cortisol, Séneca apela a la música para evitar la ira. Menciona a Pitágoras, el matemático que todos conocemos por su famoso teorema, que tenía también su lado zen y parece que sabía bien cómo evitar la ira: se relajaba tocando la lira.

> Pitágoras apaciguaba las inquietudes del ánimo con la lira; por otro lado, ¿quién ignora que los clarines y las trompetas son excitantes, así como calmantes algunos sonidos con los que la mente se relaja?

Pitágoras y sus seguidores creían en una profunda conexión entre la música y las matemáticas. Para los pitagóricos, la música era la expresión del orden cósmico y tenía un efecto de equilibrio sobre el alma humana, alineando las emociones con el cosmos, de ahí la referencia de Séneca.

Los autores clásicos, tanto griegos como romanos, reivindicaban la influencia de la música en las emociones humanas.

LA MÚSICA AMANSA A LAS FIERAS

Sobre la música hay una historia maravillosa de la mitología clásica que es el mito de Orfeo y Eurídice. Orfeo hacía con su canto que todos los animales se congregaran mansamente en torno a él para escucharle, de ahí viene la expresión «la música amansa a las fieras». Gracias al poder de su música, Orfeo logró lo que nadie consiguió: que Hades le dejara llevarse a su esposa muerta, Eurídice, al mundo de los vivos. Se malogró al llegar, pero esa es otra historia.

Homero, tanto en la *Ilíada* como en la *Odisea*, hace referencia a la música como un medio para aliviar el dolor y las emociones intensas. En la *Odisea*, por ejemplo, el bardo Demódoco canta para los invitados en la corte de los feacios, y su música provoca las lágrimas de Ulises, que recuerda todas sus peripecias al volver a Ítaca y añora a sus compañeros muertos. Este es un ejemplo de cómo la música activa los sentimientos y nos permite procesar las emociones.

Para Aristóteles, la música imita emociones humanas (la tristeza, la alegría, el valor), y al escucharla el oyente experimenta una purificación de esos sentimientos. La música ayuda a liberar tensiones emocionales y promueve el equilibrio mental.

En fin, para los autores clásicos, la música no era solo una forma de entretenimiento, sino también una herramienta poderosa para moldear el carácter, influir en el comportamiento y generar bienestar emocional.

Así es: antes de Spotify y las listas de «Música para la relajación», Pitágoras y Séneca ya sabían que la música era clave para lograr la tranquilidad del espíritu.

¿POR QUÉ ROMPEN RAQUETAS?

Hay que tener mucha capacidad de autocontrol y mucho entrenamiento mental para evitar un ataque de ira. Algunos se dedican a romper las cosas de su entorno, lo cuenta Séneca:

> Nos airamos con cosas de las que ni siquiera hemos podido recibir ultraje.

Y dice que algunos rompen los libros o vestidos, llenos de furia, y que es muy «de necios airarse con estas cosas que no han merecido ni notan nuestra ira».

Esto mismo les pasa a muchos, entre otros a algunos tenistas que, cuando pierden un partido, rompen su raqueta en la pista. En agosto de 2024, el tenista Carlos Alcaraz dijo en rueda de prensa que tenía todavía que entrenar mucho para controlar sus emociones negativas:

Pido perdón porque mi actitud de ayer no fue correcta y es algo que no debería hacerse dentro de una pista. Soy humano, tenía acumulación de nervios dentro y a veces es muy complicado controlarse cuando estás con las pulsaciones tan altas. Trabajaré para que no vuelva a repetirse.

Y es que el día anterior Alcaraz había destrozado su raqueta de tenis en la pista después de haber perdido el partido contra Gaël Monfils en la segunda ronda del Cincinnati Open. Golpeó su raqueta contra la pista varias veces, mientras todo el público le miraba atónito. Alcaraz es un tipo estupendo, pero nadie es perfecto, y lo que hizo es una muestra de lo que te sucede cuando no controlas tus emociones.

A nadie le gustó que lo hiciera, ni al mismo Alcaraz, que en la rueda de prensa posterior pedía disculpas y confesaba, avergonzado y arrepentido, que «no había podido controlarse», después de haber jugado «el peor partido de su vida»:

Ha habido otros momentos donde quise romperla, pero pude controlarme. Hoy no pude hacerlo. Ha sido muy frustrante para mí. Hubo momentos donde no quería estar ahí. Quería irme de la pista.

Entendemos que cuando alguien no controla sus impulsos, cuando no domina su cabreo, cuando no evita la ira, esto puede llevarle a cometer actos de los que se va a arrepentir y avergonzar.

No es el único que ha sufrido un ataque de ira y no ha podido controlarlo. Roger Federer ha destrozado cinco raquetas en la pista y el antivacunas Djokovic nada más y nada menos que 62. ¡En todos los sentidos Djokovic no es el modelo a seguir!

¿Es posible escapar a la ira? ¡Sí! Por ejemplo, Nadal jamás ha roto una raqueta. Hace años le preguntaron por qué nunca lo había hecho y contestó con una lección de estoicismo en estado puro:

> Para mí, romper una raqueta significaría no haber mantenido el control de mis emociones. Mi familia nunca me lo hubiera permitido.

Su tío y entrenador, Toni Nadal, explicó también hace tiempo cómo le dio a Rafa Nadal una norma para no dejarse llevar por un ataque de ira:

> Al comenzar a trabajar con él le dije que tenía que respetar una norma. Una. Si tiras tu raqueta y la rompes no seré más tu entrenador. Hay millones de niños en el mundo que no tienen raquetas porque no pueden pagarlas. Eso sería una falta de respeto para todos.

Un gran deportista consigue sus triunfos entrenando mucho físicamente en su deporte, pero a veces olvidamos que también tiene que entrenar mucho mentalmente.

CUENTA HASTA DIEZ. O HASTA CIEN

La ira es una emoción que surge rápidamente y lleva a actuar impulsivamente, con consecuencias negativas. Por eso, Séneca recomienda la «dilación» o la postergación como un antídoto eficaz:

> El mejor remedio para la ira es la dilación.

Al tomarse un tiempo antes de reaccionar, la intensidad de la emoción disminuye, lo que permite que la razón recupere el control sobre la situación. La dilación ofrece la oportunidad de reflexionar y reconsiderar nuestras acciones, evitando que la ira nos lleve a decisiones precipitadas o dañinas. En esencia, es una forma de enfriar la mente antes de actuar, alineándose con la filosofía estoica que valora el autocontrol como la clave del bienestar emocional.

Esas preocupaciones que ahora mismo te quitan el sueño, en una hora, o como mucho en un día, te parecerán menos graves, o incluso desaparecerán por completo. Es como si el tiempo fuese ese filtro mágico que hace que lo que antes parecía una catástrofe, ahora no sea más que un pequeño inconveniente.

Si después de un tiempo la preocupación sigue ahí y no ha cambiado en nada, entonces ya no es momento de dejarte llevar por la ira, sino de juzgar la situación con la cabeza fría. Séneca nos está diciendo que, cuando estamos en medio de la tormenta, nada se ve con claridad. Es como intentar ver a través de olas de la tormenta en el mar: no puedes distinguir nada con detalle. Pero si esperas a que el mar se calme, todo se ve mucho más claro:

> Algunas de esas preocupaciones que te traían de cabeza, una hora, no ya un día, las mitigará; otras desaparecerán del todo. Si el aplazamiento solicitado no consigue nada, se hará evidente que ya es la hora del juicio, no de la ira. Todo lo que quieras saber cómo es, dáselo al tiempo: nada se distingue detalladamente en medio de las olas.

Así que, en lugar de lanzarte al ataque o al drama en cuanto algo va mal, dale tiempo al tiempo. Deja que las aguas se asienten antes de tomar una decisión o juzgar. La paciencia y la reflexión son tus mejores aliadas para evitar decisiones impulsivas de las que luego puedas arrepentirte. ¡Respira, relájate y cuenta hasta diez o hasta cien!

Este consejo es más necesario que nunca en nuestra época, donde las respuestas impulsivas, ya sea en persona o en las redes sociales, generan conflictos innecesarios. La práctica de tomarse un momento antes de escribir en las redes, antes de devolver la afrenta, antes de actuar, antes de contestar airadamente, nos va a ahorrar muchos problemas y nos va a permitir, por tanto, una vida feliz.

ENTRÉNATE PARA EVITAR LOS ATAQUES DE IRA

Muchas veces pensamos que estas cosas les pasan a los demás. Que nunca nos va a pasar a nosotros. Pues que sepas que nadie está libre de ser dominado por la ira y perder los papeles.

La ira es una emoción muy poderosa y, cuando no se controla, puede convertirse en una fuerza destructiva tanto para quien la siente como para quienes lo rodean. La tenemos al acecho en las pequeñas cosas, en las más cercanas, como el tráfico. La historia de Edipo en la mitología clásica nos recuerda que la ira no solo tiene el potencial de arruinarte un día, sino de cambiar el curso de nuestras vidas de manera irreversible. Es una emoción que ciega la razón.

Séneca nos ofrece una guía para dominar la ira antes de que nos domine a nosotros. En lugar de dejarnos llevar por el impulso inicial, debemos aprender a esperar, permitiendo que la razón recupere su lugar y nos guíe hacia respuestas más justas y equilibradas. En última instancia, controlar la ira no solo nos ayuda a evitar el daño y el arrepentimiento, sino que también nos permite disfrutar de equilibrio emocional y, por tanto, llevar una vida feliz. El verdadero poder reside en la capacidad de mantener la calma, incluso en medio de la provocación. Y para eso hay que ser consciente de lo infelices que hace la ira a quienes no la controlan. Y también que hay que entrenarse mentalmente para ello.

7
EL VENENO SILENCIOSO: LA ENVIDIA TE AMARGA LA VIDA

Tengo muchos de los defectos que nos impiden una vida feliz, me entreno mucho para superarlos y por eso necesito a los clásicos. Pero, afortunadamente, no padezco el de la envidia. Veo a mucha gente, algunos muy cercanos, que la sufren (es un auténtico sufrimiento) y son muy, pero que muy desgraciados. Porque la envidia amarga la vida.

Séneca, que está más de actualidad que muchos gurús de la autoayuda de hoy, ya nos prevenía contra la envidia hace dos mil años. Decía que las enfermedades del alma —esas pasiones dañinas que nos corroen— son tan destructivas y reales como las enfermedades físicas. La avaricia, la crueldad, la ira, y especialmente la envidia, son como dolencias que se enquistan en nuestro espíritu, llevándonos a un estado casi irreversible si no las combatimos a tiempo.

Séneca agrupa estas pasiones en la categoría de «maldad», indicando que no solo dañan a quien las padece, sino también a quienes le rodean:

Si las pasiones son cuerpos, también lo son las enfermedades del ánimo, como la avaricia, la crueldad y los vicios inveterados que han llegado a una situación irremediable; por lo tanto, también la maldad y todas sus manifestaciones: la malignidad, la envidia, la soberbia.

(Cartas a Lucilio 106)

La envidia, en el cristianismo, es uno de los siete pecados capitales (por cierto, no te pierdas la película *Seven* de David Fincher, de 1995, con Brad Pitt, Morgan Freeman y Gwyneth Paltrow, sobre los siete pecados capitales). Es un deseo maligno de poseer lo que otro tiene, acompañado de un resentimiento por el éxito o los bienes de los demás. Ya antes, Séneca advirtió sobre la envidia como enfermedad del alma. Y no existe la «envidia sana». Entiendo que es una forma de hablar, de exagerar la admiración que sentimos por algo, pero realmente no puede haber, no hay envidia sana. Por eso, como somos lenguaje, hay que evitar la expresión «envidia sana» porque blanqueamos, dulcificamos la envidia. Habría que decir, «te admiro». No cuesta tanto.

La envidia es uno de los sentimientos más dañinos porque nos impide disfrutar de la vida al concentrarnos en lo que tienen los demás, en lugar de en lo que podemos disfrutar o cultivar por nosotros mismos. Si vives pendiente de lo que tiene un conocido, un amigo o tu vecino, te condenas a la infelicidad. No importa si hablas de la casa más grande, el coche más nuevo o, en los tiempos que corren, de la cuenta de Instagram con más *likes*. La envidia es ese maldito veneno que te consume poco a poco, que te aleja de la paz interior y te deja con el sabor amargo del resentimiento que te hace muy pero que muy desgraciado. Como dice el poeta latino Horacio, «no hay mayor tortura que la envidia».

LA ENVIDIA COME SERPIENTES

En esa obra maravillosa que son las *Metamorfosis* de Ovidio aparece el personaje de la Envidia, personificada en una de las figuras más viles de la mitología. El mito está narrado en el libro II.

Mercurio, el dios mensajero de los dioses, hijo de Júpiter, se enamora de Herse al verla caminar con otras jóvenes. Herse tiene dos hermanas, Pándroso y Aglauro (que es la envidiosa en este mito), hijas del mítico rey de Átenas, Cécrope. Mercurio queda fascinado por su belleza y le pide ayuda a Aglauro: «Te pido que favorezcas mi amor». Pero Aglauro decide interponerse entre el dios y su hermana, pidiendo a cambio «oro en grandes cantidades».

Antes Aglauro había desobedecido la orden de la diosa Minerva (Atenea en la mitología griega) de no mirar el contenido de una cesta secreta que les había confiado a ella y a sus hermanas (dentro de la cesta se encontraba Erictonio, un niño mitad humano y mitad serpiente que había sido engendrado sin madre, pero ese es otro mito).

Cuando Minerva se entera de la codicia y la falta de respeto de Aglauro ante Mercurio, furiosa, llena de ira —ya estaba en contra de ella por cotilla, los dioses no son estoicos y se encolerizan, para nuestra desgracia— decide hacer caer sobre ella el más terrible de los castigos. ¿Cuál? Y aquí es donde entra en acción el personaje de la Envidia (en mayúsculas, porque es un personaje en el mito). La diosa de la sabiduría acude a la morada de la Envidia, que vive en un lugar oscuro, frío y miserable, y le ordena que infecte el corazón de Aglauro:

> De inmediato se dirige a la morada, mugrienta de negro, de la Envidia. La casa está oculta en un profundo valle, sin sol, inaccesible a los vientos, lúgubre y toda invadida por un frío que entumece, siempre desprovista de fuego, siempre abundante en niebla.

Cuando llega la diosa, no entra. ¡Ni siquiera los dioses entran en la casa de la Envidia! Golpea la puerta con su lanza, se abre la puerta y…

> Ve dentro a la Envidia, comiendo carne de víbora, alimento de sus vicios, y aparta los ojos de la visión.

¡Pero es que la diosa ni se atreve a mirar a la Envidia! La descripción que hace Ovidio de la Envidia es magistral, inolvidable:

Aquella se levanta del suelo lentamente, abandona los despojos de las serpientes a medio comer y camina con paso torpe; cuando vio a la diosa adornada por su belleza y por su armadura, gimió y contrajo el rostro al tiempo que exhalaba suspiros. La palidez está instalada en su rostro, la delgadez extrema en todo su cuerpo, nunca su mirada es franca, están negros por el sarro sus dientes, su pecho está verde por la hiel, su lengua está empapada de veneno; la risa está ausente, a no ser la que le provoque la contemplación del dolor, y no goza del sueño, excitada por las preocupaciones que la mantienen en vela, pero ve con desagrado los éxitos de los hombres, y se pudre al verlos, y los destroza y al mismo tiempo se destroza a sí misma, y ella es su tormento.

Aunque Minerva «odia» a la Envidia —que conste que los dioses castigan, pero no tienen envidia—, le ordena: «Emponzoña con tu veneno a Aglauro».

La Envidia, «con su mirar de reojo» (por eso no me fío de los que miran de reojo) arrasa todo a su paso:

[…] coge el bastón erizado de espinas y, cubierta de negras nubes, por donde pasa arrasa los campos en flor, quema la hierba, arranca las cabezas de las amapolas y contamina con su aliento pueblos, ciudades y casas.

Llega a Atenas, entra en el dormitorio de Aglauro y…

Toca su corazón con la mano manchada de herrumbre, llena sus entrañas de espinosas zarzas, le insufla una nociva ponzoña y extiende por sus huesos un veneno negro como la pez, derramándolo en el interior de sus pulmones.

Y, «coloca ante sus ojos a su hermana, y la afortunada boda de su hermana, al dios bajo una hermosa apariencia, y lo magnifica todo». Es que no se puede describir mejor el sentimiento de la envidia, porque hace que no se perciba correctamente la realidad.

Aglauro se consume por el éxito de su hermana, incapaz de soportar la felicidad ajena:

Muchas veces quiso morir para no ver la felicidad de su hermana.

Finalmente, el sentimiento de la envidia le causa su propia destrucción: se transforma en piedra.

El frío le recorre los dedos, y las venas palidecen al perder la sangre. Tal como se propaga extensamente un cáncer maligno, mal incurable, haciendo que las partes sanas se sumen a las ya afectadas, así el frío de la muerte llegó poco a poco a su corazón y cerró las vías vitales y la respiración; y no intentó hablar, ni, si lo hubiese intentado, tenía camino para la voz; y su cuello era de piedra y su rostro se había endurecido; estaba sentada como una estatua sin sangre; y la piedra no era blanca; su mente la había oscurecido.

La transformación en piedra de Aglauro es todo un símbolo: la envidia inmoviliza a las personas, las hace incapaces de actuar o disfrutar de la vida. Los mitos tienen lecciones morales. El mensaje del mito es claro: la envidia no solo destruye las relaciones con los demás, sino que también destruye al propio envidioso. Así que, cuando sientas envidia, acuérdate del mito de Ovidio.

COMPETIR CON UNO MISMO

También Cicerón aborda la envidia. No lo hace con un mito sino con argumentos racionales, la define como una «enfermedad del alma», que no obedece a la razón, y recalca lo destructiva que es:

La envidia es la aflicción que se sufre por la prosperidad de otro, aunque ella en nada perjudica al envidioso. No es adecuado decir que tiene envidia quien se aflige por la prosperidad de quien le causa a él un perjuicio.

(*Tusculanas* IV)

Esto es muy de Cicerón: si te perjudica ya no es envidia, es «rivalidad».

Lo que dice Cicerón es genial porque, en la vida real, el éxito de otros puede afectar a nuestras oportunidades o incluso generar esa sensación de que su éxito es nuestra pérdida. Por ejemplo, si un compañero de trabajo recibe una promoción que nosotros queríamos, su éxito nos perjudica, y ahí se genera una rivalidad evidente. Pero también es posible que, aunque no nos afecte directamente, ver a esa persona prosperar nos cause resentimiento simplemente porque no estamos alcanzando nuestros propios objetivos. Y es en ese punto donde la envidia invade y destruye a quien la padece.

Cicerón era muy competitivo, como tipo que había empezado de cero. Yo también lo soy. Pero ser competitivo no quiere decir compararse con nadie, ni mucho menos ser envidioso. Y, en cualquier caso, se trata de no perder la serenidad, de no sufrir, aunque no ganes.

La envidia no tiene lógica. Se siente envidia de alguien que no nos perjudica, pero que nos hace sentir «menos» solo porque ha alcanzado algo que nosotros deseamos. Y esta es la clave: la percepción de que el éxito de otro nos disminuye de alguna forma, aunque objetivamente no lo haga.

De ahí que la envidia sea tan frecuente: vivimos en una sociedad en la que constantemente nos estamos comparando, y el éxito ajeno muchas veces lo percibimos como un recordatorio de nuestras propias carencias, incluso cuando no hay un perjuicio real.

El problema de la envidia es que nos roba la tranquilidad y nos impide disfrutar de lo que ya tenemos, atrapándonos en una espiral de insatisfacción continua. Es una desgracia enorme ser envidioso.

CADA UNO ES ARTÍFICE DE SU PROPIA SUERTE

La envidia es uno de los temas preferidos del poeta Horacio en sus *Sátiras*, como cuando simula hablar con Mecenas y satiriza que nadie está contento con su suerte:

¿Cómo es que nadie vive contento con la suerte que le ha procurado su decisión o lo que le ha deparado el azar, y en cambio alaba a los que siguen caminos distintos?

(Sátiras I)

Todos envidian, viene a decir Horacio, la suerte de los demás. Horacio termina así la sátira:

Por eso sucede que raramente podamos encontrar a uno que diga que ha vivido feliz y que salga de la vida contento, acabado su tiempo, como un convidado satisfecho.

Este pesimismo sobre la naturaleza humana aparece ya en estos versos de una de las comedias de Terencio (lo pongo en latín porque esto es para aprendérselo y citarlo, quedarás genial):

Ita comparátam esse hóminum natúram ómnium
aliéna ut mélius vídeant et iúdicent
quam sua.
La naturaleza de todos los hombres es de tal condición que consideran y juzgan mejor lo ajeno que lo propio.

(El atormentador de sí mismo)

El autor de comedias Terencio señala que todas las personas tienden a pensar que lo que tienen los demás siempre es mejor, ya sea en términos de riqueza, éxito o incluso felicidad. Esto nos lleva a envidiar lo ajeno, aunque no lo conozcamos en profundidad. La envidia está en la base de muchas frustraciones humanas.

Además, la envidia no solo te quita la serenidad y la paz interior (y, por tanto, la felicidad), también te distrae de tus objetivos y eso te produce más infelicidad. En unas cartas atribuidas al historiador Salustio, aparece este proverbio en boca del famoso político romano del siglo IV a. C., Apio Claudio el Ciego (pongo el texto latino porque me parece genial):

Sed res dócuit id vérum esse, quod in carmínibus Áppiis áit, fabrum esse súae quemque fortúnae.
Pero la realidad ha enseñado que era cierto lo que decía Apio en sus versos: que cada uno es artífice de su propia suerte.

(*Cartas a César* 2)

Nos recuerda que, en lugar de preocuparnos por lo que otros tienen, deberíamos centrarnos en nuestras propias acciones y decisiones. La envidia es una distracción peligrosa porque, al desviar nuestra atención hacia la vida de los demás, dejamos de trabajar en aquello que realmente podemos controlar: nuestro propio destino. La envidia no solo nos hace infelices, sino que también entorpece nuestro progreso personal. Si pasamos el tiempo comparándonos y lamentando lo que no tenemos, dejamos de construir nuestro propio destino. Al final, la verdadera clave de la felicidad está en aceptar que lo único que podemos y debemos mejorar es nuestra propia vida, no desear lo que tienen los demás, en asumir que *cada uno es responsable de su propia suerte*.

LA ENVIDIA NOS CIEGA

Como escribió el historiador Tito Livio, *caeca invidia*, 'la envidia es ciega' (*Historia de Roma* 38). ¡Es así! La envidia distorsiona la percepción de la realidad. Al decir que la envidia es ciega, Livio sugiere que quien siente envidia no puede ver las cosas con claridad ni con objetividad, ya que su juicio está nublado por el resentimiento hacia el éxito, la felicidad o las posesiones de los demás.

¿Qué implica la afirmación de que «la envidia es ciega»? La ceguera de la envidia supone que el envidioso no ve el esfuerzo, el sacrifico, el trabajo o las dificultades del otro. Esta ceguera es una desconexión de la realidad (lo que le sucede a la hermana envidiosa del mito de Ovidio). Y, lo que es peor todavía, implica la autodestrucción: al estar cegado por la envidia, el individuo no

se da cuenta de que esta emoción le hace daño a sí mismo, no
disfruta de lo que tiene y no logra la serenidad ni el bienestar
emocional.

No te dejes engañar por la envidia

Aristóteles incluye la envidia en la *Retórica*, el, por así decirlo,
primer «Manual de Comunicación», de hablar en público, de la
historia. De hecho, le dedica un capítulo entero. ¿Qué tiene que
ver la envidia con hablar en público? Habla de la envidia y de
otras emociones porque entender y manipular las emociones es
clave para un discurso persuasivo. La envidia es una emoción
que puede inclinar la opinión pública, y el buen orador debe
saber identificarla, jugar con ella y canalizarla para lograr su
objetivo:

> Por otra parte, resulta también claro por qué se tiene envidia, con-
> tra quiénes y en qué circunstancias, si es que realmente la envidia
> consiste en un cierto pesar relativo a nuestros iguales por su mani-
> fiesto éxito en los bienes mencionados, y no con el fin de obtener
> nosotros algún provecho, sino debido a la prosperidad ajena en sí
> misma. En consecuencia, se sentirá envidia de quienes son nuestros
> iguales o así lo parecen. Llamo iguales a quienes lo son en estirpe,
> parentesco, edad, modo de ser, fama o medios económicos. Tam-
> bién son envidiosos aquellos que están a punto de tenerlo todo
> (razón por la cual quienes realizan grandes cosas o los afortunados
> son más envidiosos), ya que piensan que todos quieren arrebatarles
> lo que es suyo. Asimismo, quienes gozan de una destacada reputa-
> ción en algo, y especialmente en sabiduría o felicidad, también
> tienden a la envidia. En general, cuantos ambicionan honores son
> más envidiosos en relación con esos honores. Los sabios solo en
> apariencia también experimentan envidia, ya que ambicionan
> aquello que concierne a la sabiduría. Igualmente, las personas de
> espíritu pequeño, porque les parece que todo es grande para ellos.

(*Retórica* II)

Aristóteles menciona la envidia en su obra *Retórica* porque su enfoque es práctico: está enseñando cómo usar los sentimientos y emociones para persuadir a los oyentes en un discurso o debate. La *Retórica* no es una obra filosófica o moral, sino un manual —insisto— para convencer mediante la oratoria. En este caso, Aristóteles considera que la envidia, como una emoción humana fundamental, tiene un gran peso en cómo las personas reaccionan ante lo que escuchan.

La envidia es una emoción común y, como tal, puede ser usada en un discurso para influir en el público. Si el orador sabe que sus oyentes podrían sentir envidia por algo, puede ajustar su discurso para jugar con esa emoción, ya sea para provocarla o para evitar que actúe en su contra:

> En cuanto a quiénes envidiamos, envidiamos a quienes nos son próximos en tiempo, lugar, edad y fama. Como se ha dicho: «También la familia conoce la envidia».
>
> Rivalizamos con quienes aspiran a las mismas cosas que nosotros, y por eso será a ellos a quienes envidiemos. Se ha dicho: «El alfarero envidia al alfarero».
>
> También envidiamos a quienes, al prosperar, nos sirven de reproche, pues, por comparación, se hace evidente que no hemos alcanzado lo que ellos tienen. Por esta razón, los ancianos envidian a los jóvenes y los que despilfarraron envidian a los que gastaron poco. Envidian también quienes con dificultad consiguen algo, o ni siquiera lo consiguen, a aquellos que lo logran con rapidez.

Aristóteles explica que la envidia no surge en cualquier circunstancia, sino en contextos específicos: cuando las personas se comparan con sus iguales y se sienten superadas. Al hablar de la envidia, Aristóteles está proporcionando una herramienta para que los oradores comprendan mejor a su audiencia y puedan anticipar sus reacciones emocionales.

En los tribunales, en la política o en cualquier contexto donde haya un debate, un orador puede explotar la envidia de quienes escuchan para ganar su favor o para desprestigiar a un oponente. Si un político, por ejemplo, pinta a su rival como un

afortunado que ha conseguido más de lo que merece, puede
despertar envidia en el público, y con ello una actitud negativa
hacia esa persona:

> Así, si los oyentes son puestos en esta disposición y quienes preten-
> den ser compadecidos o dignos de obtener algún bien son presen-
> tados de la manera que hemos dicho, es evidente que no alcanza-
> rán compasión alguna de quienes ejercen autoridad.

El objetivo de la retórica es persuadir, y para ello es absolutamente fundamental conectar con las emociones del oyente. La
envidia es una emoción muy poderosa, que puede generar rechazo o admiración, y saber cómo influir en ella permite al orador
modular el impacto de su mensaje.

Es decir, no te dejes engañar por quienes intentan manipular-
te usando la envidia, especialmente en el ámbito de la política,
donde esta estrategia es muy común. No te imaginas hasta qué
punto es así.

Los políticos intentan mostrar a sus oponentes como personas privilegiadas, afortunadas o que han tenido más éxito de
manera injusta, con el objetivo de despertar envidia y hacer que
los votantes se vuelvan en contra de esos adversarios.

Alguien que usa la envidia para manipular, probablemente
querrá presentarte la situación de una manera en la que sientas
que te falta algo que los demás sí tienen, ya sea riqueza, estatus o
poder. Esta táctica se convierte en una forma de generar descontento en el público, llevándolo a actuar de acuerdo con los intereses del orador o político, incluso si no es lo mejor para ellos.

Por eso es importante estar atentos. Aristóteles, en su *Retórica*, nos da herramientas para reconocer cuándo las emociones,
como la envidia, están siendo manipuladas. Cuando un discurso
o una campaña política juega con nuestras comparaciones y
resentimientos hacia los demás, debemos tener cuidado de no
dejarnos llevar.

En política, como en la vida, quien sabe controlar o despertar la envidia en los demás tiene un arma de destrucción masiva
para mover a los votantes.

ENTRENARSE PARA NO SER ENVIDIOSO

Pero más allá de la política y de la manipulación externa a través de las emociones, no necesitamos que nadie despierte la envida. Surge sola. Virgilio habla en esa obra maravillosa que es la *Eneida* de la *furtiva invidia*, la envidia furtiva, escondida, oculta. Por eso hay que detectarla y entrenarse, ¡y mucho!, para que no nos invada.

Al describir el estoicismo, Cicerón dice que el «sabio», es decir, el buen estoico «no cae en la envidia»:

> porque la envidia es también una forma de aflicción. Al igual que la rivalidad, los celos, la compasión, la angustia, el duelo, la tristeza, la tribulación, el lamento, la preocupación, el dolor, la inquietud, el desaliento, la desesperación. Los estoicos definen todas estas afecciones.
>
> (*Tusculanas* III)

Y continúa recordando que no es fácil conseguir esto; pero ¿es que hay algo importante que no se consiga sin esfuerzo?:

> ¿Quién puede negar que es un empeño grande y difícil? ¿Pero hay empeño ilustre que no sea arduo?

¿Cómo hacerlo? Leyendo a los clásicos.

Marco Aurelio destaca la envidia como una de las pasiones de las que debemos liberarnos si queremos alcanzar una vida feliz. Cuando habla de lo que ha aprendido de sus amigos y familiares, de su maestro y amigo Frontón, dice:

> De Frontón, el haberme detenido a pensar cómo es la envidia, la hipocresía y los que son incapaces de afecto.
>
> (*Meditaciones* I)

Me gusta mucho esto de Marco Aurelio, porque los envidiosos son incapaces de afecto verdadero.

Nos recuerda, en otra de sus reflexiones, que la envidia nos roba la paz interior, es una pérdida de tiempo y energía, porque en lugar de mejorar nuestra propia vida nos enfocamos en lo que tienen los demás; esto nos hace sentir insatisfechos y nos impide ser agradecidos por lo que ya tenemos:

> No consumas la parte de la vida que te resta en hacer conjeturas sobre otras personas, de no ser que tu objetivo apunte a un bien común; porque ciertamente te privas de otra tarea; a saber, al imaginar qué hace fulano y por qué, y qué piensa y qué trama y tantas cosas semejantes que provocan tu aturdimiento, te apartas de la observación de tu guía interior [...] debes estar exento de toda codicia, envidia, recelo o cualquier otra pasión de la que puedas ruborizarte reconociendo que la posees en tu pensamiento.

> (*Meditaciones* III)

La envidia es un resentimiento constante. Te hace vivir en un estado de infelicidad permanente. ¿Qué te aporta estar todo el día mirando lo que tiene otro? Nada. Solo te hace estar *cegado*, incapaz de disfrutar de tu propia vida.

Epicteto, por su parte, nos invita a expulsar de la mente todas aquellas pasiones destructivas que nos alejan de la paz interior. En lugar de centrarse en los enemigos mitológicos como Procrustes y Escirón, figuras que representan el mal en los mitos clásicos, Epicteto nos aconseja combatir los verdaderos enemigos internos, las emociones y deseos que nos perturban. Entre estas pasiones menciona la envidia, destacándola como uno de los males que debemos desterrar:

> Expulsa de tu pensamiento, en vez de a Procrustes y Escirón, la tristeza, el miedo, el deseo, la envidia, la malevolencia, la avaricia, la molicie, la intemperancia.

> (*Disertaciones* II)

Para Epicteto el verdadero enemigo no está fuera, sino dentro de nosotros. Y, entre los enemigos internos, la envidia destaca como uno de los más nocivos. Expulsarla de nuestros pensamientos es esencial para poder vivir con serenidad, sin estar atrapados por el resentimiento.

La envidia es uno de los sentimientos más corrosivos, porque en lugar de centrarse en lo que uno tiene o puede lograr, fija toda la atención en lo que poseen los demás. Los charlatanes de la autoayuda parece que han descubierto que combatir la envidia es clave para la felicidad. Pero ya antes, y mejor, los clásicos nos advierten de que la envidia es una fuerza autodestructiva porque no solo nos aleja de los demás, sino que, al estar cegados por lo que deseamos de los otros y nunca satisfechos con lo propio, se genera un resentimiento y una sensación constante de descontento, es decir, de infelicidad.

Así que, si realmente quieres ser feliz, no pierdas el tiempo deseando lo que tienen los demás. Al final, la única manera de encontrar la paz interior, la serenidad, es aceptar y disfrutar lo que ya tienes. La envidia es un veneno silencioso que te amarga la vida y te roba la felicidad.

8
EL AUTOCONTROL: CÓMO EVITAR LOS CANTOS DE SIRENA

Mi amigo Juan había sido siempre un tipo disciplinado, pero cuando aceptó un nuevo trabajo en Madrid las tentaciones empezaron a aparecer. Llegó joven a la capital, con veintisiete años, atractivo y simpático, así que todos los días escuchaba cantos de sirena. No le faltaban planes: cenas de lunes a domingo, una vida social glamurosa y la presión social lo empujaban a gastar más de lo que tenía. La tarjeta de crédito era como el canto de las sirenas, prometiendo placer inmediato. Pero Juan sabía lo que quería: ahorrar para montar su propio negocio. Además, todos los días, más bien todas las noches, salía por ahí, y eso no le dejaba tiempo para estudiar y prepararse profesionalmente para cumplir su objetivo, que era crear su propia empresa.

Un día se detuvo a pensar: ¿no estaba sacrificando su futuro por placeres momentáneos? Así que, como Ulises, decidió «atarse al mástil». Puso límites claros: redujo las salidas nocturnas, fijó un presupuesto y se comprometió a cumplirlo. Cada vez que la tentación aparecía, recordaba su meta. Decidió evitar las cenas ostentosas, las discotecas de copas caras y noches largas y en su lugar cocinaba en casa. Sabía que resistir esos pequeños «cantos de sirena» era la clave para alcanzar lo que realmente quería.

Meses después Juan aprendió que su autocontrol no solo lo había protegido de las deudas, sino que le había dado tiempo para estudiar y planificar lo que quería montar. Por cierto, puso en marcha su proyecto, una aplicación de móvil para sacar entradas para espectáculos, que años más tarde vendió por tres millones y medio de euros. Como me contaba él mismo después de vender la aplicación, aprendió algo más importante: su autocontrol le dio la libertad de construir su propio camino sin ceder a las tentaciones que le apartaban de su objetivo y de su tranquilidad mental.

Cantos de sirena hay grandes y pequeños, cotidianos, como el alcohol, las drogas, el juego o el tabaco. Parecen ofrecernos una vía de escape rápida del estrés, del dolor o de la disciplina de los hábitos. En el momento, pueden parecer tentadores, casi irresistibles: nos prometen relajación, olvido, o una sensación de bienestar momentáneo. El proceso mental lo cuenta muy bien mi querida Marian Rojas. Pero al igual que les sucedió a los marineros atraídos por las sirenas en la mitología, lo que parece placentero al principio termina siendo destructivo. Esos placeres, esos cantos de sirena, no solo nos alejan de nuestros objetivos, sino que también nos arrastran a una vida cada vez más distante de la que queremos vivir.

Con el alcohol, con las drogas, con el juego se pierde el control de la propia vida, y eso lleva a la absoluta infelicidad. El autocontrol, esa capacidad de «atarse al mástil» como Ulises, se vuelve crucial para no dejarnos arrastrar por esos cantos de sirena que parecen inofensivos, pero no lo son, y además nos desvían de nuestro objetivo. No fumo, no soy alcohólico, ni drogadicto, ni ludópata. Vamos, nunca he probado una droga y no juego a la lotería siquiera. Pero hay una permisibilidad social y del Estado con el alcohol, el tabaco y el juego que no puedo entender. He visto en amigos cercanos los estragos que causan. Les han destrozado a ellos y a sus familias. Terrible.

Yo bebo vino, cerveza y cava, de vez en cuando, con moderación. No tomo licores (ron, vodka, ginebra…) porque me dejan fuera de combate. Pero la trivialización y la presión que hay con el alcohol son tremendas. Las vivo directamente. Si hay temporadas en las que decido no beber nada —por ejemplo, cuando escribo un libro— es casi como si tuviera que justificarme. «Pero

¿cómo no te tomas ni una cerveza, ni un vino?», me preguntan cuando estoy en una comida o cena. Y a veces, para que me dejen en paz, acabo pidiendo una copa de vino y haciendo como que bebo. Es ridículo, lo sé, pero ¡así evito tener que justificarme!

En cambio, nadie me dice «drógate», o «fúmate este cigarrillo, venga», o «eres un bicho raro que no vas a un salón de juegos». Con el tiempo, me he dado cuenta de algo muy claro: cuanto menos bebo, más feliz soy. Porque el alcohol, aunque pueda parecer un placer simple, siempre tiene un precio. Y no hablo solo de la resaca, aunque eso ya es bastante. Sí, yo he sufrido alguna resaca (hace tiempo, ahora ya no, porque necesito una semana para recuperarme. Me siento un gilipollas cuando pienso en que llegué a beber tanto que tuve resaca).

No pretendo que se prohíba el alcohol, ni mucho menos (sí creo que hay que regular su venta —especialmente a menores—, horarios, etc.). El uso que se hace de él depende de cada uno de nosotros. Hablo de que cuando empiezas a dejar esas pequeñas tentaciones de lado, cuando te das cuenta de que no necesitas esa copa para disfrutar de una conversación, es cuando empiezas a vivir más consciente y conectado contigo mismo. Es un ejemplo de cómo, en la vida, los cantos de sirena están por todas partes. Parecen inofensivos, pero son los pequeños excesos los que te desvían de lo que realmente te hace feliz.

El autocontrol, esa capacidad de decir «no» cuando todo te empuja a decir «sí», es una de las claves para no perder de vista lo que de verdad importa. Y no se trata de grandes decisiones heroicas, sino de algo tan simple como resistirte a esa copa. Así que evitar estos cantos de sirena, grandes o pequeños, nos permite mantenernos firmes en lo que realmente importa y nos permite avanzar hacia una vida más equilibrada y feliz.

ULISES Y LAS SIRENAS

¿De dónde viene lo de «cantos de sirena»? Es un mito fascinante, el de Ulises y las sirenas, que cuenta Homero en la *Odisea*. Circe, la maga, la hechicera, enamorada del héroe griego, asume que este va a emprender el regreso a Ítaca y le dice a Ulises en el canto XII:

> Escucha bien lo que te voy a decir. Llegarás primero a las sirenas, que encantan a cuantos hombres van a su encuentro. Aquel que imprudentemente se acerca a ellas y oye su voz, ya no vuelve a ver a su esposa ni a sus hijos pequeños rodeándole cuando vuelve a su hogar, sino que le hechizan las sirenas con el sonoro canto, sentadas en una pradera y teniendo a su alrededor un enorme montón de huesos de hombres, putrefactos, cuya piel se va consumiendo. Pasa de largo con la nave y tapa las orejas de tus compañeros con dulce cera fundida, para que ninguno las oiga.

Circe le advierte del peligro mortal del canto maravilloso de las sirenas, que hace que los marineros choquen contra las escarpadas rocas, a las que los atraen con su irresistible canto, y mueran. Por eso la isla está llena de esqueletos. Circe le aconseja cómo pasar con el barco cerca de la isla de las sirenas evitando la muerte segura.

¿Tenían que atravesar ese lugar? ¡Sí! Ulises y sus compañeros están volviendo a Ítaca y en la ruta que llevan de regreso a casa tienen que pasar junto a las sirenas, lugar que, por cierto, los autores clásicos sitúan en la costa amalfitana, entre Nápoles y Salerno, una de las zonas más hermosas que he conocido de la tierra, no me extraña que esa costa sea Patrimonio de la Humanidad porque es fascinante. Como el canto de las sirenas.

¿Y qué hace Ulises? Pues siguiendo los consejos de Circe, Ulises tapa con cera los oídos de sus compañeros de travesía de manera que, al pasar cerca de la isla de las sirenas, ellos siguen remando porque no escuchan esos cantos melodiosos tan irresistibles. Pero Ulises no se tapa los suyos para así poder escucharlos. Hace que sus compañeros le aten al mástil del barco para evitar que se tire al agua atraído por su canto y de esta forma puede oírlas y salir vivo. Ulises es un privilegiado, el único mortal que las ha escuchado y sigue vivo. Las sirenas le prometían, cuenta Homero, «la sabiduría».

Ulises grita a sus compañeros, les amenaza con la muerte si no lo sueltan, pero no le hacen caso porque no oyen lo que dice, y la nave sigue su rumbo sin peligro.

Es que esta lección moral de la mitología sobre el autocontrol es genial. Cantos de sirena. Esas palabras o cosas que nos seducen, que nos atrapan de una forma irresistible, pensando que alcanzamos la felicidad, el poder o la sabiduría, pero en realidad nos llevan a la infelicidad.

En la vida cotidiana, el autocontrol nos ayuda a seguir en el camino correcto para mantener la serenidad frente a los deseos impulsivos. No podemos controlar el entorno, pero sí nuestras reacciones. Por eso es clave gestionar las emociones y los impulsos para alcanzar nuestros objetivos y para tener una buena vida.

CAMINO DE PERFECCIÓN

Epicteto, en el segundo libro de sus *Disertaciones*, utiliza una metáfora para ilustrar cómo las personas pueden perder de vista sus objetivos en la vida al quedarse atrapadas en placeres o distracciones temporales, de la misma manera que los marineros se quedaban atrapados por el canto de las sirenas en la mitología. Aquí, la idea central es que debemos recordar cuál es nuestro propósito final, en lugar de dejarnos seducir por lo que nos ofrece el camino:

> Entonces, ¿qué es lo que sucede? Es como si uno, al dirigirse a su patria y pasar por una buena posada, se quedara en ella simplemente porque le gusta la posada. ¿Has olvidado tu propósito? No es que vinieras para quedarte aquí, sino que este es solo un lugar de paso. «Pero esto es bonito», podrías pensar. ¡Cuántas otras posadas bonitas, cuántos prados atractivos! Pero no son más que sitios para transitar, no para detenerse. El propósito era regresar a tu patria, liberar a los tuyos de preocupaciones, cumplir con tus deberes como ciudadano, casarte, tener hijos y desempeñar los cargos propios de tu función. No has venido a elegir los sitios más

bonitos, sino a vivir en aquellos donde naciste y donde se te tiene por ciudadano.

Epicteto compara la vida con un viaje hacia una meta mayor (la patria), pero advierte que muchas personas se quedan atrapadas en lo que encuentran por el camino. Las «posadas bonitas» simbolizan los cantos de sirenas o placeres inmediatos que encontramos en la vida y que nos hacen olvidar hacia dónde realmente queremos ir. Y continúa:

> Algo similar ocurre en la vida. *El camino hacia la perfección* y la purificación del albedrío pasa por el uso correcto de nuestras representaciones mentales y de las enseñanzas que recibimos. Es necesario que estas enseñanzas se den con una expresión precisa y variada, y con agudeza en las palabras. Sin embargo, algunos se quedan atrapados en eso, ya sea en la belleza de la elocución, los silogismos, los equívocos o en alguna otra «posada». Al detenerse ahí, se pudren como los marineros atraídos por el canto de las sirenas.

Las personas que se quedan atrapadas en los placeres momentáneos se pudren mentalmente, igual que los marineros que se quedaban atrapados por las sirenas y nunca llegaban a su destino. Epicteto está diciendo que en la vida es fácil quedar atrapado en cosas que parecen atractivas en el momento: placeres, logros inmediatos o incluso la búsqueda de habilidades intelectuales superficiales. Estas cosas son como los cantos de sirena: seductoras, pero si no seguimos avanzando, nunca alcanzaremos nuestros objetivos.

Del camino de perfección de Epicteto a Pío Baroja pasando por santa Teresa de Jesús: *Camino de perfección* (1902) es el título de una de las novelas de Pío Baroja, un guiño a la obra del mismo título (1567) de Teresa Sánchez de Cepeda. No somos perfectos. Si pretendes serlo, o eres un santo o serás muy infeliz. En cualquier caso, en el camino de la vida evita los cantos de sirena.

LOS CANTOS DE SIRENA COTIDIANOS

Séneca interpretó el canto de las sirenas en clave moral: para el filósofo ese canto es la seducción por antonomasia. Los cantos de las sirenas representan las tentaciones —no en el sentido cristiano, Séneca no es cristiano— que, aunque seductoras, nos apartan de lo verdaderamente importante: nuestros principios, nuestra serenidad y nuestros objetivos.

> Tales voces deben evitarse, no de otra suerte que aquellas que no quiso Ulises oír cuando pasaba sino atado a la nave. Producen el mismo efecto: nos apartan de la patria, de los padres, de los amigos, de las virtudes, y nos impulsan a una vida torpe y vergonzosa, si no pasamos de largo. ¡Cuánto mejor es seguir el recto camino y elevarse hasta aquel estado en que solo te sean gratas las acciones honestas!
>
> (*Cartas a Lucilio* 123)

Séneca nos dice que, al igual que Ulises, debemos atarnos a nuestros valores y principios y no dejarnos seducir por lo que parece atractivo en el momento, pero que nos lleva a una vida indigna. En el caso de Ulises, el canto de las sirenas representaba la atracción por placeres inmediatos, pero peligrosos. Séneca resalta la importancia del autocontrol: resistir la tentación de las cosas que nos atraen por ser agradables o placenteras, y aprender a no temer lo que nos repele, como el sufrimiento o las dificultades:

> Este objetivo lo podremos conseguir si tenemos en cuenta que existen dos clases de realidades: las que nos atraen y las que nos repelen. Nos atraen ciertamente las riquezas, los placeres, la hermosura, la ambición y las restantes cosas lisonjeras y agradables; nos repelen el trabajo, la muerte, el sufrimiento, la ignominia y la estrechez de vida. Por lo tanto, debemos ejercitarnos a fin de no temer estas penalidades y no codiciar aquellas ventajas. Esforcémonos en sentido contrario: alejémonos de los objetos seductores y lancémonos con ímpetu contra los hostiles.
>
> (*Cartas a Lucilio* 123)

Para Séneca el autocontrol es una disciplina del alma, lo que nos permite mantenernos firmes en lo que realmente importa y no caer en la búsqueda desenfrenada de placeres superficiales y fugaces. Estos «cantos de sirena» modernos son las riquezas, placeres y ambiciones que desvían nuestro camino de una vida verdaderamente feliz.

ÁTATE AL MÁSTIL DEL AUTOCONTROL

El autocontrol no significa no sentir nada. No hay que ser un ermitaño o un faquir para tener autocontrol. Se trata de estar conectados con nuestro interior, comprender nuestras propias limitaciones y actuar con coherencia respecto a nuestros principios y objetivos. Muchas veces, nuestra felicidad depende de la capacidad para no ceder ante impulsos que podrían tener consecuencias negativas. Estamos rodeados de «cantos de sirena». Depende de nosotros dejarnos llevar o mantenernos firmes, como quien se ata al mástil para no sucumbir a los placeres fugaces.

Nadie lo va a hacer por ti. Demasiadas veces, cuando nos dicen que algo es un canto de sirena, lo sabemos, pero cuántas veces no nos dejamos llevar por ello aun sabiendo que lo es. Los clásicos tenían claro que para ser feliz hay que resistir los cantos de sirena, las atracciones engañosas y afrontar con disciplina y valentía desafíos difíciles, como el trabajo duro, la meditación, la austeridad, la sencillez o la solidaridad, pero desafíos que conducen a la felicidad.

9
CÓMO AFRONTAR LA MUERTE

Los que mandan en Atenas quieren cargarse como sea a Sócrates, el filósofo ateniense, y le acusan de corromper a la juventud con sus ideas y de no respetar a los dioses de la ciudad. Finalmente es condenado a morir bebiendo cicuta. Es el año 399 a. C.

En lugar de lamentarse, huir o clamar por su vida, Sócrates pasa sus últimas horas conversando con sus discípulos sobre la inmortalidad del alma y el destino del hombre.

Platón, en su diálogo *Fedón*, nos relata esta escena con una mezcla de admiración y asombro.

Sócrates, a pesar de saber que la muerte es inminente, se mantiene sereno: habla de la muerte no como un final trágico sino como una transición, una liberación del alma del cuerpo, que debe ser aceptada con calma y dignidad.

Cuando el carcelero le ofrece la copa de cicuta, Sócrates la recibe con gratitud, casi como si estuviera aceptando un don. Sus discípulos, llenos de tristeza, intentan contener las lágrimas, pero Sócrates les reprende suavemente, recordándoles que la muerte no es algo que temer si uno ha vivido una vida plena. Les pide que mantengan la calma y que lo recuerden no con dolor, sino con la serenidad que él mismo está mostrando en ese momento.

Con la copa en la mano, Sócrates se despide de ellos. Sus últimas palabras, dirigidas a Critón, son: «Critón, le debemos un gallo a Asclepio; no lo olvides». Incluso en su último momento, Sócrates piensa en la importancia de cumplir con sus responsabilidades.

Sócrates nos enseña que, cuando llega la muerte, lo importante no es cuánto hemos temido o evitado este momento, sino cómo hemos vivido hasta entonces.

Cómo afrontar la muerte es una de las grandes cuestiones de la vida, porque no tener una actitud serena ante el hecho de la muerte puede hacernos la vida muy infeliz. Porque nos vamos a morir todos, aquí no va a quedar nadie. Además, la muerte es lo que le da sentido a la vida.

El gran poeta Marcial escribe un verso maravilloso, que contiene una de las claves para una vida feliz:

No temer ni anhelar el último día.

Amo la vida, pero nunca me he angustiado con la muerte. Y también para eso, para no agobiarse por la muerte, hay que entrenarse. Yo lo hago. ¿Cómo? Pues leyendo a los clásicos.

Los clásicos dedicaron muchas páginas a cómo afrontar la muerte para poder disfrutar de una buena vida, sin estar amargados por el hecho de que nos vamos a morir.

Siempre he tenido muy presenta esta frase de Cicerón:

No quiero morir, pero no me importa lo más mínimo estar muerto.

(*Tusculanas* I)

Esa es la cuestión. Como dice Cicerón más adelante, cuanto más tarde, mejor. Y nos enfrenta a una verdad fundamental: nos vamos a morir.

Llegará tu día, y rápidamente, por más que quieras retrasarlo o acelerarlo, que el tiempo vuela.

(*Tusculanas* I)

El tiempo avanza implacable, *tempus fugit*, llevándonos hacia nuestro final, inevitable. En lugar de vivir con la ilusión de que podemos escapar de la muerte, Cicerón enseña a aceptar esta realidad con serenidad.

Cicerón, que no era un sufridor que fuera llorando por las esquinas ni un apocalíptico —era un tipo de acción, gran político, abogado, y también filósofo—, escribe:

La vida entera del sabio es una preparación para la muerte.

(*Tusculanas* I)

Creo que hay que entender —insisto— *sabio* como 'buen estoico', como la persona que tiene esa serenidad y equilibrio de los estoicos; y eso que Cicerón no era un estoico «puro»: le daba a todas las corrientes filosóficas, cogía lo que más le interesaba.

Pues eso, que la vida es el don más preciado, pero tenemos que conseguir «ni temer ni anhelar el último día». Algunos lo temen, y sufren terribles depresiones. Otros lo anhelan y se suicidan, algo que es un drama, una tragedia terrible.

Hay quienes creen que hay algo más allá de la muerte, y hay quienes defienden la postura contraria (eso es otro libro). Ya Cicerón se hace eco de esas dos posiciones:

Unos piensan que la muerte es la separación del alma del cuerpo. Otros piensan que no se produce tal separación, sino que el alma muere junto al cuerpo y se extingue con el cuerpo.

(*Tusculanas* I)

No sé si hay un más allá, pero de lo que puedes estar seguro es de que nadie habla con el más allá. Nadie ha vuelto de allí para contarnos cómo es, pero muchos utilizan su supuesta interlocución con el más allá para decirte cómo tienes que vivir.

Cicerón defiende la existencia de las almas después de la muerte (¡cuarenta y cuatro años antes del nacimiento de Jesucristo!), pero no lo explota desde el punto de vista religioso. Al contrario, argumenta que, puesto que después de la muerte no existe ninguna sensación, dolor o mal, la muerte misma no puede ser considerada un mal:

> Dado que después de la muerte no existe mal alguno, ni siquiera es un mal la muerte, a la cual sigue el tiempo que está después de la muerte, en la que no existe mal alguno. Ni siquiera, pues, tener que morir es un mal, es decir, la necesidad de llegar a un estado que reconocemos que no es un mal.

> (*Tusculanas* I)

Él, que critica a los epicúreos porque no creen en la inmortalidad del alma, tiene claro que la muerte es simplemente la transición a un estado en el que ya no existe nada que pueda afectarnos.

LA *CONSOLACIÓN* DE SÉNECA: UN PUENTE SOBRE AGUAS TURBULENTAS

Séneca escribe una obra para ayudarnos a afrontar la muerte con serenidad. Está dirigida a una matrona romana, Marcia, para convencerla de que abandone el largo luto por la muerte de su hijo Metilio, una muerte prematura que truncó una carrera prometedora. ¡Tres años lleva de luto Marcia tras la muerte de su hijo! En su *Consolación a Marcia*, escrita en torno al 40 d. C., Séneca le insta a moderar su dolor y a empezar a recuperar su vida habitual:

> ¿Qué te entristece Marcia, que haya muerto tu hijo o que no haya vivido más tiempo? Si es porque ha muerto, debiste estar siempre doliéndote por él. Siempre supiste que iba a morir.

Séneca argumenta que la muerte no puede ser considerada ni un bien ni un mal porque, en esencia, no es algo, sino la ausencia de todo. La muerte es simplemente el cese de la vida, el final de todas las experiencias, sensaciones y juicios. No nos «abandona» a ninguna clase de suerte o destino porque, tras la muerte, ya no existe un «nosotros» que pueda experimentar o valorar algo:

> La muerte no es ni un bien ni un mal. En efecto, puede ser un bien o un mal aquello que es algo, en cambio lo que en sí mismo no es nada y todo lo reduce a nada no nos abandona a ninguna clase de suerte.

En otras palabras, la muerte no tiene cualidad alguna porque es la negación de la existencia misma. Por eso no debemos temerla ni considerarla un mal ya que no es algo que pueda afectar a nuestra experiencia, ni podemos considerarla un bien porque no ofrece ninguna ventaja. Al reducir todo a la nada, la muerte se sitúa fuera del ámbito de lo que puede ser evaluado como bueno o malo. Y es asumir que todos nos vamos a morir lo que le da sentido a la muerte:

> Te aprecio, vida, gracias a la muerte.

Séneca desmitifica los temores asociados con la muerte y las leyendas sobre los tormentos del Hades en la mitología. Afirma que la muerte lo iguala todo, liberando a las personas de todas las desgracias y sufrimientos. Según Séneca, los mitos sobre el Hades, con sus castigos eternos y tribunales infernales, son meras ficciones que no deben asustarnos. La muerte, en realidad, es una liberación total de todos los dolores y la última frontera, más allá de la cual nuestras desgracias no pueden seguirnos. Para los muertos no hay oscuridad, castigos ni amenazas; solo una paz absoluta que pone fin a todos los sufrimientos:

> La muerte lo iguala todo. Un difunto no se ve afectado por ninguna desgracia. Lo que nos hace espantosos los infiernos es leyenda, porque a los muertos no les amenaza ninguna oscuridad, ni cárcel, ni el río del olvido, ni el fuego del Hades, ni tribunales, ni condenados como Sísifo, Ixión o Tántalo. La muerte es la liberación de todos los dolores y el límite más allá del cual no pasan nuestras desgracias.

Al leer a Séneca te das cuenta de que su estoicismo es un puente sobre aguas turbulentas, como la canción de Simon & Garfunkel.

Fíjate si los clásicos tenían claro que no es fácil afrontar con serenidad la muerte y que hay que entrenarse para lograr ese equilibrio emocional, que esta obra de Séneca pertenece al género de las *consolationes*, muy popular en la literatura latina, donde se intenta ofrecer consuelo a alguien que sufre la pérdida de alguien cercano o se está enfrentando a grandes adversidades.

Séneca comienza recordando a Marcia las virtudes de su hijo y cómo vivió una vida digna de recuerdo, enfatizando que él había alcanzado una especie de inmortalidad a través de sus logros y su carácter. Luego, procede a aconsejar a Marcia sobre cómo manejar su dolor. La anima a ser firme y a no dejarse dominar por el sufrimiento, pues el exceso de luto no solo no trae ningún beneficio, sino que también puede ser perjudicial. Escribe Séneca:

> Un largo plazo acaba con el dolor: aun el más empecinado, el que aumenta día a día, el que rebulle contra los remedios, lo mitiga el tiempo tan efectivo para apaciguar su violencia. Sin duda persiste aún en ti, Marcia, una inmensa tristeza que ha hecho callo; una tristeza no desenfrenada como fue al principio, sino terca y obstinada. Pero también esta te la irá borrando la vida poco a poco. Siempre que te dediques a otra cosa, se distraerá tu espíritu.

Séneca insiste en la naturaleza temporal de la vida y cómo la muerte es una parte natural e inevitable de la existencia humana. Según él, enfrentar estas realidades con serenidad es parte del camino hacia la felicidad. Hay que saber moderar el dolor, escribe:

> Pero esto es lo que te pregunto: ¿qué ganas con lamentarte de manera desmesurada? ¿Quién se beneficiará de tu excesivo dolor? Es más, ¿cuál es el propósito de tanto lamento? Si alguien lamenta su pérdida durante mucho tiempo no está mostrando el amor que tenía por el difunto, sino su propio sufrimiento.

Al consolar a Marcia, Séneca está ayudándonos a prepararnos emocionalmente de forma serena para la muerte. Hay que asumir lo inevitable de la muerte, ya lo decíamos al principio:

> ¿Qué necesidad hay de temer la muerte cuando, en realidad, es un suceso tan natural? Aceptar la muerte como un destino común a todos los seres humanos es el primer paso para alcanzar la paz interior. Marcia, has nacido mortal, has parido mortales. Una única ceniza igualará tanto lo que estimas como lo que desprecias. Te aprecio, vida, gracias a la muerte.

Séneca nos ayuda también en la gestión del duelo. En la actualidad, se reconoce ampliamente que el duelo es un proceso necesario y que cada persona lo vive de manera diferente. El consejo de Séneca es evitar que el luto se prolongue de manera excesiva. Se trata de buscar un equilibrio entre el reconocimiento del dolor y la prevención de un estado prolongado de desolación que podría desembocar en depresión o aislamiento. En este sentido, Séneca anticipa nociones modernas sobre la salud mental.

Y es que Séneca reivindica la resiliencia, que es uno de los temas de nuestro tiempo. Anima a Marcia a recuperar su fortaleza interna y seguir adelante. En la vida todo cambia (lo cuento en «Todo cambia»), por eso la capacidad de adaptarse y de recuperarse de las adversidades es algo crucial. Séneca nos ayuda a afrontar las pérdidas con dignidad y fortaleza, nos ayuda a prepararnos para la muerte, a aceptar nuestra condición de mortales:

> No es que nos falte mucho tiempo, sino que perdemos mucho. La vida es suficientemente larga y ha sido dada con generosidad para realizar los mayores proyectos si la invertimos bien. La muerte nos sorprende haciendo planes a largo plazo y lo que se llama vejez nos parece siempre un período de muy pocos años.

Séneca enfatiza la aceptación de la muerte como parte natural de la vida, es un precursor del movimiento moderno hacia una mayor aceptación y conciencia de la muerte, que incluye prácticas como los cuidados paliativos y la muerte digna.

Admite que lo habitual es no asumirlo con serenidad:

Así es la naturaleza de los mortales, nada gusta más que lo que se ha perdido. Somos demasiado injustos con lo que nos queda por la añoranza de lo que nos han arrebatado.

Y nos recuerda la fugacidad de la vida:

Estoy hablando de nuestras vidas, que es cosa sabida, se desarrollan a increíble velocidad. Hoy todo lo humano es fugaz y perecedero, y ocupa una ínfima porción del tiempo sin fin.

Y la fragilidad de la vida:

¿Qué es un hombre? ¿Qué es una mujer? Son un recipiente quebradizo a cualquier golpe y a cualquier sacudida, un cuerpo endeble y frágil, desvalido, indefenso por su misma naturaleza, necesitado de la ayuda ajena, abandonado a todas las insolencias de la suerte, fabricado con materiales flojos y deleznables, nada resistente al frío, al calor y a la fatiga, temeroso de su alimento. Unas veces por falta de él perece, otras por exceso estalla; precisa una vigilancia ansiosa y atenta, motivo constante de preocupación; defectuoso e inútil. A donde quiera que vaya es consciente de su propia debilidad pues no soporta todos los climas, pierde la salud por la novedad de las aguas o por el soplo de una brisa desacostumbrada, o por ligerísimos accidentes y molestias. No lo olvidemos: inicia su vida con lágrimas.

La *Consolación a Marcia* fue escrita hace casi dos mil años, pero las enseñanzas de Séneca sobre cómo enfrentar la pérdida y el dolor siguen siendo relevantes y aplicables en el mundo actual. Nos ofrecen una guía para desarrollar la fortaleza interior y la serenidad ante las adversidades de la vida.

Séneca recuerda a Marcia que la manera en que su hijo vivió su vida —con rectitud y honestidad— es más importante que la duración de su existencia. El mensaje de Séneca sobre la importancia de vivir de acuerdo con valores sólidos y dejar un legado positivo es especialmente necesario.

En esa gran película que es *Roma, città aperta*, de Roberto Rossellini (1945), hay una escena en la que don Pietro (interpretado por Aldo Fabrizi), el cura al que van a fusilar los nazis por colaborar con la resistencia, le dice a otro cura que le va a confesar: «Lo difícil no es morir bien, lo difícil es vivir bien». Séneca también nos dice que para morir bien hay que haber vivido una vida feliz.

En el vasto mundo de la autoayuda, los charlatanes del bienestar emocional, con sus libros de frases motivacionales, nos aseguran que podemos encarar la muerte con un par de palabras bonitas y una sonrisa reluciente. ¿Acaso una afirmación de esas puede realmente equipararse a la profundidad con la que los grandes escritores clásicos han abordado la cuestión de la muerte?

En contraste, pensemos en las enseñanzas de Séneca, Cicerón, Marco Aurelio o incluso en la muerte de Sócrates. Nos invitan a reflexionar sobre la naturaleza de la vida y la muerte, a aceptar lo inevitable con serenidad y a prepararnos, no con palabras huecas, sino con una comprensión profunda de nuestra propia mortalidad. No se sabe cuándo va a llegar la muerte, por eso hay que preguntarse cada día si hemos buscado siempre «el lado positivo de la vida», como cantan los Monty Python.

La quinta película del agente secreto 007 es *Solo se vive dos veces* (1967), protagonizada por Sean Connery. Esto solo pasa en el cine y si eres 007. Los demás solo vivimos y morimos una vez. Por eso, afrontar la muerte con serenidad requiere asumir que es una parte integral de la vida y, sobre todo, tener un entrenamiento mental para alcanzar esa serenidad. Como escribe Vargas Llosa, hay que vivir como si fuéramos inmortales, sabiendo que somos mortales.

10
LA NECESIDAD DE LA AUTOESTIMA

Me lo contaba un buen amigo mío, que es ingeniero de teleco-
municaciones. Le habían convocado a una entrevista de trabajo
para una empresa muy potente. Estaba extraordinariamente estresado. No era solo por la empresa y el puesto, con mucha responsabilidad, sino por la competencia, que era feroz. Allí estaba
él, esperando su turno, viendo a gente que parecía sacada de una
revista: trajes impecables, currículos perfectos, todos con un aire
de confianza que le hacía sentirse muy pequeño en ese momento.

Cuando llegó su turno, dudó: «¿Qué hago yo aquí, entre tanta gente "perfecta"? Entré con la sensación de que no iba a durar
ni cinco minutos. Pero empecé a hablar, y de repente dejé de
pensar en todos esos candidatos brillantes y en lo que diría el
entrevistador de mí. Empecé a enfocarme en lo que yo sabía
hacer, en lo que yo podía aportar».

Jaime dudó, como cualquiera lo haría. Pero lo tuvo claro: no
era cuestión de competir para ser mejor que los demás o de
intentar impresionar a nadie, sino de creer en sí mismo. No
importa cuántos títulos o habilidades tengan los otros; lo que
realmente cuenta es lo que tú aportas, lo que sabes que puedes
hacer, y, sobre todo, creer en tu propio valor.

Al final no solo superó la entrevista, sino que salió de allí con
algo más valioso que un posible trabajo: recuperó la confianza en

sí mismo. Se dio cuenta de que el «qué dirán» no tiene ningún poder sobre ti cuando confías en lo que sabes hacer.

¿A QUIÉN NO LE PASA ESTO?

Y no ya en una entrevista de trabajo, sino hasta en las cosas más sencillas del día a día. Por ejemplo, con las redes sociales. Nos importa demasiado el «qué dirán», ese fantasma de las redes que, en realidad, no nos deja vivir tranquilos. Pero la realidad es esta: la confianza en uno mismo no puede depender de lo que otros piensen o del número de *likes*.

A mí esto me ha pasado. No se trata de no estar en las redes sociales, se trata de no depender de la acogida de lo que pones en ellas. Al final del día no te debe condicionar si comentan o no lo que has colgado en Instagram, ni cómo lo hacen, lo importante es cómo te sientes contigo mismo. No se trata de que no hagas caso de los comentarios sensatos, sino de que no te condicione lo que dice todo el mundo. Porque si tu autoestima se basa en lo que opinan los demás vas a estar siempre dando vueltas en una montaña rusa emocional, no vas a encontrar la serenidad y no vas a ser feliz.

Las redes sociales han amplificado nuestra necesidad de aprobación, pero tenemos que recordar que nuestro valor no está en los *likes* o comentarios. Si de verdad quieres sentirte bien contigo mismo tienes que dejar de buscar validación externa y centrarte en lo que te hace sentir completo. La confianza en uno mismo empieza cuando dejas de preocuparte por lo que piensan los demás y empiezas a vivir bajo tus propios términos.

Y la importancia, la necesidad de confianza en uno mismo, ya lo enseñaban los clásicos hace siglos porque es algo que ha pasado siempre.

Sin redes sociales, ya Séneca advierte que una de las claves de la felicidad es la autoestima:

Hay que tener confianza en uno mismo y seguir su propio camino, sin dejarse desviar en absoluto por las huellas cruzadas de los muchos que corretean por todas partes, y de unos cuantos que deambulan al lado mismo del camino. Lo que hay que hacer es [...] no dejarse agitar, es lo que yo llamo tranquilidad.

(Sobre la tranquilidad del ánimo 2)

Séneca, como buen estoico, nos da un consejo muy directo en este texto: hay que tener confianza en uno mismo y no dejar que las opiniones o las acciones de los demás nos desvíen de nuestro propio camino. Es la receta perfecta para evitar el caos emocional que genera la constante preocupación por el qué dirán.

No se trata de ir de chulo por la vida, ni que ignores todo lo que ocurre a tu alrededor, sino de poner el foco en la tranquilidad interior, en la importancia de seguir tu propio camino. En otras palabras, nos está diciendo: deja de preocuparte por lo que hacen o piensan los demás de ti. Si te dejas influenciar por cada opinión o consejo no pedido, acabarás perdido y frustrado, porque siempre habrá alguien que te diga que deberías hacerlo de otra forma. Es una clave en la que insiste a menudo:

A los inmaduros y a los mediocres y a los menos juiciosos va destinado esto, no al verdadero estoico. Este no ha de andar temerosamente, ni tanteando con el pie; pues es tan grande su confianza en sí mismo que no duda en hacer frente a la suerte y no está dispuesto a cederle su posición.

(Sobre la tranquilidad del ánimo 11)

En este pasaje Séneca habla sobre la confianza en uno mismo como una característica fundamental del 'verdadero estoico'. Nos dice que no debemos caminar con miedo ni dudar ante la vida. Tenemos que conocer nuestras capacidades y, por tanto, también nuestras carencias. Tener confianza en uno mismo quiere decir también saber hasta dónde podemos llegar. Esa autoconfianza nos permite enfrentarnos a la adversidad sin temor y sin dejarnos doblegar por las circunstancias.

Séneca nos recuerda que, para vivir con tranquilidad y serenidad, necesitamos tener una confianza interna fuerte, que no dependa de lo que los demás piensen ni de lo que el destino nos depare. Porque cuando uno confía en sí mismo, ya no camina «tanteando con el pie», sino con paso firme, seguro de lo que vale y de lo que es capaz de hacer.

Esta enseñanza de Séneca nos sirve para la vida y es de una modernidad absoluta: muchas veces, nuestra falta de confianza proviene del miedo a lo desconocido o de la preocupación por la opinión ajena. Pero si logramos desarrollar una autoestima sólida, dice Séneca, seremos capaces de enfrentar la vida sin temor, teniendo serenidad y tranquilidad de ánimo y, por tanto, bienestar emocional.

DEDÍCATE A LO QUE QUIERES CONSEGUIR

Epicteto también nos invita a abandonar la preocupación por la opinión externa sobre nosotros mismos, algo que muchas veces gobierna nuestra vida:

> Deja, pues, tu afán por las opiniones y dedícate a lo que quieres conseguir y, entonces, llora si no avanzas.

(Disertaciones IV)

Mucha, pero mucha gente que conozco mide su valía y autoestima por los comentarios y la aprobación de los demás. Epicteto nos recuerda que este afán por lo que los otros piensan o dicen de nosotros es un obstáculo que nos impide avanzar hacia nuestras metas y, lo que es más importante, hacia nuestra felicidad.

«Dedícate a lo que quieres conseguir». Es decir, ¿cuál es tu objetivo?, ¿adónde quieres llegar? En lugar de gastar energía y tiempo preocupándonos por cómo somos percibidos, debemos concentrarnos en nuestros propios objetivos, en lo que realmente importa para nosotros. Si dejamos de mirar hacia afuera y nos concentramos en lo que queremos, comenzamos a recorrer un camino libre de la dependencia que generan las opiniones ajenas.

Si en algo insisten Séneca, Epicteto, Marco Aurelio es en no depender de cosas ajenas… por tanto, en no estar supeditado a las opiniones de los demás. Esta independencia de criterio fomenta la confianza en uno mismo, que genera serenidad, fortaleza emocional y nos permite disfrutar, por tanto, de una buena vida.

Marco Aurelio, en sus *Meditaciones*, también señala que la confianza en uno mismo es fundamental para una vida feliz. En el maravilloso comienzo de su obra escribe lo que debe a cada una de las personas de las que ha aprendido algo, y de Antonino Pío, su tío político y padre adoptivo, dice, entre cosas:

> El celo por conservar los amigos, sin mostrar nunca disgusto ni loco apasionamiento. La *autosuficiencia* en todo y la serenidad.

El emperador filósofo hace un repaso de lo bueno que ha aprendido de los demás para tener una vida feliz. Y una de las principales cosas para una vida estable es la independencia de las opiniones ajenas, lo que no quiere decir que no tengamos amigos, claro. Hay que vivir de manera equilibrada, confiando en nuestras capacidades y manteniendo una serenidad que nos permita afrontar la vida sin la necesidad de la aprobación constante de los demás.

ENTRENAR LA CONFIANZA EN UNO MISMO

Tener confianza en uno mismo no quiere decir —insisto— que no pidamos opinión a los amigos, familiares o las personas que saben de un tema sobre el que estamos trabajando. Esto quiere decir que en nuestra vida cotidiana no debemos depender de la aprobación de los demás para sentirnos seguros de nosotros mismos. Yo he pasado muchas veces por esto, pero también he ido mejorando gracias a la lectura de los clásicos.

He probado en primera persona que es una fuente de desdicha vivir pensando en complacer a los demás, cuando en realidad el criterio que de verdad cuenta es el nuestro, la realidad es la responsabilidad personal, y si no avanzamos en nuestras metas, no hay excusas: «lloras si no avanzas». Debemos tener confianza en nosotros mismos si queremos ser felices. Y para eso hay que entrenarse también, como hay que hacerlo para no dejarse dominar por la ira o para tener hábitos de trabajo diarios.

La autoestima es clave en todos los aspectos de la vida. En las relaciones personales, permite construir vínculos saludables. En la enseñanza, los jóvenes que tienen una alta autoestima suelen enfrentar los retos con más seguridad, lo que favorece su rendimiento. Y en lo profesional, porque las personas con buena autoestima toman decisiones más acertadas con sus objetivos, son más eficaces en el trabajo y están más dispuestas a asumir retos y responsabilidades, lo que les facilita alcanzar metas, un aspecto fundamental del empoderamiento.

He coordinado unos cuantos equipos en mi vida, y cuando veo que alguien es receloso a trabajar en equipo tengo claro que, al margen de lo ambicioso que sea por apuntarse tantos, no está seguro de sí mismo (porque te los puedes apuntar también colaborando con los demás). Los que están seguros de sí mismos trabajan mejor en equipo y son más colaborativos, y esto es fundamental para que las cosas avancen.

La autoestima, además, reduce el riesgo de trastornos como la ansiedad y la depresión. Y no es cuestión de ir de «sobrados» por la vida. Eso sería soberbia, falta de humildad, falta de equilibrio interno y, por tanto, infelicidad. Una razonable confianza en nosotros mismos nos hace más felices.

Pero no es fácil mantener una autoestima saludable, este es uno de los grandes retos. Requiere la capacidad de aceptarse tal como uno es, con sus virtudes y defectos, y evitar tanto el exceso de confianza en uno mismo como la autocrítica destructiva. ¡Ay! Como siempre, «nada en demasía».

En la era de las redes sociales es especialmente fácil quedar atrapado en una búsqueda constante de aprobación externa, estamos especialmente expuestos a vivir solo para el postureo del qué dirán. Esto solo genera ansiedad, comparaciones destructivas y falta de autenticidad. Los clásicos, por el contrario, nos recuerdan que el único juicio que realmente importa es el propio, y que debemos «poner el foco» en lo que queremos lograr, sin dejarnos distraer por las expectativas o juicios ajenos. La autoestima es clave en nuestra vida porque influye en cómo nos relacionamos y en cómo afrontamos nuestro día a día, y determina la actitud que tenemos hacia la vida.

Pero los clásicos ya lo tenían claro, no dependas del «qué dirán».

11
EL PODER DEL PERDÓN

Perdonar es una de esas cosas que todos sabemos que es bueno hacer, ¡por uno mismo!, pero que se nos atragantan, y de qué manera. No estoy hablando de que todos seamos Teresa de Calcuta, pero sin pretender ser santo, una de las claves del bienestar emocional es precisamente la capacidad de perdonar. Y sí, lo sé, perdonar es una de las cosas más complicadas que hay.

A mí me cuesta mucho perdonar. Durante, ahora me parece que demasiado tiempo, no lo hacía. Tenía como lema la frase latina: *Nemo me impune lacessit*, 'nadie me ofende impunemente' o 'nadie me ataca sin castigo'. Es un lema que encierra una advertencia contundente: si te metes conmigo, prepárate para las consecuencias. Yo no pasaba una ofensa.

¿Qué sucedió? Pues no es que tuviera una repentina conversión a lo san Pablo, pero me fui dando cuenta de que eso me producía mucha infelicidad. La vida se te va llenando de agravios. No merecía la pena. Si para algo me han servido los clásicos ha sido para evitar este ojo por ojo. Ya he dicho que este libro lo he ido escribiendo para mí mismo.

Dicho esto, cuando hablo de perdón, me refiero a una cuestión puramente personal, algo que cada uno tiene que trabajar en su interior. No es un tema social, ni mucho menos. El Estado no está aquí para ir repartiendo perdones a diestro y siniestro —salvo contadas excepciones, como los indultos y las amnistías; pero eso es también otro libro—, sino para hacer justicia.

El lema *Nemo me impune lacessit* figura, por ejemplo, en el escudo real de Escocia y en los símbolos escoceses. Advierte de que nadie puede incumplir la ley sin sufrir sus consecuencias y resultar impune. Es una expresión de respeto a las leyes y de aviso de las consecuencias jurídicas o administrativas del incumplimiento de las normas que todos nos hemos dado.

Pero si lo traemos a la vida personal, es contraproducente y agotador, porque te consume más a ti que al que te ha hecho o dicho algo que consideras negativo. Yo leo a los clásicos para repetirme que es bueno perdonar y aprender a hacerlo.

PERDONAR POR EGOÍSMO

Muchos piensan que el perdón es un invento del cristianismo, pero ya antes los clásicos reclaman el perdón como una clave para vivir en paz con uno mismo. Los estoicos entendían que el perdón no era una señal de debilidad, sino un camino hacia la tranquilidad interior. ¿Y no es eso lo que queremos para disfrutar de una vida feliz?

En un mundo donde las pequeñas ofensas se acumulan como el correo no deseado, Séneca nos da una lección que parece sacada del manual de supervivencia emocional: perdona, no ya porque se lo merezcan, sino porque tú te lo mereces. Es una forma de protegerte, de blindarte ante las estupideces y las afrentas que son inevitables en la convivencia con los demás:

> Para no airarte con cada uno hay que perdonar a todo el mundo, hay que conceder el indulto al género humano.
>
> (*Sobre la ira* I)

Séneca no te está diciendo que seas un santo (él no tenía siquiera ese concepto), ni que te dejes pisotear. Lo que está reivindicando aquí es algo mucho más práctico, más inteligente: si no eres indulgente, si no perdonas, vas a terminar agotado, amargado y, lo peor de todo, perdiendo el control sobre tu propia vida.

Perdonar es una manera de liberarte de esa carga emocional que te arrastra al enfado constante. ¿Qué sentido tiene andar por la vida enfadado o rencoroso? Al final, los únicos que salimos perdiendo somos nosotros mismos. Al conceder ese «indulto al género humano», lo que hacemos es decir: «No te voy a dejar que me arruines el día, ni a ti ni a nadie».

Porque, al final del día, la paz interior es lo que importa, y para conseguirla hay que aprender a soltar lastre tóxico: ofensas, afrentas, agravios… No se trata de justificar lo injustificable, sino de evitar que las acciones de los demás te conviertan en una víctima perpetua del resentimiento. Séneca lo tenía claro: perdonar es un acto de autopreservación, no de hacer un favor al otro. Perdona por tu propio interés.

Un siglo antes de Séneca, uno de los grandes referentes de la cultura occidental, Cicerón, en su tratado *Sobre los deberes del buen ciudadano* habla también del perdón individual:

> Nada hay más digno de un varón grande y esclarecido que la benignidad y la clemencia.

Se refiere a valores personales, pero eso no quiere decir que no se aplique la justicia. Aquí viene lo interesante: Cicerón está diciendo que no está para alimentar el ego de quien tiene el poder. Nada de eso. La pena debe ser justa, sin humillar a nadie, y siempre enfocada a lo que es mejor para la comunidad, para el bien común, no para satisfacer el orgullo o la rabia del que lo impone:

> La clemencia es loable con tal de que, por motivos de gobierno, se pueda aplicar la severidad, sin la cual la ciudad no se puede regir. Ahora bien, todo castigo y represión debe estar libre de ultrajes y ordenado, no a la utilidad del que aplica el castigo o reprende de palabra, sino a la de la república.

Para Cicerón se puede y se debe perdonar, pero en lo personal, sin perder de vista la necesidad de imponer la justicia en lo público, y siempre pensando en el bien de todos, no en saldar cuentas personales.

Marco Aurelio también reclama el perdón para la serenidad y una buena vida:

> Lo propio del hombre es amar incluso a quienes nos dañan. Eso se consigue en cuanto pienses que pecan por ignorancia y contra su voluntad, y que, dentro de poco, ambos estaréis muertos; y que, ante todo, no te dañó, puesto que no hizo a tu guía interior peor de lo que era antes. Es preciso que perdones.
>
> (*Meditaciones* VII)

Marco Aurelio nos ofrece aquí otro manual práctico de supervivencia emocional, como las obras de Séneca: en lugar de gastar energía en cabrearte, intenta comprender. Y si no puedes entender, al menos suelta el enfado. Al final, perdonar no es tanto un favor al otro, sino un alivio para ti mismo. Aunque solo sea por egoísmo, por ti mismo, perdona.

Y esta generosidad en el perdón no era solo teórica; Marco Aurelio la practicó una y otra vez, silenciando los nombres de sus enemigos, olvidando las rencillas y las traiciones. Y es que el olvido es una forma de perdón.

EL OLVIDO Y EL PERDÓN

Séneca nos sugiere que la mejor manera de perdonar a alguien es olvidar, y pone el ejemplo de Julio César:

> César pensó que la clase más agradecida de perdón consistía en no saber qué errores había cometido cada cual.
>
> (*Sobre la ira* II)

Julio César era conocido por haber mostrado clemencia en numerosas ocasiones durante su vida política y militar. Tras su victoria en la guerra civil contra Pompeyo y sus seguidores, César mostró una clemencia poco común.

Después de la batalla de Farsalia, el 9 de agosto del año 48 a. C., en la que derrotó a Pompeyo, César perdonó a muchos de los que habían luchado contra él y les permitió mantener sus propiedades y posiciones. Un ejemplo claro es el de Marco Junio Bruto, que había luchado del lado de Pompeyo y a quien César no solo perdonó, sino que incluso promovió para cargos públicos. Séneca pone el ejemplo de César, que prefería consolidar su poder a través del perdón y la reconciliación en lugar de la venganza.

Para Séneca, si no recuerdas lo que han hecho tus adversarios no hay nada que perdonar. Te ahorras el mal trago y sigues con tu vida, tan tranquilo. El resentimiento, el rencor, los agravios son algo que te reconcomen y te amargan la vida. No es fácil, insisto, perdonar, hay que entrenarse mucho mentalmente; por eso el olvido del que habla Séneca, en su pragmatismo, es extraordinariamente terapéutico.

Borges escribe, en este sentido, esa frase genial:

Yo no hablo de venganzas ni de perdones;
el olvido es la única venganza y el único perdón.

«Fragmentos de un Evangelio apócrifo»
en *Elogio de la sombra* (1969)

Esto es muy bueno, porque ¿cuántas veces nos hemos encontrado con esa voz interior que nos dice «¡Ni de coña el perdón!», pues la herida sigue escociendo y el perdón se siente como una traición a nosotros mismos? Ahí es donde entra Borges, con ese estilo tan suyo que nos deja pensando: «Si no puedes perdonar de corazón, hazlo por venganza».

Borges no estaba por la labor de venganzas explosivas ni de perdonar por puro altruismo. No, lo suyo era mucho más sutil: la venganza más elegante es el olvido. Si no quieres perdonar, si lo que quieres es vengarte, la forma de hacerlo es la misma: olvídate de lo que te hicieron. El rencor, la afrenta, el odio, ya no te capturan la mente, ya no eres un *mentecato* (significa 'mente capturada', es decir, capturada por el rencor). Ya no ocupa espacio en tu vida, en tu cabeza. Has ganado.

Tampoco se trata de darte abrazos con tu enemigo. Olvídate de él. En un libro de conversaciones con Carrizo, Borges dice: «Hacer el bien a tu enemigo puede ser obra de justicia y no es arduo; amarlo, tarea de ángeles y no de hombres». Y Borges, que no se anda con rodeos, lo remata diciendo que eso de querer a un enemigo es imposible, pero que olvidar... ¡eso sí es posible y muy humano!

Porque cuando olvidas, no solo dejas atrás la rabia, sino que te colocas en una posición de poder porque el otro ya no te afecta, ya no te controla, y esa es «la venganza más sutil», dice Borges.

Así que cada vez que te cueste perdonar, si no te vale con Séneca, recuerda a Borges: si no lo haces por generosidad ni magnanimidad, hazlo por la satisfacción de saber que has ganado. El que olvida primero, vence.

LA LITERATURA CLÁSICA ENSEÑA A PERDONAR

No solo los estoicos hablan del perdón. El perdón y el rencor son temas que aparecen en la literatura clásica. El espectacular final de la *Ilíada* es una escena de perdón. El encuentro entre Aquiles y Príamo es uno de los momentos más conmovedores, más complejos de la obra y de la literatura, y se puede interpretar como un acto de perdón, aunque no en el sentido más convencional.

¿Qué sucede? Aquiles, el gran héroe griego, ha matado a Héctor, hijo de Príamo y principal defensor de Troya, en un duelo que culmina en un acto de venganza y furia desmedidas. Aquiles, cegado por el dolor de la muerte de su amigo Patroclo a manos de Héctor, no solo lo mata, sino que también ultraja su cuerpo, arrastrándolo alrededor de las murallas de Troya. Príamo, el anciano rey de Troya y padre de Héctor, desesperado por recuperar el cuerpo de su hijo para darle un entierro digno, se arriesga a visitar a Aquiles en su campamento.

Cuando Príamo llega a la tienda de Aquiles, el viejo rey se arrodilla ante el guerrero que mató a su hijo y le suplica que le devuelva el cuerpo de Héctor. Príamo apela a la humanidad de Aquiles, recordándole a su propio padre, Peleo. Este acto de humillación y súplica por parte de Príamo toca el corazón de Aquiles, que, en un gesto de profunda compasión, se conmueve y accede a la petición del rey de Troya. Los dos lloran, los dos saben que van a morir pronto. Es su destino. Aquiles le concede llevarse el cadáver de su hijo.

El encuentro puede verse como un acto de perdón en el sentido de que Aquiles, al reconocer el dolor de Príamo y empatizar con él, deja de lado su ira y su deseo de venganza. Aquiles se muestra capaz de trascender su odio y su furia; esto le permite reconocer la humanidad de su enemigo y ofrecerle un gesto de reconciliación.

Para Aquiles, y esta es la clave, esta decisión es una redención personal. Al devolver el cuerpo de Héctor, Aquiles no solo está haciendo las paces con Príamo, sino que también está encontrando una forma de aliviar su propia carga emocional. En este sentido, el acto se acerca a la idea del perdón como una liberación del propio sufrimiento. Él sabe que va a morir dentro de poco en el campo de batalla, y llega a ese momento en paz consigo mismo.

El problema es que nosotros entendemos el perdón en el sentido cristiano de absolver de culpa. Aquiles no disculpa ni justifica la muerte de Héctor, ni los actos de Príamo. Más bien, el perdón aquí es una suspensión del odio y del rencor, un reconocimiento de la humanidad compartida que va más allá de la enemistad.

Hay muchos más ejemplos. En la *Orestíada*, de Esquilo, el perdón no es un acto simple o individual, sino un cambio profundo en cómo se percibe y administra la justicia. La *Orestíada* consta de tres obras: *Agamenón, Las coéforas* y *Las euménides*. La trama gira en torno a una cadena de venganzas en la familia de los Atridas.

En *Agamenón*, el rey Agamenón es asesinado por su esposa Clitemnestra como venganza por el sacrificio de su hija Ifigenia.

En *Las coéforas*, Orestes, hijo de Agamenón y Clitemnestra, asesina a su madre para vengar la muerte de su padre, incitado por Apolo y la obligación de cumplir con la ley del talión.

Y en *Las euménides*, Orestes es perseguido por las furias, espíritus vengadores que castigan el crimen de matricidio. El ciclo de venganza parece interminable hasta que la diosa Atenea interviene.

Esquilo muestra cómo la venganza, si no se controla, puede desatar una espiral interminable de violencia. El perdón, entonces, se convierte en un acto necesario para romper ese ciclo y para que la sociedad avance hacia un orden más justo y pacífico. Así, el perdón en la *Orestíada* es tanto una forma de redención personal como un mecanismo para asegurar la cohesión y estabilidad de la comunidad.

Podríamos poner más ejemplos —como estos— de que, sin pretender dar consejos prácticos para la vida diaria, la buena literatura, la literatura clásica, siempre sirve para la vida.

EL PERDÓN Y LA RELACIÓN DE PAREJA

Si hay un terreno donde el perdón no solo es importante, sino vital, es en la pareja. No nos engañemos: compartir la vida con otra persona no es un camino de rosas. Tarde o temprano, uno de los dos vamos a meter la pata, a decir algo que no deberíamos, a ser egoístas o a hacer algo que duele. Y aquí es donde entra en juego el perdón, esa herramienta para salvar a la relación de pareja de caer en un agujero negro de resentimientos.

En la literatura clásica la tragedia *Alcestis*, de Eurípides, ofrece un extraordinario ejemplo de sacrificio y perdón en una relación de pareja. Admeto, el rey de Tesalia, está destinado a morir, pero Apolo le había concedido que podría seguir vivo si alguien estaba dispuesto a morir en su lugar. Su esposa, Alcestis, se ofrece voluntaria y muere por él.

Más tarde, Heracles rescata a Alcestis del Hades y la devuelve a la vida. El perdón aquí no es explícito, pero el sacrificio de

Alcestis y el regreso a la vida con su esposo pueden entenderse como una forma de reconciliación y de amor incondicional que trasciende el resentimiento por la situación en la que Admeto la ha puesto. Ella le perdona por su debilidad, su incapacidad de enfrentarse a la muerte y su egoísmo, pero ¡si ha preferido que muriera su esposa a morir él! Ya decía Platón en esa obra genial que es *El banquete* que «solo los amantes saben morir el uno por el otro».

Y es que el perdón en la pareja no es solo cuestión de pasar por alto los pequeños errores del día a día, como dejar la tapa del inodoro levantada o no recoger los platos. No, va mucho más allá. Se trata de ser capaz de mirar a la otra persona y decir: «Sé que has fallado, pero también sé que eres humano, igual que yo, y estoy dispuesto a dejar esto atrás por el bien de lo que compartimos. Y lo hago porque te quiero».

Lo que hay que entender es que el perdón en la pareja no es un signo de debilidad ni de conformismo. Porque, si no aprendemos a perdonar, nos vamos a pasar la vida acumulando rencores y facturas sin pagar. Y no hay nada más tóxico para una relación que un montón de resentimientos guardados en un cajón.

Además, insisto, el perdón no es solo para el otro, es para ti también. ¿De verdad quieres estar cargando con el peso de cada error de tu pareja? El perdón te libera, te permite seguir adelante sin arrastrar esa mochila emocional que solo te frena y te amarga. Y ojo, no estoy diciendo que tengas que perdonar lo imperdonable. Hay líneas que, si se cruzan, son difíciles de borrar. Pero en el día a día, en esas pequeñas y medianas ofensas que inevitablemente van a ocurrir, el perdón es el pegamento que mantiene todo junto.

Porque, al final del día, la pareja perfecta no es la que nunca se hace daño y los dos son perfectos —no existe la perfección más que en la santidad—, sino la que sabe cómo superar esos daños, cómo perdonarse y seguir adelante, más fuertes que antes. Cada vez tengo más claro que el amor es perdón.

LA TRANQUILIDAD DE PERDONAR

Más allá de las relaciones de pareja, con los amigos, con los conocidos, con los compañeros de trabajo, con los familiares, o somos capaces de perdonar o no tendremos serenidad ni bienestar emocional. No es cuestión de hacer la vista gorda a todo, pero sí de saber liberarse de agravios.

Perdonar no es solo un acto de generosidad hacia el otro, sino un regalo que nos hacemos a nosotros mismos. Porque el verdadero poder emocional no está en devolver la afrenta, la ofensa, lo negativo que nos han hecho o dicho, sino en no quedarse atascado ahí y seguir adelante.

Así que la próxima vez que te encuentres atrapado en el resentimiento, pregúntate: ¿de verdad merece la pena? No apliques lo de «nadie me ofende impunemente», como hacía yo: no merece la pena. El rencor, el resentimiento, el afán de venganza nos hacen muy, pero que muy infelices. Borges escribe en ese mismo poema que he citado, *Fragmentos de un evangelio apócrifo*:

Feliz el que perdona a los otros y el que se perdona a sí mismo.

Es difícil perdonar, pero vas a encontrar el bienestar emocional. No es fácil, hay que entrenarse mentalmente. Yo lo hago con los clásicos y con Borges.

12
LA HUMILDAD: EL PODER DE RECONOCER TUS LÍMITES

Crecí en una familia humilde, muy humilde. Mis padres, Emilio y Adoración, dejaron siendo niños la escuela en Arancón, un pueblecito de las Tierras Altas de Soria, tierra de secano. Mis abuelos eran labradores en esas tierras duras.

Mi padre tuvo que abandonar la escuela en su pueblo a los diez años para irse a «servir» a otra casa, a pastorear las ovejas y trabajar en el campo (sí, a los diez años, la infancia de la España de los años cuarenta acababa pronto).

Mi madre tuvo que irse también de pastora, y luego de interna a una casa en Zaragoza. Se casaron en Arancón en 1960 (su viaje de novios fue una noche en casa de un familiar en Soria), emigraron a Logroño y ahí me nacieron tres años después. Mi padre trabajó después en una fábrica de calzado. Hacía todas las horas extras del mundo, incluidos fines de semana, y llevaba tarea a casa para trabajar por las noches. Mi madre era lo que entonces se llamaba «ama de casa». Recuerdo que alquilaban una habitación para tener unos ingresos extra.

Mi madre acabó siendo una gran lectora, pero mi padre, en cambio, nunca superó las dificultades para leer, moviendo los labios al separar las sílabas, y aún me emociono al recordarlo. Siempre guardo en la memoria la imagen de mi padre con su papelito, donde, con su letra incierta, había escrito «Filología Clásica». Lo llevaba en la cartera para poder responder con orgullo cuando alguien le preguntaba: «¿Qué ha estudiado tu hijo?» porque no sabía muy bien lo que era. Para hablar de la humildad no cuento la historia de otros, cuento mi propia historia.

Tengo muchos de los defectos de los que hablo en este libro, pero no el de la soberbia. La humildad que aprendí en casa no es solo una lección de vida, es la base de todo lo que soy. Para esto no he necesitado a los clásicos, pero me vienen bien para confirmar que la humildad es uno de los secretos de la felicidad. Me han ayudado a detectar a los soberbios y a los vanidosos al momento. Conozco unos cuantos; la mayor parte lo disimula, pero solo hay que rascar un poco. Me compadezco de ellos porque son muy infelices.

HUMILDAD Y SENCILLEZ

Muchos confunden la humildad con la sencillez, que están relacionadas, pero no son lo mismo.

La humildad se refiere a una virtud interior, una actitud frente a uno mismo y a los demás. Es asumir que no somos superiores a nadie. No me quiero enrollar con etimologías en este libro, pero conviene conocer el verdadero significado de las palabras para tener claros los conceptos (*etimología* significa 'la verdad de las palabras'). *Humilde* viene del latín *humilis*, que viene a su vez de *humus*, que significa 'tierra'. *Humilde* es 'el que pisa la tierra', quien no se cree más que nadie. Quien se cree que está por encima es *superbus* —es decir, un soberbio—, formada a partir de *super-*. Una persona humilde no se engrandece por sus logros ni presume de ellos, sino que mantiene una perspectiva realista sobre su lugar en el mundo, sin subestimarse pero sin sobreestimarse. La humildad también implica apertura para aprender de los demás.

La sencillez es otra cosa, se manifiesta más en el ámbito exterior. Una persona sencilla no busca llamar la atención ni vive de forma ostentosa o lujosa. Opta por una vida despojada de artificios y complicaciones innecesarias, pero una persona puede ser sencilla sin necesariamente ser humilde. Es decir, uno puede vivir de manera sencilla, pero tener una actitud de superioridad u orgullo. Y conozco unos cuantos de esos que sienten soberbia moral.

Por ejemplo, los filósofos cínicos, como Diógenes —un tipo genial, pero al que no imitaría—, predicaban una vida de absoluta sencillez, casi extrema, al rechazar todas las comodidades y los bienes materiales. Sin embargo, su rechazo al conformismo social derivaba en arrogancia o desprecio hacia los demás.

Las dos, humildad y sencillez, suelen coexistir y tienden a reforzarse mutuamente, pero, como digo, no son exactamente lo mismo y no siempre coinciden.

EVITA LA SOBERBIA

La soberbia es un veneno que corroe las relaciones humanas. Es esa actitud que lleva a una persona a creer que está por encima de los demás, que no tiene nada que aprender de ellos o que no necesita colaborar ni compartir para lograr sus objetivos. Para Séneca es uno de los principales males y una de las causas de la infelicidad:

> La maldad y todas sus manifestaciones: la avaricia, la crueldad, la envidia, la soberbia.

> (*Cartas a Lucilio* 101)

La soberbia nos aísla y nos aleja de la ayuda de los demás. Cicerón, por ejemplo, criticaba duramente la soberbia en aquellos que ocupaban cargos públicos. Según él, gobernar con arrogancia no solo destruye la confianza del pueblo, sino que socava la base misma de la sociedad. La vida en comunidad requiere respeto mutuo y reconocimiento del valor de cada persona. Para él, un buen líder o ciudadano debe practicar la *modestia* y la *humilitas* en sus acciones, mostrando respeto por los demás sin caer en el servilismo. La humildad está estrechamente relacionada con el concepto de *dígnitas*.

La soberbia, en la mitología, es uno de los pecados más imperdonables para los dioses. La *hybris* conlleva graves castigos. A los dioses les da igual con quién se acueste cada uno, pero no perdonan la arrogancia. Esta lección de vida aparece en un montón de mitos, como el representado en el famoso cuadro de Velázquez, *Las hilanderas*.

Aracne era una talentosa tejedora que, cegada por su soberbia, se atrevió a desafiar a Atenea, la diosa de la sabiduría, de las artes, afirmando que sus habilidades como tejedora eran superiores a las de la propia diosa.

En su soberbia, Aracne organizó una competencia de tejido con Atenea, donde tejió —por si fuera poco— una obra magistral que ridiculizaba a Júpiter, el padre de la diosa. Atenea, ofendida por su arrogancia y por el contenido del tejido, la castigó transformándola en una araña, condenada a tejer toda la eternidad.

Hay muchos más. El mito de Ícaro, por ejemplo, que desafiando las advertencias de su padre Dédalo voló demasiado alto, acercándose al sol con sus alas de cera. Esta soberbia lo llevó a su trágica caída cuando el calor del sol derritió las alas. Ícaro se creyó invencible, olvidando los límites de su condición humana.

O el de Níobe, que, presa de la soberbia, se jactó de tener más hijos que la diosa Leto. Como castigo, Apolo y Ártemis —hijos de Leto— mataron a todos sus hijos, y Níobe fue convertida en una roca que llora eternamente. Su soberbia provocó la furia divina.

O el terrible mito de Tántalo que, creyéndose superior, robó la ambrosía de los dioses y trató de engañarlos ofreciéndoles carne de su propio hijo. Los dioses lo condenaron a un castigo eterno en el Tártaro, donde nunca puede saciar su sed ni su hambre.

Los mitos tienen lecciones morales. Si hay algo que castigan los dioses es la soberbia. La lección es clara: la soberbia solo trae desgracias e infelicidad.

LA HUMILDAD DEL EMPERADOR FILÓSOFO

Marco Aurelio, el todopoderoso emperador, era humilde y sencillo. De hecho, reivindica la humildad y rechaza la vanidad como una de las claves para el bienestar emocional, en un pasaje que me parece maravilloso. Marco Aurelio nos invita a evitar la vanidad, a centrarnos en lo esencial y en lo que realmente importa: vivir con serenidad. Buscar la aprobación externa es superfluo, y además nos distrae de lo que realmente contribuye a una vida plena. Marco Aurelio sugiere que, en lugar de gastar energía en la aprobación externa, deberíamos enfocarnos en vivir de acuerdo con nuestros principios y ser fieles a nuestra propia moral interna:

> Evita la vanidad, no pierdas el tiempo buscando el aplauso de los demás. Dentro de poco serás ceniza o esqueleto, o bien un nombre o ni siquiera un nombre. Y el nombre, un ruido, un eco.

(Meditaciones V)

La vanidad implica un exceso de orgullo y una preocupación constante por la apariencia y la admiración de los demás, por el postureo, esa epidemia de nuestro tiempo. En cambio, la humildad se caracteriza por una percepción realista de las propias limitaciones y virtudes, sin tener que alardear ni buscar reconocimiento externo. La humildad es una guía interior de modestia y de discreción, que mantiene una perspectiva equilibrada sobre uno mismo, evitando actitudes de superioridad. En cambio, la vanidad se centra en la imagen y el deseo de ser reconocido. Marco Aurelio subraya la fugacidad de la vida y nos recuerda que, al final, todo lo que queda de nosotros, si es que queda algo, será un simple «eco».

Este mensaje de Marco Aurelio es de absoluta actualidad:

> ¿Qué vale la pena? ¿Ser aplaudido? No. Por consiguiente, tampoco ser aplaudido por golpeteo de lenguas, porque las alabanzas del vulgo son golpeteo de lenguas.

(Meditaciones VI)

En una era en la que las redes sociales incentivan constantemente la búsqueda de reconocimiento y popularidad, el emperador filósofo nos insta a no depender de los aplausos ni a buscar la validación externa. Nos invita, en cambio, a ser conscientes de nuestra finitud y a invertir tiempo en lo que realmente importa, en lugar de preocuparnos por lo que otros piensen o digan. La felicidad y la paz interior se logran al actuar de acuerdo con los propios principios y no buscando la validación externa.

Marco Aurelio se inspira en su predecesor, Antonino Pío, como modelo de humildad, sin dejarse llevar por la vanidad:

> En todo intento actuar como discípulo de Antonino, su constancia en obrar conforme a la razón, su ecuanimidad en todo, la serenidad de su rostro, la ausencia en él de vanagloria, su afán en lo referente a la comprensión de las cosas.

> *(Meditaciones* VI)

La humildad de Antonino refleja una disposición mental equilibrada y tranquila, que no se altera por la búsqueda de alabanzas o el temor a las críticas. La vanagloria, o la exhibición excesiva de uno mismo y sus logros, es vista como un defecto que distrae del verdadero objetivo de la vida, que es vivir con serenidad interna, sin volverse loco por la apariencia y la validación externa. En otro momento escribe:

> Son vanas las molestias que nos tomamos por la pompa, por presenciar funciones de teatro, poseer rebaños de vacas, de ovejas, por asistir a combates con lanza, arrojar huesecillos a los perros y migajas a los peces del estanque, presenciar lo que se cansan las hormigas acarreando alimentos, el ir y venir de pequeños y asustados ratones, marionetas movidas por hilos caprichosos. Hay que mantenerse ante tal espectáculo con ánimo sereno y sin perturbación, pero más importante es observar con atención que el mérito propio es tanto mayor cuanto más meritoria es la tarea que uno ejecuta.

> *(Meditaciones* VII)

Marco Aurelio coincide con el principio *Vánitas vanitátum et ómnia vánitas* del libro del *Eclesiastés* de la Biblia: 'vanidad de vanidades, todo es vanidad'. Los dos textos, aunque de diferentes tradiciones, subrayan que evitar las vanidades terrenales nos permite una vida feliz.

Él, que todo lo podía, él, que tenía el mando absoluto del imperio, él reclama que la verdadera fuerza proviene de la mente y el espíritu, de la humildad y de la sencillez, huyendo de la vanidad (mezcla humildad y sencillez):

> Mantente por tanto sencillo. Bueno, puro, respetable, sin arrogancia, amigo de lo justo, piadoso, benévolo, afable, firme en el cumplimiento del deber.

(*Meditaciones* V)

El peligro de la vanidad y la fugacidad inútil de la vanidad. Además, ¿qué quedará de nosotros?, ¿para qué perseguir reconocimientos externos, para que desvivirnos por el qué dirán? Marco Aurelio escribe:

> ¡Cuántos hombres, que fueron muy celebrados, han sido ya entregados al olvido! ¡Y cuántos hombres que los celebraron hace tiempo que han muerto! Próximo está tu olvido de todo, próximo también el olvido de todo respecto a ti.

(*Meditaciones* VII)

Este pasaje de Marco Aurelio refleja una profunda reflexión sobre la humildad a través del reconocimiento de lo efímeros que son la fama y el recuerdo.

En sus *Meditaciones*, señala que incluso aquellos hombres que en su tiempo fueron celebrados y admirados han sido olvidados con el paso del tiempo, al igual que aquellos que los elogiaron. Para él, este ciclo de olvido y mortalidad no es motivo de tristeza, sino una invitación a la humildad. *El olvido que seremos*, de Borges, que es el título de la novela de Héctor Abad Faciolince. Somos el olvido, como escribió Borges en *Las nubes*:

Eres nube, eres mar, eres olvido.
Eres también aquello que has perdido.

Marco Aurelio nos recuerda lo insignificantes que somos en la infinitud del universo. Reconocer que nuestras vidas, nuestros logros, e incluso el mundo que habitamos están destinados a desaparecer nos obliga a adoptar una actitud de humildad (a la Tierra le quedan 4.500 millones de años de vida, los que le quedan al Sol). No debemos aferrarnos a lo material ni a nuestra propia importancia:

> La tierra nos cubrirá a todos dentro de poco y luego ella misma se transformará, y más tarde todo volverá a cambiar hasta el infinito. Si pensamos en las sucesivas oleadas de cambios y transformaciones, inmediatamente despreciaremos todo lo que es mortal.

(Meditaciones IX)

¡Menuda lección de humildad! A pesar de nuestros esfuerzos por construir algo perdurable, el universo seguirá su curso sin nosotros. En lugar de buscar la inmortalidad a través de la fama o las posesiones, debemos centrarnos en vivir con serenidad, sin preocuparnos por aquello que no podemos controlar, como nuestra mortalidad o el futuro.

Solo tienes que mirar una noche las estrellas. Nada me hace pensar más lo que soy que ir al Planetario. La humildad consiste en aceptar nuestra pequeñez en el flujo eterno del universo, y eso nos permite disfrutar de una buena vida.

LA SENCILLEZ

En la medida en la que no debemos depender de las cosas externas para ser felices, la sencillez es, por tanto, una de las claves de la felicidad. Para los estoicos la sencillez es también una virtud esencial para alcanzar la serenidad y el bienestar interior. Para Séneca, Marco Aurelio o Epicteto, la verdadera riqueza no reside en las posesiones materiales ni en el lujo, sino en la capacidad de vivir libres de las cadenas del exceso y la ostentación. La sencillez es una forma de vida que nos libera de las preocupaciones innecesarias y del afán por acumular bienes, permitiendo que nos enfoquemos en lo esencial, la serenidad y la tranquilidad del alma, que nos permiten una buena vida.

Epicteto, en sus *Disertaciones*, recalca que no debemos dejarnos llevar por el deseo de lo innecesario: «No es el hombre más rico el que posee muchas cosas, sino el que necesita pocas». La sencillez, para Epicteto, es una forma de ser autosuficiente y no depender de lo externo para ser feliz.

Marco Aurelio también defiende que ser una buena persona y ser sencillo no son lujos reservados para los santos o los superhéroes, sino que depende completamente de nosotros. Y, ojo, no hay excusas. No puedes decir que la vida, la sociedad o tu familia te lo impiden. Si quieres ser sencillo y bueno, lo haces. Punto. ¿Te distraes buscando una vida perfecta, llena de ostentación y postureo? Pues te estás perdiendo lo esencial, lo que realmente cuenta: la sencillez.

> Que nadie pueda decir con verdad que no eres una persona sencilla y buena. Al contrario, que quien lo afirme esté mintiendo. Y todo esto depende de ti. Porque, ¿quién te impide ser sencillo y bueno? Si decides no vivir de acuerdo con estas cualidades, entonces también puedes optar por no vivir más, pues la razón no te obliga a seguir viviendo si no eres capaz de reunirlas.

> (*Meditaciones* X)

El emperador, además, te lanza un reto: si no eres capaz de ser sencillo y bueno, ¿para qué sigues aquí? Y, ojo, no es que Marco Aurelio te esté invitando a una tragedia griega ni nada por el estilo. Lo que está diciendo es que la vida tiene sentido si la vivimos desde la serenidad y la fortaleza del espíritu, desde la sencillez. Si no es así, pues es hora de hacer una buena revisión y decidir qué vida quieres llevar. No se trata de ser el más listo, ni el más guapo, ni el más exitoso, sino de ser una buena persona, humilde —es decir, con los pies en la tierra— y vivir con sencillez.

Séneca, en su epístola 5, aclara que la frugalidad no es sinónimo de privación, sino de moderación: «Puede existir frugalidad sin desaliño».

Critica tanto el lujo como la pobreza forzada. La sencillez no es llevar una vida miserable, sino evitar la esclavitud de las cosas superficiales y costosas.

Séneca critica el lujo y la extravagancia, proponiendo un estilo de vida más sencillo y frugal como camino hacia la serenidad y la tranquilidad del espíritu. Para Séneca, la verdadera riqueza no reside en lo material, sino en la capacidad de controlar nuestros deseos. Y esto se educa desde pequeños, por eso dice que hay que acostumbrar a los jóvenes a la sencillez (y a la frugalidad en la comida, por cierto):

> Que ante todo su comida sea frugal, su ropa no lujosa, su atuendo similar al de sus compañeros.

(Sobre la ira II)

La sencillez se lleva a cabo en lo cotidiano, en la comida y en el vestido, por ejemplo. Séneca insiste en que no es necesario apartarse de los demás ni adoptar una apariencia excéntrica para destacar. Vestirse sin pretensiones ni lujos nos ayuda a arraigar la sencillez.

Esta es la clave de la sencillez en el pensamiento estoico: moderar nuestras necesidades, estar satisfechos con lo que tenemos y evitar que los objetos materiales nos dominen. Con eso alcanzaremos la tranquilidad de espíritu:

> Me posee un amor exagerado a la austeridad, lo confieso: me gusta no una habitación arreglada para la ostentación, ni un vestido sacado de una arqueta, comprimido con pesas y mil ingenios que lo obligan a brillar, sino uno casero y barato, que no haya que conservar ni coger con cuidado; me gusta una comida no encargada muchos días antes ni servida por manos de muchos, sino económica y sencilla, sin nada rebuscado ni costoso, que no sea pesada para el bolsillo ni para el cuerpo.

(Sobre la tranquilidad del ánimo 5-9)

Para Séneca, la verdadera riqueza es la sencillez. En fin, si
hay algo que los estoicos defendían, además de la humildad, es
la sencillez, la austeridad, el rechazo de la ostentación, imprescindible para alcanzar la felicidad.

LA HOGUERA DE LAS VANIDADES

La hoguera de las vanidades es una novela del escritor norteame-
ricano Tom Wolfe publicada en 1987. La obra es una sátira mor-
daz de la sociedad estadounidense de la década de 1980, centrada en la vida de los ricos y poderosos en Nueva York. Tom
Wolfe critica su superficialidad y su obsesión por la apariencia.
El protagonista, Sherman McCoy, es un ejemplo de alguien que
valora la riqueza y el estatus social por encima de los principios
morales, lo que finalmente provoca su caída. La novela muestra
cómo la búsqueda de poder y reconocimiento por encima de
todo puede ser algo muy destructivo.

Tanto Marco Aurelio en sus *Meditaciones* como Tom Wolfe
en *La hoguera de las vanidades* ofrecen críticas incisivas sobre la
vanidad. Marco Aurelio, desde una perspectiva estoica, nos invita a encontrar satisfacción en la virtud y la razón, mientras que
Wolfe, a través de su sátira social, nos muestra las consecuencias
demoledoras de vivir una vida guiada por la superficialidad y el
deseo de aprobación externa.

En una era en la que las redes sociales y la búsqueda de
popularidad parecen dominar nuestras vidas, en una era en la
que se hace una exaltación del lujo, en una era como la nuestra,
las palabras de los clásicos son de una rabiosa actualidad miles
de años después y nos invitan a reflexionar sobre lo efímero de
la vanidad, sobre el peligro de la arrogancia, sobre la infelicidad
de la ostentación.

Los clásicos nos ofrecen una profunda lección de humildad
y sencillez, que no son lo mismo, y que son dos claves fundamentales para encontrar una mayor paz interior y tener una vida feliz.

13
DEFENDER LA ALEGRÍA

Esa imagen que trasladan algunos gurús de la autoayuda de que los estoicos eran personas serias, tristes y constantemente preocupadas por la muerte es una visión falsa de su filosofía. Es que no los han leído. En realidad, los estoicos, como Séneca, defendían la importancia de la alegría, entendiendo que la verdadera felicidad no depende de las circunstancias externas, sino de la serenidad que cultivamos dentro de nosotros mismos. Pero la paz interior no quiere decir que haya que vivir como ermitaños, ¡todo lo contrario!

Algunos imaginan a Séneca como si fuera la Dolorosa, otros reproducen una imagen suya en la que parece que está estreñido en el váter. No era Groucho Marx, pero desde luego no era ese ser doliente que transmiten algunos. Séneca defendía el derecho a la alegría, como Benedetti. En sus *Epístolas*, nos ofrece una visión clara del derecho a la alegría. En la carta 23 afirma:

> *Immo contra nolo tibi únquam deése laetítiam [...] náscitur, simódo intra te ipsum sit.*
> No quiero que nunca te falte la alegría… y es así si surge dentro de ti mismo.

La alegría verdadera no proviene de cosas externas como la riqueza, el éxito o los placeres efímeros, sino de un estado de serenidad y paz interior. Esta alegría interna es una manifestación de la paz y el equilibrio que los estoicos consideraban fundamentales para una vida feliz.

Séneca refuerza esta idea al contrastar las figuras de Heráclito y Demócrito en *Sobre la tranquilidad del ánimo* (15):

> Tenemos que tender a imitar a Demócrito antes que a Heráclito. Heráclito, cada vez que se presentaba en público, lloraba. Demócrito reía. A Heráclito, todo lo que hacemos le parecía una desgracia; a Demócrito, una estupidez.

Séneca nos invita a imitar a Demócrito antes que a Heráclito. No porque debamos tomar la vida a la ligera, sino porque la risa y la alegría, nacidas de la serenidad, son reacciones más sabias y saludables ante las muchas situaciones absurdas que se nos presentan en la vida. Al reírnos de las tonterías humanas —y vivimos con unas cuantas—, mantenemos una distancia emocional que nos protege del sufrimiento innecesario y nos permite conservar la paz interior.

Así, la alegría estoica no es una simple evasión, sino una actitud de vida. Es el resultado de una mente que ha aprendido a ver las cosas con perspectiva, que no se deja arrastrar por las emociones negativas y que encuentra la felicidad en la aceptación de la realidad, en la paz interior y en el dominio de sí mismo. Como Séneca nos enseña, la verdadera alegría nace dentro de nosotros mismos, y es un derecho que todos tenemos si aprendemos a vivir con serenidad y tranquilidad de ánimo. Hay que restarle, aconseja, importancia a todo:

> Hay que restarle importancia a todo y aguantarlo con una actitud optimista: es más humano reírse de la vida que reconcomerse con ella. Añade el hecho de que también merece más agradecimiento por parte del género humano quien lo toma a risa que quien lo lamenta.

Séneca, ese gran pensador que, como digo, muchos retratan como un tipo siempre serio y preocupado, nos da una lección que parece más propia de un buen humorista que de un filósofo estoico. Nos dice: «Hay que aprender a reírse de la vida». Y es que, si lo piensas bien, ¿qué ganamos con amargarnos y darle demasiada importancia a las cosas que nos pasan? Nada. Absolutamente nada.

Séneca lo deja clarísimo: es más humano, y desde luego más inteligente, reírse de la vida que pasarse el día lamentándose y dándole vueltas a los problemas. En *Sobre la tranquilidad del ánimo* nos dice que la vida se lleva mejor con una sonrisa y que merece más agradecimiento quien se toma las cosas con humor que quien se las pasa lloriqueando por las esquinas. ¡Es que tiene toda la razón! Al final, la risa es una especie de escudo contra la adversidad, una forma de decirle al mundo: «Podrás lanzarme lo que quieras, que yo me río en tu cara».

No se trata de ignorar los problemas, sino de no dejarnos hundir por ellos. Porque la vida ya es bastante complicada como para complicárnosla más con dramas innecesarios. Reírse es la mejor respuesta, sobre todo cuando las cosas se ponen difíciles. Y siglos antes, escribió Demócrito:

> Lo mejor para el ser humano es pasar la vida con buen ánimo y lo menos afligido que pueda.
>
> (Fragmento 189)

Aunque su obra se ha conservado de forma fragmentaria, la influencia de Demócrito, filósofo griego contemporáneo de Sócrates nacido en Abdera, al norte de Grecia, alrededor del año 460 a. C., ha sido extraordinaria. No hay más que leer a Séneca.

La ética de Demócrito se basa en establecer la alegría como la finalidad de la moral, añadiendo la utilidad como criterio del bien. Fue el primero que habló de los átomos, por eso reivindica que la física nos libera del temor a los dioses (y de los que dicen ser sus interlocutores). Todo depende de nosotros. Su pensamiento, que atraviesa los siglos, sigue siendo una fuente de inspiración para aquellos que buscan entender la complejidad del universo y la naturaleza humana. La de Demócrito, como concluye García Gual, «es una ética para ser feliz, basada en una libertad sin recortes, y que promete una fresca alegría».

Sɪ ᴛᴇ ǫᴜᴇᴊᴀs sᴇʀᴀ́s ᴍᴜʏ ɪɴꜰᴇʟɪᴢ

Todos hemos conocido a esa persona que siempre está quejándose. Nada le viene bien, todo es un drama, y parece que su deporte favorito es el lamento. Pues bien, Séneca nos advierte en *Sobre la tranquilidad del ánimo* que a este tipo de gente es mejor tenerla lejos. ¿Por qué? Porque son «enemigos de la tranquilidad», como él los llama, y no hay nada que agote más que estar rodeado de personas que se pasan la vida lamentándose.

Y también tiene muy claro que hay que evitar a los tristes. Rodéate de personas alegres que aporten calma, no de los que están todo el día sumergidos en un drama:

> Evitemos principalmente a los tristes y a los que de todo se lamentan, a quienes nada les gusta si no es motivo de quejas. Es posible que su lealtad y afecto sean constantes, pero un compañero nervioso y que protesta por todo es un enemigo de la tranquilidad.

(*Sobre la tranquilidad del ánimo* 7)

Séneca también nos muestra que la filosofía estoica no es solo para mantener la calma cuando las cosas van mal, sino también para enfrentar la vida con valentía y una sonrisa. Aunque nos falle el cuerpo, aunque la muerte esté a la vuelta de la esquina, el verdadero estoico se mantiene sereno y alegre. Y aquí es donde muchos de esos gurús de la autoayuda y del «estoicismo 2.0» van predicando resignación y tristeza, cuando lo que Séneca realmente nos está diciendo es que hay que vivir con alegría, incluso en los momentos más duros:

> Nuestro amigo Baso tiene buen ánimo, pues la filosofía facilita estar alegre a la vista de la muerte y sea cual sea el estado del cuerpo, mostrarse valiente y risueño, sin desfallecer, aunque él desfallezca.

(*Cartas a Lucilio* 30)

No solo hay que aceptar la vida como es, sino hacerlo con buen ánimo, afrontando incluso la muerte con una sonrisa. ¡Eso es lo que significa vivir con serenidad y alegría!

MARCO AURELIO: LA ALEGRÍA DE VIVIR

Muchos imaginan también a Marco Aurelio melancólico. Era un tipo muy austero y frugal, que no hacía más que trabajar y leer, pero eso no quiere decir que fuera gimoteando por la vida. Al contrario, dice que tenemos muchos motivos para estar alegres:

> Siempre que quieras alegrarte piensa en los méritos de los que viven contigo, por ejemplo, la energía en el trabajo de uno, la discreción de otro, y cualquier otra cualidad de otro.

> (*Meditaciones* VI)

Marco Aurelio lo tiene claro: si quieres alegrarte, mira a tu alrededor y fíjate en lo mejor de los demás. En lugar de caer en la trampa de la envidia o de criticar a los que nos rodean, Marco Aurelio nos invita a fijarnos en sus virtudes y a alegrarnos por ello.

Piénsalo: ¿qué te cuesta admirar la energía de ese compañero que siempre da lo mejor de sí mismo en el trabajo? ¿O la discreción de esa amiga que sabe cuándo hablar y cuándo callar? Estos pequeños detalles, que a veces damos por sentados, son auténticas fuentes de alegría. ¡Ojo! No se trata de idealizar a los demás, repito que no somos santa Teresa de Jesús, sino de apreciar lo bueno que tienen.

Marco Aurelio nos recuerda que los ejemplos de virtudes son contagiosos y que, al reconocerlos, no solo nos alegramos, sino que también nos inspiramos. Es un cambio de perspectiva: en lugar de fijarnos en lo que nos molesta o en lo que no tenemos, pongamos el foco en lo positivo de quienes nos rodean, y eso nos producirá bienestar emocional.

Así que la próxima vez que te sientas un poco apagado, mira lo mejor en los demás. Aprecia esos pequeños gestos y cualidades en los demás que a menudo pasan desapercibidos. Verás cómo la alegría surge de reconocer el valor de quienes te rodean, y cómo eso también te inspira a mejorar tú mismo. ¡Qué manera tan simple y efectiva de encontrar alegría en la vida cotidiana!

EL DERECHO A LA ALEGRÍA

De Demócrito a Séneca: no temer a nada ni a nadie, ni a dioses ni a amos.

Tender a la alegría. Defender la alegría, como dice el poema de Mario Benedetti «Defensa de la alegría» en su libro *El olvido está lleno de memoria* (1995):

> Defender la alegría como una trinchera […]
> defender la alegría como un principio […]
> defender la alegría como una bandera […]
> defender la alegría como un destino […]
> defender la alegría como un derecho […].

La alegría de la serenidad. El derecho a la alegría. Demócrito, Séneca, Marco Aurelio lo tenían muy claro. Y ahora tú también.

14
LA FORTALEZA DE LA AMABILIDAD

Suelo cogerme un café en la cafetería de la facultad y subírmelo al despacho. Voy con un café en la mano —siempre quema, y mira que pido la leche templada; ¡qué manía con darte el café abrasando!—, el móvil y unos libros en la otra, y al llegar a la puerta veo que alguien viene justo detrás de mí. Podría seguir mi camino y dejar que se las arregle, pero decido esperar un segundo y sostener la puerta. ¿Qué pasa? Esa pequeña pausa, ese gesto sin pretensiones, cambia la dinámica del momento. La persona que viene detrás sonríe y lo agradece, y de repente el día es un poco mejor, para los dos. A veces, los gestos más sencillos son los que más impacto pueden tener.

Y es que este pequeño acto de amabilidad tiene un poder enorme. No requiere esfuerzo, pero muestra algo muy valioso: estás prestando atención. En un mundo donde todos parecen ir a mil por hora, detenerse un segundo para sostener una puerta puede ser un recordatorio de que la amabilidad no está en los grandes gestos, sino en los detalles.

Pero claro, no siempre recibes a cambio lo que esperas. Más de una vez me ha pasado que, después de sujetar la puerta para alguien, o de bloquear las puertas en el ascensor porque alguien se apresura a entrar, esa persona ni me ha mirado ni me ha dicho «gracias». Y me siento entonces muy gilipollas, pero aquí es donde entra la verdadera naturaleza de la amabilidad.

La amabilidad no es un intercambio, no es una moneda que das esperando recibir algo a cambio. He sufrido muchas de las cosas que comento en el libro, pero creo que he sido un tipo amable. Bueno, y sigo siéndolo, aunque a veces cuando me encuentro con un antipático o un maleducado de esos me digo a mí mismo que no volveré a serlo —no soy un santo—, pero me acuerdo de los clásicos, de Antonio Fontán y de mis padres, y se me pasa.

Ser amable es un acto de valentía porque lo haces sin garantías de que te vayan a devolver el gesto. Y cuando eso ocurre es cuando realmente se pone a prueba tu intención. Es cierto que no recibir reconocimiento puede frustrarnos, a mí el primero y unas cuantas veces. Pero ahí es cuando debemos recordar que la amabilidad tiene un poder que va más allá de la respuesta inmediata. En realidad, lo importante es cómo ese acto te transforma a ti. Sostener la puerta, decir un «buenos días» o ayudar a alguien en la calle no se trata de lo que recibes de vuelta, sino de lo que proyectas en el mundo. Tú eres buena gente y si el otro no dice nada, él se lo pierde.

Esas pequeñas acciones ayudan a construir un ambiente más humano, aunque en el momento no lo parezca. Y pienso que la otra persona que no ha contestado ni con una sonrisa está muy amargada, tiene poca serenidad, poco equilibrio mental, no es feliz. Algunos piensan que si no son amables son más importantes. Esos, además de infelices, son también imbéciles. Pero no dejo de ser amable por ellos, que se fastidien.

Séneca nos invita a ser «afables y serviciales». ¿Y por qué? Pues porque no vivimos solos en este mundo, y lo que afecta a los demás nos afecta también a nosotros. Es esa idea tan estoica de que «ningún mal lo consideres ajeno». Como sociedad, estamos conectados, y lo que afecta a uno nos acaba tocando a todos de alguna manera:

> La humanidad prohíbe ser altanero, ser áspero con los compañeros; en palabras, hechos y sentimientos se brinda afable y servicial para con todos; el verdadero estoico ningún mal lo considera ajeno, y su bien lo estima en sumo grado por cuanto podrá proporcionar un bien a otro.

(Cartas a Lucilio 88)

Séneca nos da una lección de vida que a veces olvidamos: el bien que hagas a otro, al final, es un bien que te haces a ti mismo. Si puedes echar una mano a alguien, ¿por qué no hacerlo? No es que seas un héroe o un santo —yo, desde luego, insisto, ni lo soy ni pretendo serlo—, pero ayudar a otro te llena de una sensación de bienestar que no puedes ignorar.

Séneca apela a que, al ser amables con los demás, no solo construimos un ambiente sereno a nuestro alrededor, sino que también nos convertimos en personas añoradas cuando ya no estemos. En otras palabras, la amabilidad tiene un impacto que trasciende la vida misma. Nos hace ser queridos y respetados en el presente, y cuando morimos, dice Séneca, se nos recuerda con cariño.

A mí esto de Séneca «de lo que piensen de mí» me da absolutamente igual, porque una vez que haya muerto no me voy a enterar. Pero sí me importa en otro sentido, en el de que el recuerdo pueda servir de ejemplo positivo para las personas que me han conocido. Séneca parece sugerir que la amabilidad es una forma de legar algo positivo, una huella emocional que permanecerá incluso después de la muerte:

¿Por qué no disfrutas más bien de tu breve vida y la aseguras tranquila, tanto para ti como para los demás? ¿Por qué no te vuelves más bien amable con todos mientras estés vivo, añorable cuando hayas muerto?

(*Sobre la ira* III)

Así que lo que nos dice Séneca es que la amabilidad no solo hace bien a los demás, también te beneficia a ti mismo. Ser buena gente, en realidad, es la forma más inteligente de vivir en paz contigo mismo. ¡Y, de paso, haces que el mundo sea un lugar más agradable! Porque, al final del día, ser un borde con la gente no le hace a uno más fuerte ni más importante, lo que hace es demostrar que es una persona muy infeliz, muy desgraciada.

EL ERROR DE LA AMABILIDAD ESTRATÉGICA

Hay unos cuantos cuya amabilidad es puramente estratégica. Desde el momento en que se levanta, esta persona no busca ser amable o bondadosa por sí misma, sino que su objetivo es complacer a los demás por conveniencia, por interés. Ya Epicteto avisa contra esos que necesitan las opiniones de los demás:

> Más de uno, desde que se levanta al alba, busca a quién saludar cuando salga de casa, a quién decirle una palabra amable, a quién enviar un regalo, cómo agradar a alguien portándose mal con otro.

> (*Disertaciones* IV)

Epicteto critica un comportamiento que, aunque podría parecer amable, en realidad se basa en la búsqueda de aprobación, favores y conexiones sociales superficiales. La amabilidad no está relacionada con la necesidad de ser aceptados por otros, eso demuestra falta de autoestima, falta de confianza en uno mismo y es una fuente de infelicidad. Disfruta de la amabilidad sin intereses.

EL LIDERAZGO DE LA AMABILIDAD

Platón, en una de las grandes obras de la cultura occidental, la *República*, explora la naturaleza de la justicia y el concepto de «ciudad ideal» —*kallípolis* en griego; esto lo dices en griego en una conversación y quedas genial— en un diálogo entre Sócrates y Glaucón. Los guardianes son una clase especial dentro de esta sociedad ideal, encargados de proteger y gobernar la ciudad, y una de las virtudes que Sócrates (que es la voz de Platón en el diálogo) reclama para ellos es la de... ¡la amabilidad!:

> Eso no se puede afirmar con tanta confianza, mi querido Glaucón. Solo podemos sostener lo que acabamos de decir, a saber, que es necesario que los guardianes cuenten con la educación correcta,

cualquiera que esta sea, si han de tener al máximo lo posible para ser amables entre sí y con aquellos que estén a su cuidado.

(*República* III)

Los guardianes deben ser valientes y fuertes para defender la ciudad, pero también amables y justos para mantener la armonía interna y gobernar con sabiduría.

El poder sin amabilidad puede derivar en tiranía y opresión, por lo que la educación debe moldear no solo las habilidades físicas y militares de los guardianes, sino también su carácter moral. Esto es Platón en estado puro: la educación como medio para formar el alma y el carácter. La amabilidad entre ellos y hacia los ciudadanos es esencial para mantener la cohesión social y garantizar que el poder se ejerza de manera justa y benevolente.

¡Pero si es que Platón es de una modernidad total! En un mundo donde el liderazgo a menudo se asocia con la fuerza y con la brusquedad, Platón nos recuerda que la amabilidad y la educación ética son absolutamente necesarias. Los líderes deben ser formados para ser empáticos y justos.

Porque la amabilidad no es señal de debilidad, sino de verdadero liderazgo y fortaleza moral. Al promover líderes que sean amables entre sí y con aquellos que están a su cuidado se construye una sociedad más justa, cohesionada y próspera. Y, por tanto, podremos ser felices.

SER AMABLE SIN SER EMPALAGOSO

Como todo, nada en demasía. Aristóteles, en su *Ética a Nicómaco*, dedica a la amabilidad, o a lo que él llama «el término medio en las interacciones sociales», el capítulo VI completo. Esto es muy bueno: la amabilidad de la que habla Aristóteles no tiene el mismo nivel de intimidad o afecto que la amistad. Es una forma de tratar a todos de manera justa, sean conocidos o desconocidos, sin dejarse llevar por el amor u odio hacia las personas:

Pues actuará de igual manera con los desconocidos y con los conocidos, con los íntimos y con los que no lo son, pero, en cada caso,
como es adecuado, pues uno no debe mostrar el mismo interés por
los íntimos que por los extraños.

Para Aristóteles, el ideal es encontrar un equilibrio entre dos
extremos: la obsequiosidad (el exceso de complacencia) y ser
desagradable (la falta de amabilidad). La amabilidad, según él,
consiste en actuar de manera apropiada en las relaciones con los
demás, siendo agradable y cordial, pero sin llegar a ser servil o
adulador ni caer en la grosería o la brusquedad.

Y es que hay quien se pasa, y más que amable es empalagoso. En esto, como en todo, el principio clásico del punto medio:
nada en demasía. Ya lo dice Aristóteles: la amabilidad es la
capacidad de agradar y ser simpático con los demás, pero sin
excesos:

> Respecto del que se complace en divertir a los otros, el término
> medio es gracioso y la disposición, gracia; el exceso, bufonería, y el
> que la tiene, bufón; y el deficiente, rústico, y su disposición, rusti-
> cidad. En cuanto al agrado en las restantes cosas de la vida, el que
> es agradable como se debe es amable, y la disposición intermedia,
> amabilidad; el excesivo, si no tiene mira alguna, obsequioso, si es
> por utilidad, adulador, y el deficiente y en todo desagradable, quis-
> quilloso y malhumorado.

(Ética a Nicómaco II)

El concepto clave aquí es el justo medio, que es un principio
fundamental en la ética aristotélica y en el estoicismo, en el mundo clásico en general. El término medio es lo ideal, y en este
caso, la persona «graciosa» es la que sabe divertir y ser amena sin
exagerar. En cambio, si uno se pasa de la raya, se convierte en un
bufón, es decir, en alguien que intenta divertir a los demás de
manera exagerada o torpe. Por otro lado, quien se queda corto y
no logra ser mínimamente agradable, es una persona que carece
de habilidades sociales básicas (conozco unos cuantos, muy pre-

parados, muy inteligentes pero que necesitan estas habilidades sociales, y, claro, no les va bien profesionalmente).

Cuando se trata de agradar en otros aspectos de la vida, Aristóteles describe al amable como aquel que encuentra el equilibrio. Sin embargo, cuando se es demasiado agradable sin razón, esta persona busca la aprobación sin medida, o incluso es aduladora si busca obtener algo a cambio. En el extremo opuesto, la falta de amabilidad o agrado hace que la persona se vuelva quisquillosa o malhumorada, es decir, alguien desagradable y difícil de tratar.

Aristóteles reconoce que no podemos tratar a todos de la misma manera, y no se espera que tengamos el mismo nivel de atención o afecto por un íntimo amigo que por un extraño. Sin embargo, debemos ser justos y amables en el trato con todos:

> Será igual de amable con los desconocidos y con los conocidos, con los íntimos y con los que no lo son, pero, en cada caso, como es adecuado, pues uno no debe mostrar el mismo interés por los íntimos que por los extraños.
>
> (*Ética a Nicómaco* IV)

Lo interesante de este enfoque es que Aristóteles nos muestra que para ser feliz no hay que caer en los extremos, ni siquiera en las cosas buenas. Ser amable es importante para las relaciones sociales y para la convivencia, es importante para uno mismo, pero sin cruzar la línea que le hace a uno empalagoso. Es un recordatorio de que ser amable tiene que ver con la autenticidad y el respeto, tanto por uno mismo como por los demás.

En una de las mejores secciones de la prensa española, «La Contra» de *La Vanguardia*, recuerdo una entrevista con David Hamilton, doctor británico en Química Orgánica, titulada «Ser amable reduce la depresión, la ansiedad, el estrés y rejuvenece». Hamilton ha estudiado cómo las pequeñas acciones de amabilidad diarias generan cambios químicos en nuestro cerebro. Sin conocer la oxitocina, los clásicos ya tenían muy clara la necesidad de la amabilidad para ser felices.

LA AMABILIDAD ES UN ACTO DE VALENTÍA

Ahora, la pregunta del millón: ¿cómo ser amable con quien no lo es? Ya lo he dicho antes. No es fácil ser amable con alguien que no lo merece o que nos ha tratado mal. Se necesita coraje para no responder con la misma moneda, para mantener la calma y, en lugar de devolver un desplante o negar el saludo, ofrecer una sonrisa o una palabra amable. En esos momentos es cuando la amabilidad se convierte en un acto de verdadera fortaleza emocional, en un acto de valentía.

Ser amable con los demás no es sencillo, pero el impacto que tiene en nuestra propia vida es incuestionable. Ser amable no es solo algo que hacemos por el otro, sino algo que hacemos por nosotros mismos. Cada pequeña acción amable nos construye por dentro, generando una cadena de efectos positivos en nuestro cuerpo y en nuestra alma. La amabilidad es, como diría mi amigo More, un superpoder. La fortaleza de la amabilidad.

15
HAZ UN FAVOR SIEMPRE QUE PUEDAS

«¿Tú te crees que me ha dicho que no tiene tiempo, después del favor que le hice? ¡No voy a hacer ningún favor más en la vida a nadie!».

Irene estaba desconsolada. Es funcionaria de la Seguridad Social en Zaragoza, y un amigo común, Alberto, que estudió con nosotros en el colegio y ahora tiene un taller mecánico —es el que más dinero gana de los que fuimos a clase—, le pidió hace unos meses que le mirase su cotización para ver cómo le afectaría la jubilación. Irene se lo preparó todo.

Con la dedicación y minuciosidad que la caracteriza, Irene se puso manos a la obra —es una máquina—. Revisó papeles, sacó cuentas y preparó un informe detallado para que Alberto pudiera entender todas las implicaciones de su futura jubilación. No solo era un favor, era su manera de mostrarle a su amigo que estaba allí para él, que podía contar con ella.

A las pocas semanas Irene tenía un viaje a los Pirineos (esa parte del paraíso). Llevaba meses planeándolo: una escapada en otoño a la montaña, el lugar perfecto para desconectar del trabajo. Sin embargo, a pocos días de partir, su coche comenzó a darle problemas. El motor hacía un ruido extraño, y ella sabía que no podía posponer la reparación si quería que el coche aguantara el viaje a Benasque.

Llamó a Alberto, pero su respuesta la dejó helada:

—Irene, lo siento, tengo el taller lleno esta semana. No puedo meterte en la lista, tengo todos los huecos ocupados con otros trabajos ya agendados.

—Pero Alberto, por favor, hazme un hueco para revisarlo, no me atrevo a ir con este ruido en el motor.

—Imposible, lo tengo todo a tope.

—Pero, hombre, seguro que quince minutos puedes sacar para echarle un vistazo.

—Es que no tengo hueco, no puedo.

Después de unos segundos de silencio, porque no sabía qué decir, Irene se despidió y colgó el teléfono con una mezcla de sorpresa y decepción. No esperaba que Alberto le regalara el arreglo, ni mucho menos, pero al menos esperaba un esfuerzo por su parte para ayudarla, quizás reacomodar algún trabajo o quedarse un día media hora más en el taller. Después de todo, ella había estado ahí para él cuando necesitó ayuda con su futura jubilación, dedicando su tiempo sin pedir nada a cambio. Pero ahora, cuando ella le pedía algo, no encontró en él ni el más mínimo intento de corresponderle.

La frustración se apoderó de Irene. No era tanto el hecho de que tendría que buscar otro taller a última hora, sino la sensación de que el favor que le había hecho no había servido para nada. Finalmente, Irene encontró otro taller en el que pudo arreglar su coche a tiempo para el viaje. Es cuando me llamó, entre decepcionada y cabreada.

Se dio cuenta de que no todas las relaciones son iguales, y que no siempre recibirás de vuelta los favores que haces. Yo se lo dije: hacer favores no es fácil, y no hay que esperar nunca nada a cambio.

Pero si ya nos avisa de esto Marco Aurelio, que era muy partidario de hacer favores:

Cuando hayas hecho un favor y otro lo haya recibido, ¿qué tercera cosa andas todavía buscando, como los necios?

(*Meditaciones* VII)

Dos mil años tiene esta gran verdad de la vida. Este texto de Marco Aurelio se conecta con la experiencia de Irene y la decepción que sintió cuando Alberto no quiso hacerle el favor. Marco Aurelio nos ofrece una reflexión que va directa al corazón de esa frustración: ¿por qué buscamos ese reconocimiento, esa gratitud, como si fuera un tercer elemento necesario?, ¿por qué esperamos que nos devuelvan un favor?

Marco Aurelio nos invita a reconsiderar nuestras expectativas. Nos recuerda que hacer un favor debe ser un acto completo en sí mismo, una acción que no necesita de recompensas ni de reciprocidad para tener valor. Sin embargo, en la realidad cotidiana, como en el caso de Irene, es fácil caer en la trampa de esperar que los demás respondan de la misma manera cuando necesitamos su ayuda y, cuando no lo hacen, eso nos produce una enorme desdicha. A mí me pasa también, claro, y me siento muy agraviado.

Por eso leo a los clásicos, porque me ayudan a encontrar mi bienestar emocional. Algo que pasa, primero, por darse cuenta de que los favores los haces por ti mismo. Y, en segundo lugar, porque no debes esperar nada a cambio. Si lo esperas, no es que corras el riesgo de ser infeliz, es que con toda la seguridad lo serás.

Irene, al ayudar a Alberto, no buscaba un reconocimiento inmediato —que hubiera sido un detalle, por cierto; no sé, unas flores, que le encantan a nuestra amiga—, pero sí esperaba, como cualquiera de nosotros, que la amabilidad y el esfuerzo que había puesto en ayudarle fueran correspondidos cuando ella misma se encontrara en una situación de necesidad. Y cuando eso no sucedió la decepción fue inevitable.

Entonces, ¿hay que pensar, como Irene, que nunca más haremos favores? ¡No es eso! El propio Marco Aurelio nos lo advierte:

Nadie se cansa de recibir favores, y la acción de favorecer está de acuerdo con la naturaleza. No te canses, pues, de recibir favores al mismo tiempo que tú los haces.

(Meditaciones VII)

Hacer favores es reconfortante. Y no pensemos en alguien conocido. Hacer favores a gente que no conocemos. Un pequeño gesto, como ceder un asiento en el bus o en el tren. Volvíamos de una boda en A Coruña y nos habían dado asientos separados a Mayte —mi santa esposa— y a mí; estábamos entrando en el vagón y le preguntamos a la mujer que tenía el asiento contiguo que si nos lo cambiaba y dijo que no, que quería su sitio. Un chaval que estaba en la fila de atrás se ofreció y nos lo cambió. Estoy seguro de que la mujer aquella era una infeliz con muchos problemas y que el chico era un tipo feliz.

Hacer un favor no solo es la satisfacción de haber ayudado a alguien; es algo más profundo, casi como si, al hacer un favor, nos estuviéramos ayudando a nosotros mismos. Es como un chute de felicidad directo a las venas. A ver, no todos podemos ser san Francisco de Asís —ni todos podemos ser grandes empresarios ni todos podemos ser santos—, pero eso no justifica ser el egoísta que nunca hace un favor.

Somos imperfectos, nos cabreamos y nos jode mucho que no nos devuelvan un favor; por eso tenemos que entrenarnos mentalmente en lo que dice Marco Aurelio y no esperar nada a cambio. Como esto es muy difícil, si esperamos algo a cambio debemos tener asumido que seguro que nos decepcionaremos alguna vez.

Obviamente, como no somos santos, no vamos a hacer favores de forma indiscriminada; se trata de hacerlos según qué favores y según a quién. Pero hacerlos es algo natural, y al hacerlos estamos en sintonía con nuestra verdadera esencia humana, como dice Marco Aurelio. Pero, dicho esto, debemos centrarnos en la acción misma y no en lo que venga después. Y debemos entrenarnos para no esperar nada a cambio, porque si lo esperamos seremos infelices.

¡QUÉ DIFÍCIL ES HACER UN FAVOR!

En el capítulo 24 de su diálogo *Sobre la vida feliz*, Séneca insiste en la misma idea. Asegura que (esta frase es genial):

Hacer un favor no es un asunto fácil, entraña muchísima dificultad.

Y se refiere al hecho de «dar», a la generosidad, algo que requiere, afirma Séneca, sabiduría, discernimiento y estar libre de expectativas, como lo tiene que estar el hacer favores:

> Este asunto entraña muchísima dificultad, al menos si lo que se da se quiere hacer con prudencia, no se dilapida de forma impulsiva. A este le ayudo, de este otro me compadezco; a aquel lo proveo; a algunos se lo ofreceré, a otros incluso se lo haré coger. No puedo ser negligente en este asunto; nunca hago más inversión que cuando doy. «¿Cómo? —me dices—. ¿Que tú das para recibir?».

Es buenísima la frase de Séneca. No hay que hacer favores o ser generoso pensando en recibir. Como dice Borges, «solo tenemos lo que hemos dado».

Séneca también nos advierte contra la tentación de dar para recibir algo a cambio, destacando que la verdadera generosidad es aquella que no espera retribución: «Que tu favor quede puesto del mismo modo que un tesoro profundamente enterrado».

Este principio estoico es fundamental —me da igual que sea estoico o epicúreo, lo importante es que nos ayuda para ser felices—: debemos hacer favores con la conciencia de que no siempre serán correspondidos, y debemos estar en paz con eso. Dar por el simple hecho de ayudar, y no por lo que podamos recibir en retorno: «nunca hago más inversión que cuando doy» es una forma de preservar nuestra tranquilidad mental:

> ¿Tú das para recibir? Más bien para no perder: que la donación se haga de manera que ni se reclame ni se restituya. Que tu favor quede puesto del mismo modo que un tesoro profundamente enterrado, que no hay que desenterrar.

Séneca nos recuerda más adelante que la generosidad y el acto de hacer favores no deben estar restringidos por la posición social o la expectativa de reciprocidad. «Donde quiera que haya un ser humano, hay una oportunidad para ser generoso». Esto sugiere que el valor de un favor no reside en a quién se le da o lo que se espera a cambio, sino en el simple hecho de contribuir al bienestar de otro ser humano, y eso nos hace —y es verdad— más felices.

Séneca defiende que, si tienes dinero, podrás practicar más la generosidad y hacer más favores. Pero también subraya la idea de que tener recursos —sea cual sea su naturaleza— implica una obligación moral: la de utilizarlos para el bien de los demás. Si tenemos algo en abundancia —dinero, tiempo, conocimiento o influencia— estamos en una situación privilegiada para ayudar a otros, y esto nos brinda numerosas ocasiones para hacerlo:

> ¿Qué? La casa misma de un hombre rico, ¡cuántas ocasiones presenta para obrar bien! Pues, ¿quién apela a la generosidad para los togados tan solo? La naturaleza me ordena ayudar a los hombres. Que estos sean esclavos o nacidos libres o hijos de libertos, de libertad legalizada o concedida entre amigos, ¿qué más da?

El verdadero valor de lo que tenemos se mide por cómo lo utilizamos para el beneficio de otros y no solo para nosotros mismos. Por eso no entiendo a quienes critican cuando alguien que ha ganado mucho dinero honradamente, con su trabajo e inteligencia, hace una donación, como Amancio Ortega. Demuestran, más allá de su sectarismo político, que no tienen —diría Séneca— un equilibrio emocional.

Y termina Séneca esta recomendación estoica con esa reflexión maravillosa:

> Donde quiera que hay un hombre, hay lugar para el favor.

Que coincide con la de Marco Aurelio: «La acción de favorecer está de acuerdo con nuestra naturaleza».

Tanto Séneca como Marco Aurelio nos recuerdan que tanto dar algo como hacer favores son acciones naturales y necesarias. Irene, a pesar de su decepción con Alberto, no debe cansarse de hacer favores, porque esa generosidad es parte de su naturaleza y de la naturaleza humana en general. Al mismo tiempo, tampoco debe sentirse mal por haber esperado recibir ayuda, porque eso también forma parte de las relaciones humanas. Lo importante es mantener este equilibrio con serenidad, sin expectativas desmesuradas y con la sabiduría de aceptar lo que viene, sea en forma de favor o de indiferencia.

La clave está en no caer en la frustración cuando no nos devuelven el favor. La lección es doble. Por un lado, debemos seguir haciendo favores porque eso es parte de lo que significa vivir en comunidad y actuar de acuerdo con nuestra naturaleza humana. Por otro lado, no debemos sentirnos culpables o incómodos cuando nos toca a nosotros recibir ayuda, porque eso también es natural y necesario. Porque esa es otra cuestión, hay quienes, por soberbia, prefieren morir antes que pedir un favor.

Hacer favores nos une. Es un recordatorio de que no estamos solos en este viaje. Así que, cuando sientas que el mundo va demasiado rápido, que todo es caos y prisas, detente un momento. Mira a tu alrededor. Alguien podría necesitar tu ayuda. Y al ofrecerla no solo estarás haciendo un favor, estarás tejiendo un lazo invisible que te conecta con los demás y con la mejor versión de ti mismo. Los clásicos lo tenían muy claro: siempre que puedas, hazte el favor de hacer un favor.

16
SIN RUMBO NINGÚN VIENTO ES FAVORABLE: LA NECESIDAD DE TENER OBJETIVOS

En el siglo I, nuestro Séneca —era de Córdoba— resume, de manera magistral, que hay que tener objetivos en la vida. La frase exacta es mucho más bonita, porque utiliza la metáfora de la nave (la escribo en latín porque es de las que hay que aprenderse):

> *Ignoránti quem portum petat nullus suus ventus est.*
> Para quien no sabe a qué puerto se dirige, ningún viento es favorable.

(Cartas a Lucilio 71)

Esta frase de Séneca tiene muchas enseñanzas. Primero, ofrece la metáfora de la vida como viaje. Y es verdad, así es, la vida es un viaje. Buscamos siempre la zona de confort, y está bien, claro, pero la vida no es estar encerrado en un cuarto —te convertirías como el Gregorio Samsa de *La metamorfosis* de Kafka, en un insecto—, ¡qué va!: la vida es un viaje. «Caminante, no hay camino, se hace camino al andar», escribió el gran Machado.

Y, en segundo lugar, por eso precisamente hay que saber adónde vamos. Ese es el gran mensaje que nos traslada Séneca: hay que marcarse objetivos claros en la vida. Objetivos claros… y graduales: poco a poco.

Marcarse objetivos realistas no significa no aspirar a más. Significa ser inteligentes y estratégicos con nuestras aspiraciones. Si queremos mejorar nuestra condición física no tiene sentido proponernos correr una maratón la semana que viene si nunca hemos corrido antes. En su lugar, debemos empezar por correr unos minutos cada día —ni un día sin una línea— e ir aumentando gradualmente la distancia y la intensidad. Así, cada pequeña mejora nos motivará a seguir adelante.

En la vida se trata de gestionar expectativas. Si entendemos nuestras limitaciones y capacidades podemos establecer metas que nos sirvan como estímulo y como desafío, pero que también sean alcanzables. Esto nos permitirá experimentar la satisfacción de lo que hemos logrado, manteniendo nuestra motivación y evitando la frustración.

Y es que, sin objetivos (pero sin objetivos abarcables, realizables —recuerda lo de la maratón—), nuestros esfuerzos serán en vano: no llegaremos a ningún sitio. Además, «los esfuerzos inútiles conducen a la melancolía» (frase que se atribuye a un montón de escritores y cuyo autor real no he conseguido localizar).

Que lo intentemos no quiere decir que lo consigamos, pero si no nos marcamos unos objetivos realistas *ningún viento nos será favorable*.

En nuestra vida diaria es fácil dejarnos llevar por la corriente, responder a las demandas inmediatas y perder de vista nuestros verdaderos objetivos. Lo vamos postergando, nos engañamos a nosotros mismos al decirnos «Ya lo haré, ahora no puedo, pero lo haré». Y así pasan los días, y las semanas, y los meses…

Es la famosa procrastinación —palabra que es latín en estado puro, por cierto—, es decir, dejarlo todo para mañana. Un mañana que nunca llega. Para evitar esto necesitamos los hábitos, las rutinas, la disciplina (lo contamos en «Ni un día sin una línea»).

Marco Aurelio también habla de la importancia de tener objetivos en la vida:

No te arrastren los accidentes exteriores, procúrate tiempo libre para aprender algo bueno y cesa ya de girar como un trompo. Deliran también, en medio de tantas ocupaciones, los que no tiene blanco hacia el que dirijan todo su impulso y, en suma, su imaginación.

(*Meditaciones* II)

Y en otro momento de su obra insiste:

Ninguna acción debe emprenderse al azar.

(*Meditaciones* IV)

Tener metas claras nos permite enfocar nuestros esfuerzos y recursos de manera efectiva, evitando la dispersión y la pérdida de energía en actividades que no nos acercan a nuestros objetivos.

Y para eso conviene que sigas unas pautas. En primer lugar, reflexiona sobre lo que de verdad quieres lograr. Pregúntate: ¿qué es lo que realmente quiero hacer?, ¿qué es lo que me apasiona?, ¿qué es lo que considero importante? Esta reflexión te ayudará a establecer objetivos que estén alineados con deseos más profundos. Piénsalo bien.

Después define objetivos específicos y medibles. Una meta vaga, como «quiero ser feliz», es difícil de alcanzar porque no es específica ni medible. Es una manera de engañarte a ti mismo. Tienes que establecer objetivos claros y concretos, como «quiero aprender a tocar la guitarra en seis meses» o «quiero mejorar mi salud corriendo tres veces por semana». Las metas concretas te permiten medir tu progreso y mantenerte enfocado.

Y, por último, «ni un día sin una línea». Es fundamental que cada día destines un tiempo a ello. Establece un plan de acción. Una vez que tengas tus metas definidas, desarrolla un plan de acción detallado. Divide tu objetivo en objetivos más pequeños y manejables y establece un cronograma para alcanzarlos. Esto te ayudará a mantenerte organizado y a ver tu progreso a lo largo del tiempo.

La frase de Séneca que encabeza este capítulo, sobre la necesidad de tener objetivos en la vida, está dentro de un párrafo extraordinario, que no tiene pérdida, en una de las mejores cartas de su epistolario, la 71:

Nadie, aunque tenga a mano todos los colores, logrará reproducir nada fielmente si no tiene decidido lo que quiere pintar. Fallamos muchas veces porque todos recapacitamos acerca de las partes de la vida y nadie recapacita sobre toda ella. Quien intenta disparar una flecha debe conocer su blanco, y luego dirigir y regular con la mano el disparo: fallan nuestros planes porque no tienen una meta a la que dirigirse: ningún viento es favorable para aquel que no sabe a qué puerto se dirige.

Y termina el párrafo con una frase también para recordar:

Es forzoso que el azar tenga mucho poder en nuestras vidas porque vivimos a merced del azar.

Es decir, hay que tener objetivos, pero hay una realidad inevitable: muchas cosas en la vida están fuera de nuestro control. No hay que emprender nada al azar, como dice también Marco Aurelio, pero hay que tener en cuenta que el azar o la fortuna —o como queramos llamarlo— existen. Eventos imprevistos, circunstancias fortuitas, la intervención de la suerte pueden desviar incluso los planes mejor trazados.

Hay que ser realistas y reconocer la influencia del azar. Por eso hay que aceptar lo que no podemos cambiar y enfocar nuestros esfuerzos en lo que está dentro de nuestro control. Pero, si bien es cierto que el azar juega un papel significativo en nuestras vidas, no podemos permitir que esto nos lleve a la inacción o la desesperanza. Al contrario, debemos reconocer el poder del azar mientras trabajamos para establecer metas claras y alcanzables. ¡Pero qué bueno es Séneca!

Además, ¡ojo!, hay que tener objetivos, hay que ser disciplinados, pero no hay que ser inflexibles. Si bien es crucial tener metas claras, también es importante ser flexible y adaptarse al terreno. A veces, las circunstancias cambian —¡el azar!— y, por

tanto, es necesario ajustar nuestras metas o el plan para alcanzarlas. La flexibilidad nos permite adaptarnos a nuevos desafíos y
oportunidades sin perder de vista nuestro propósito. Debemos
ser flexibles, pero teniendo claro que hay que saber adónde nos
dirigimos. Por eso hay que tener objetivos claros: sabemos hacia
dónde queremos ir y podemos enfocar nuestros esfuerzos para
llegar allí. Esta claridad nos permite aprovechar favorablemente
las circunstancias que el azar pueda traernos.

Y a la vez debemos ser flexibles ante el azar: aceptar que el
azar tiene un poder significativo nos permite ser flexibles. Cuando nuestros planes fallan debido a circunstancias imprevistas, no
debemos desanimarnos. En lugar de eso, debemos adaptar nuestras estrategias y así seguiremos avanzando hacia nuestras metas.

Imaginemos que tenemos el objetivo de mejorar nuestra condición física. Planeamos correr todos los días, pero un día
comienza a llover mucho. El azar, en forma de mal tiempo, interfiere en nuestro plan. Aquí la lección de Séneca es doble: por un
lado, debemos tener la flexibilidad para adaptar nuestro plan
(quizás entrenar en casa en lugar de correr al aire libre, ir al gimnasio si es posible); por otro, necesitamos mantener nuestro
objetivo claro para no perder la motivación (hoy no salgo a
correr, pero si mañana no llueve, ahí estaré).

Las enseñanzas de Séneca nos ofrecen una guía equilibrada
para la vida: reconoce el poder del azar, pero no permitas que te
paralice. Ten metas claras y trabaja constantemente hacia ellas,
adáptate a las circunstancias que el azar pueda colocarte en el
camino. Así no solo serás capaz de enfrentar los desafíos inespe-
rados y obstáculos, sino que también le darás más valor a lo que
haces.

En última instancia, aunque el azar puede influir en nuestros
caminos, es tener objetivos claros y nuestra capacidad para adaptarnos lo que nos permite navegar con éxito por los mares de la
vida.

Como Séneca nos recuerda, la clave está en saber a qué puerto queremos llegar manteniendo un equilibrio: tener objetivos
claros nos da la motivación para seguir adelante, incluso cuando
las cosas se ponen difíciles. La perseverancia es fundamental

para alcanzar cualquier meta significativa. Al igual que la gota de agua que perfora la piedra no por su fuerza, sino por su constancia —esta metáfora es de Ovidio—, nosotros también podemos superar obstáculos y alcanzar nuestras metas a través de esfuerzos continuos y sostenidos. Y hacerlo sabiendo que hay ser flexibles. Flexibles y perseverantes, sabiendo a qué puerto queremos llegar.

Thomas Edison, el famoso inventor de la bombilla, es un ejemplo perfecto de alguien que tenía metas claras y la determinación para alcanzarlas. Edison experimentó con miles de materiales y métodos antes de encontrar la combinación correcta para la bombilla eléctrica. Cada fracaso fue una lección que lo acercó un poco más a su objetivo final. Su perseverancia es un modelo.

Fernando Savater encabeza una de sus obras principales, el *Diccionario filosófico*, con un diálogo genial de los geniales hermanos Marx:

> GROUCHO: Rápido, démonos prisa.
> CHICO: Pero si no vamos a ningún sitio…
> GROUCHO: Por eso, acabemos cuanto antes.

El diálogo tiene el toque humorístico y absurdo de los hermanos Marx, pero es toda una declaración de principios. Por algo lo menciona Savater al comienzo no de una obra cualquiera de las suyas, sino del *Diccionario filosófico*. La frase subraya la idea de que apresurarse sin una dirección clara no solo es inútil, sino también ridículo. Es la misma idea que Séneca plantea de manera más seria. Groucho y Chico se encuentran en una situación absurda: se apresuran sin saber a dónde van, y su prisa se vuelve aún más ridícula por la falta de un destino. Este diálogo cómico refleja una crítica irónica a la prisa y la falta de dirección que caracterizan muchas de nuestras acciones cotidianas.

Aunque expresadas en contextos muy diferentes, las citas de Séneca y de Savater coinciden en un mensaje común: la necesidad de tener objetivos. La prisa sin un objetivo claro, como la ilustrada por los hermanos Marx, es tan inútil como navegar sin un puerto de destino, según Séneca. La comedia de los hermanos Marx y la filosofía estoica de Séneca nos advierten contra la inutilidad de los esfuerzos sin sentido y nos animan a tener objetivos.

La clave está en reflexionar sobre lo que realmente queremos, de forma realista, estableciendo metas específicas y medibles, desarrollando un plan de acción, y siendo flexibles y resilientes en nuestro camino. Sin objetivos ningún viento será favorable. Eso no quiere decir que lo consigamos, pero sin objetivos no lo conseguiremos. En absoluto. Los clásicos lo tenían muy claro.

17
NI UN DÍA SIN UNA LÍNEA: EL PODER DE LOS HÁBITOS

Desde esa memez de «Se necesitan 21 días para formar un hábito» hasta los innumerables libros y charlas de los llamados *coachs* sobre la creación de rutinas diarias efectivas, parece que todos están de acuerdo en una cosa: la clave del éxito radica en la constancia. Cuando digo «éxito» me refiero a lograr algo, no a ganar unos juegos olímpicos.

Los clásicos tenían muy claro el poder de los hábitos y de las rutinas.

La frase, genial, *Nulla dies sine línea*, la escribe Plinio el Viejo en su *Historia natural* —la Wikipedia de la época— y la pone en boca de uno de los grandes artistas de la antigüedad, el pintor griego Apeles.

Apeles era recordado no solo por su talento, sino por su absoluta dedicación a su arte —era el Goya, el Picasso del mundo griego—. Según Plinio, Apeles nunca dejaba pasar un día sin pintar al menos una línea, una práctica que le permitió perfeccionar su técnica continuamente:

Apeles, que nunca estuvo tan ocupado que no pudiera pintar al menos unas líneas, ciertamente con esta diligencia añadía cada día algo al perfeccionamiento de su arte, diciendo que no se debe dejar pasar ni un solo día sin una línea.

(*Historia natural* 35)

Por cierto, que en latín la palabra *línea* originalmente significaba una cuerda o hilo hecho de lino. Tiene la misma etimología que *linum*, 'lino' (como digo en *Latín Lovers*, «hablamos latín sin darnos cuenta»). Con el tiempo, el término evolucionó para referirse a cualquier línea o trazo recto, como una línea dibujada —la del pintor Apeles— o una línea de escritura. Este uso se extendió a muchas lenguas modernas con significados relacionados con líneas, tanto físicas como conceptuales. Y ya que estoy explicando la frase, el castellano *día* es masculino, pero en latín *dies* es femenino, por eso va con el adjetivo *nulla*.

«Ni un día sin una línea» recoge una verdad eterna sobre la importancia de la constancia y la práctica. Hoy en día, los gurús de la autoayuda y los motivadores contemporáneos parecen haber descubierto la pólvora al insistir en la necesidad de establecer hábitos para alcanzar el éxito. Pero ¡vaya sorpresa!, ya lo decían los clásicos, que lo tenían muy claro: la perseverancia marca el camino para conseguir algo.

Volviendo a la idea del hábito diario de Plinio. No importa cuál sea tu objetivo —escribir, aprender un nuevo idioma, tocar un instrumento musical, aprender a cocinar o mejorar tu condición física—, la clave está en hacer algo, por pequeño que sea, todos los días. Aunque no te apetezca. Como dice mi amigo More cuando salimos a correr, no nos apetece correr, pero corremos sin ganas.

Es curioso pensar en cómo los expertos modernos en productividad y desarrollo personal parecen haber descubierto esta «nueva» fórmula para el éxito. Muchas personas asisten a seminarios costosos, compran los últimos libros de autoayuda y siguen a *influencers* en redes sociales, todo para escuchar que la clave está en la constancia y en hacer pequeñas cosas cada día. ¡Esto ya lo defendía Plinio!

La verdadera transformación ocurre cuando haces de los hábitos de trabajo una parte integral de tu vida. Los hábitos no solo te ayudan a alcanzar tus objetivos; también conforman tu carácter y fortalecen tu disciplina (y esto es muy importante). ¿Cómo hacerlo?

En primer lugar, establece objetivos claros y asequibles: define lo que quieres lograr. Planifica. Ningún viento es favorable a aquel que no sabe adónde va.

Después, crea una rutina diaria: dedica tiempo cada día a trabajar en tus metas. Incluso unos pocos minutos diarios marcarán una gran diferencia a lo largo del tiempo.

También tienes que ser perseverante: la perseverancia es más importante que la intensidad. Es mejor trabajar un poco cada día que hacer mucho un día y nada al siguiente.

Y, por último, evalúa tu progreso: cada semana revisa lo que has logrado y ajusta tu planificación según sea necesario. Aprende de tus errores y celebra lo que has avanzado.

Los hábitos y las rutinas están respaldados por la ciencia. La repetición diaria de una actividad refuerza las conexiones neuronales en nuestro cerebro, haciendo que la tarea se vuelva más fácil y automática con el tiempo. Esta «neuroplasticidad» es lo que nos permite aprender y mejorar en cualquier actividad. Los clásicos no habían investigado en neurología —la humanidad ha empezado a investigar en esto hace unos pocos años— pero lo tenían muy claro: ni un día sin una línea.

Muchos estudios han demostrado que los hábitos forman una parte crucial de nuestra vida cotidiana. Más del 40 por ciento de nuestras acciones diarias no son decisiones conscientes, sino hábitos. Al establecer rutinas positivas podemos dirigir nuestra vida hacia el éxito casi de manera automática. Los hábitos y las rutinas son los ladrillos con los que construimos nuestra vida. Cada línea que trazamos, cada acción que repetimos nos lleva un paso más cerca de nuestro objetivo. Así que sigue adelante, y asegúrate de que no pase ningún día sin tu «línea».

Dedicando cada día tiempo a nuestro objetivo podremos aprender un idioma, tocar un instrumento o hablar en público.

No seremos perfectamente bilingües, pero sí podremos manejarnos en el idioma que estudiemos.

No seremos Mozart, pero podremos defendernos al tocar un instrumento.

Has dicho… ¿hablar en público? ¡Sí! Yo doy clases de eso en la universidad. De hablar en público, quiero decir, de oratoria, no de música. Hablar en público es una habilidad que muchos admiran, pero que pocos creen poder dominar. Sin embargo, es una pura técnica que se puede aprender (esto es otro libro).

Empieza con pequeños pasos: léete a Cicerón o a Demóstenes, estudia las partes de la oratoria, practica tu discurso frente al espejo, grábate para identificar tus puntos fuertes y débiles, y aprovecha cualquier oportunidad para hablar en público; no se trata de que vayas de Churchill por la vida, pero no dejes pasar ninguna oportunidad. Con cada paso, ganarás confianza y habilidad. La clave está en la práctica diaria y la disposición a mejorar continuamente. Ni un día sin una línea. Eso no lo vas a conseguir si te tiras en el sofá a ver la tele.

Hay que ser también conscientes de que hay cosas que no podrás conseguir si no tienes un don, por mucho que practiques, y son las que están relacionadas con la creación: ser un poeta, un pintor, un compositor… Eso son dones de los dioses.

Pero a través de la práctica diaria y la dedicación, puedes desarrollar otras habilidades que antes parecían inalcanzables. Cada día es una oportunidad para dar un paso más hacia tus objetivos. Recuerda siempre que la perseverancia marca el camino, y que ningún día debe pasar sin que hayas estudiado, leído o practicado un rato. Ni un día sin una línea.

Antes que Plinio, otro autor latino, Ovidio —un poeta delicioso— había escrito en una de sus obras, señalando en la misma dirección:

Gutta cavat lápidem, non vi, sed saepe cadéndo.
La gota perfora la piedra, no por la fuerza, sino por caer sin parar.

(*Cartas desde el exilio* IV)

La imagen de una gota de agua que, con el tiempo, perfora una enorme piedra, es una metáfora perfecta y maravillosa de cómo las pequeñas acciones de cada día valen más que una acción grande pero esporádica. Esta metáfora subraya una gran verdad: la perseverancia es una fuerza poderosa, capaz de lograr lo que parece imposible. En un mundo como el nuestro, acelerado, que valora la gratificación instantánea y los resultados rápidos, se subestima el valor de la constancia. Insisto en que tocar un instrumento musical o aprender un nuevo idioma no se logran de la noche a la mañana. Requieren práctica diaria, enfrentarse a desafíos y superar obstáculos. Es la acumulación de estos pequeños esfuerzos lo que finalmente conduce al dominio del tema. La gota que perfora la piedra.

Una vez marcados los objetivos tenemos que disciplinarnos en cumplirlos, como la gota que perfora la piedra. Solo por establecerlos y por trabajar cada día no los vamos a conseguir. Cernuda tituló uno de sus libros de poesía *La realidad y el deseo*. Y es que solo por desear algo no lo vamos a conseguir. De esta confusión surge mucha infelicidad.

La sociedad contribuye a confundir deseo y realidad cuando habla de memeces como «Todos nuestros sueños pueden hacerse realidad si tenemos el coraje de perseguirlos». Esta me la cascaron en una felicitación para el Año Nuevo. Es una estupidez supina que no vale ni como fórmula de cortesía. Por desear algo —dando por hecho que sea bueno— no vas a conseguirlo. Hay que trabajar, cada día, para alcanzar tus objetivos. Y, aun así, no es seguro que lo vayas a lograr. Pero si no lo haces cada día, lo que es seguro es que no lo conseguirás (nada de sueños cursis, sino objetivos reales).

Labor ímprobus omnia vincit. 'El trabajo agotador todo lo vence', escribió Virgilio. Es el subtítulo de un libro de More: «Consigue lo que quieras trabajando como un cabrón».

La perseverancia es fundamental en todos los aspectos de la vida. En el ámbito profesional, ya lo hemos señalado, aquellos que destacan no son necesariamente los que más talento tienen, sino los que muestran mayor dedicación. Muchos de los emprendedores que han triunfado han fracasado antes de alcanzar el éxito —esto se valora sobre todo en la cultura anglosajona, la cultura latina perdona menos el fracaso—. Lo que los distingue es su capacidad para aprender de sus errores y seguir adelante. Se aplican la frase «Cuando acierto triunfo y cuando me equivoco aprendo». Como la gota que perfora la piedra. Insistiendo cada día. Practicando cada día.

En segundo lugar, «ni un día sin una línea» se puede y debe
aplicar al ámbito personal, donde la perseverancia también juega
un papel crucial. ¿En qué sentido? Mantener relaciones sociales
requiere esfuerzo y dedicación continuos. La vida muchas veces
nos va llevando; la agenda, el trabajo, incluso la desidia nos van
llevando y no dedicamos el tiempo necesario a nuestros amigos
o familiares. Se trata de tener también una rutina diaria para las
relaciones personales, incluso cuando no tenemos ganas o nos
enfrentamos a obstáculos. No puedes ver a las personas de tu
círculo todos los días ni siquiera todas las semanas, pero sí puedes hacer una llamada o una videollamada. Es cuestión de disciplina. Y la disciplina nos ayuda a desarrollar fuerza mental y
resistencia ante la adversidad. Además, la estabilidad de los con-
tactos sociales también contribuye a nuestro bienestar emocional
y mental.

Al establecer una rutina diaria personal que incluya otras
actividades saludables, como ejercicio o meditación, reducire-
mos el estrés y aumentará nuestra sensación de satisfacción.
También para esto hay que disciplinarse.

Y, en tercer lugar, también la perseverancia, el «ni un día sin
una línea» hay que aplicarlo al descanso o al ocio. Tanto si estás
activo como si estás jubilado o, por desgracia, en paro. También
hay que tener rutinas de descanso. Y lo digo yo que tengo una
enfermedad, soy *workaholic*. No presumo de ello. Sería como
presumir de ser alcohólico. Lo estoy confesando. He dejado
muchas cosas por el camino de la vida siempre por mi adicción
al trabajo. Además, detectar un problema es la única manera de
solucionarlo. Incluso sin tener este problema —sí, sí: es un problema; ¡alucino con los que presumen de ello!—, hay que orga-
nizarse y tener rutinas y hábitos para descansar y para el ocio.
Además, como dice mi amigo Borja Carabante, «cuando estás
ocupado no se te ocurren cosas nuevas».

Imaginemos por un momento a un moderno *coach* transpor-
tado a la Roma clásica del siglo I de nuestra era (Plinio murió en
la erupción del Vesubio en Pompeya, en el año 79). Al encontrarse con el escritor y militar romano, intentaría venderle algún
curso de formación de hábitos con títulos como *25 días para el*

éxito garantizado o *Cómo dominar tu arte con diez minutos al día*. Plinio probablemente sonreiría y seguiría escribiendo su línea diaria, sabiendo que la felicidad reside en la práctica constante.

Así que la próxima vez que alguien te hable sobre la última técnica de productividad o el nuevo libro de autoayuda que promete cambiar tu vida, recuerda las palabras de Plinio sobre el famoso pintor griego Apeles: «Ni un día sin una línea». No necesitas gastar una fortuna en seminarios o libros; no pierdas el tiempo en cuentas de Instagram que venden estoicismo falso. Solo necesitas empezar hoy, con una pequeña acción diaria, y mantenerla. Aunque no tengas ganas, lo haces sin ganas, pero lo haces.

18
CÓMO EVITAR LAS INTERRUPCIONES

¿Haces un repaso diario o semanal de lo que has hecho y de cuánto te ha cundido el tiempo? Es fundamental:

> Aquel que aprovecha el tiempo sin interrupciones, aquel que organiza cada día como si fuera el último, no desea el mañana ni lo teme.

La frase es de Séneca, y te la repito debajo, ahora en latín, para que la pongas en tu ordenador:

> *At ille qui nullum non tempus in usus suos cónfert, qui ómnem diem tamquam últimum órdinat, nec optat crástinum nec tímet.*

> *(Sobre la brevedad de la vida* 7)

Esta idea me parece clave en un mundo como el nuestro en el que la procrastinación se ha convertido en un hábito común. Es una de las epidemias de nuestro tiempo, una epidemia silenciosa que consume nuestro tiempo y nuestra energía. ¿Por qué lo dejamos todo para mañana? Porque nos distraemos con todo y no aprovechamos el tiempo, así que no tenemos tiempo para nada.

Séneca entendía la naturaleza fugaz de la vida y la importancia de aprovechar cada momento. En nuestra época, la procrastinación nos ataca por muchas vías: el guasap, las redes sociales, las constantes notificaciones en el móvil o en la tableta, la irresistible atracción del sofá o el *zapping* en la tele. Todas estas distracciones nos alejan de nuestros objetivos y nos hacen perder el recurso más valioso que tenemos: el tiempo.

Procrastinar no es un fenómeno nuevo. Bueno, ni siquiera la palabra. Es latín en estado puro: en latín es *procrastinare*, formada a partir de *pro-*, 'adelante', y *cras*, 'mañana'. Es decir, significa 'dejar para mañana'. Ya en tiempos de Séneca las personas se enfrentaban a la enorme tentación de posponer lo que tenían que hacer. Con la diferencia de que, en nuestra era, las posibilidades de distracción son más abundantes y accesibles que nunca. Pero, igual que entonces, la solución está en la disciplina, en los hábitos y en la gestión consciente de nuestro tiempo.

La clave para vencer la procrastinación radica en la organización diaria y en vivir cada día con la urgencia de que podría ser el último, como escribe Séneca. Esta idea nos ayuda a apreciar más profundamente cada momento que vivimos.

Una de las enseñanzas más importantes de los clásicos, como hemos visto con Plinio sobre Apeles y su *Nulla dies sine línea*, es la perseverancia. Para combatir la procrastinación es crucial establecer objetivos claros, y dividirlos en tareas diarias manejables. No se trata de abarcar todo en un día, sino de avanzar un poco cada día, sin excusas.

¿CÓMO ORGANIZAR TUS DÍAS DE MANERA EFECTIVA?

Establece tus prioridades en función de tus objetivos: planifica la semana y la noche anterior de cada día o cada mañana, identifica las tareas más importantes que tienes que llevar a cabo.

Para organizar tu tiempo usa el «divide y vencerás»: trocea tus objetivos en tareas más pequeñas y específicas. Esto no solo hace que las metas sean más manejables, sino que también nos estimula a medida que cumplimos cada objetivo parcial.

Además, crea un entorno de trabajo libre de distracciones. Aquí entra lo que dice Séneca, «evita las distracciones». Es decir, apaga las notificaciones del móvil, establece tiempos específicos para revisar el correo electrónico y las redes sociales, y dedica bloques de tiempo ininterrumpido a trabajar en tus tareas importantes.

Necesitas tener disciplina: la disciplina es como un músculo que se fortalece con el uso constante. No es fácil. Comprométete a trabajar en tus tareas diarias sin excusas y desarrolla el hábito de hacer lo que has planificado (de forma realista y holgada), incluso cuando no tengas ganas.

Y, por último, repasa y ajusta: al final de cada día, repasa lo que has logrado y ajusta tu plan para el día siguiente según sea necesario. Toma nota de por qué no has cumplido el objetivo y celebra si lo has hecho.

VIVE CADA DÍA COMO SI FUERA EL ÚLTIMO

Séneca nos recuerda que la vida es incierta y que cada día es un regalo. Vivir con la conciencia de que cada día podría ser el último no significa vivir con miedo, sino hacerlo aprovechando al máximo nuestro tiempo. Lo expresa también de manera magistral:

> Hay que organizar cada día como si cerrara la marcha y terminara y completara la vida.

> (*Cartas a Lucilio* 12)

Esta frase no es una llamada al caos o a la imprudencia, sino a la planificación consciente de cada día. Esta mentalidad nos lleva a valorar más nuestras acciones y decisiones diarias. Nos impulsa a no postergar lo importante o, como se dice coloquialmente en castellano, a no dejar para mañana lo que podemos hacer hoy. Nos recuerda que la procrastinación es un ladrón de nuestra energía (porque nos estresa muchísimo) y que cada momento que perdemos es irrecuperable.

En el contexto de la vida moderna, la filosofía de Séneca sobre la brevedad de la vida es más relevante que nunca. ¿Cómo aplicar sus enseñanzas hoy?:

Cada día, haz un esfuerzo por repasar tus objetivos.

No te compliques la vida. A menudo, nos complicamos con demasiadas cosas y actividades. Simplifica tus prioridades y enfócate en lo que realmente importa.

Desarrolla hábitos saludables. Los hábitos diarios, como la meditación, el ejercicio y la lectura, pueden ayudarte a mantener una mente y un cuerpo saludables, lo que te permitirá aprovechar mejor tu tiempo (lo vemos en «Mens sana in córpore sano»).

Cultiva las relaciones personales. Dedica tiempo a las personas que son importantes para ti; estas relaciones enriquecen nuestra vida y nos recuerdan lo que realmente importa (lo cuento en «En pez compartido no hay espinas»).

En fin, la enseñanza de Séneca de organizar todos los días como si fueran el último es un recordatorio de que la vida es corta y que debemos aprovechar cada momento. Séneca no necesitaba seminarios costosos ni gurús modernos para entender la importancia de vivir plenamente cada día. Huye de teorías complicadas o promesas vacías. Una de las claves del bienestar emocional está en la práctica constante, en vivir y aprovechar cada oportunidad que la vida te ofrece. Los clásicos ya nos dieron las claves para una buena vida, sin necesidad de fórmulas mágicas ni promesas vacías.

19
TÓMATE UN RESPIRO,
APRENDE A DESCONECTAR

Estaba tomando plácidamente un té a la sombra de los manzanos del jardín. Habían suspendido las clases y cerrado la Universidad de Cambridge por la epidemia de peste de 1665 y él se había retirado a su casa familiar en Lincolnshire, en la costa oeste central del Reino Unido. Una manzana cayó de un árbol y le vino a la mente la pregunta: «¿Por qué la manzana siempre cae perpendicularmente hacia el suelo?».

No sabemos si le golpeó en la cabeza, como cuentan algunos, o no, pero la historia de la manzana que hizo que Isaac Newton pensara en la ley de la gravedad —por cierto, la escribe en un libro publicado ¡en latín!— es la mejor muestra de que, a veces, las ideas más brillantes no se nos ocurren cuando estamos sumergidos en el trabajo duro y constante, sino cuando nos permitimos un momento de pausa, un respiro, un poco de ocio.

En los momentos menos esperados, cuando estamos desconectados de las preocupaciones y el estrés del día a día, es cuando nuestra mente tiene la libertad de vagar, de conectar puntos que antes parecían dispares, y cuando se nos ocurren a veces las cosas.

Por eso hay que parar de vez en cuando. Esto los clásicos lo tenían muy claro. En una de sus cartas Séneca reflexiona sobre el equilibrio necesario entre el trabajo y el descanso, reclamando un ocio que no sea tiempo perdido:

> No es que te ordene siempre estar pendiente del libro o de las tablillas; algún descanso hay que conceder al alma, pero de modo que no se disipe, sino que se relaje.

(*Cartas a Lucilio* 2)

Séneca nos recuerda que el descanso no solo es necesario, sino esencial para la salud del alma, es decir, para el bienestar emocional. La clave está en cómo utilizamos ese tiempo de descanso. No se trata de no hacer nada sino de cambiar de actividad. En lugar de buscar formas de «disiparnos», deberíamos buscar actividades que nos relajen de manera constructiva.

En otra de sus cartas escribe:

> *Otium sine lítteris mors est et hóminis vivi sepultura.*
> El ocio sin la literatura es la muerte y la sepultura del ser humano vivo.

(*Cartas a Lucilio* 82)

¿Te imaginas estar en tu tiempo libre, con todas las horas del día a tu disposición, y no hacer nada que te enriquezca? Es decir, se trata de que el ocio nos sirva para tener una vida plena, que nos permita desarrollarnos personalmente, y esto nos permitirá lograr el bienestar emocional.

Otium en latín es el equivalente al griego *scholé*, es decir, 'tiempo libre', de donde viene *schola*. Es decir, el tiempo libre lo dedicaban a estudiar, pero eso también es otro libro.

Séneca incluso escribió un diálogo titulado *Sobre el ocio* del que solo se ha conservado una parte, pero suficiente para comprobar que reivindica el ocio, la necesidad de parar de vez en cuando.

No todo en la vida puede ser trabajar. En nuestra época, si no estamos ocupados parece que estamos desperdiciando el tiempo. Yo sufro también esa enfermedad, ya lo he dicho: si no estoy trabajando me siento culpable; por eso leo a los clásicos, porque me ayudan a convencerme a mí mismo de que no por meter más horas seré más productivo.

No se trata de no hacer nada, obviamente, sino de saber desconectar, de hacer otra cosa. Su amigo Sereno, al que va dirigida la obra, le había reprochado que eso era epicúreo, y Séneca en su obrita le replica que sigue el ejemplo de los maestros estoicos: un ocio con contenido.

> Igualmente es incompleto y endeble el ocio sin aprendizaje.

> (*Sobre el ocio* 6)

Es decir, hay que hacer algo que nos permita desconectar del trabajo al que nos dedicamos, pero hacerlo de forma constructiva, que nos enriquezca. Las pausas son esenciales para una vida equilibrada y productiva. No se trata de quedarnos en el sofá todo el día pasando canales con el mando a distancia a ver qué vemos —al final no vemos nada— o sumergiéndonos en el infinito del móvil. Pero tampoco hay que irse al extremo opuesto: no se trata de hacer cincuenta planes en el tiempo de ocio; hay gente que se vuelve loca y se agota haciendo muchas cosas en el tiempo libre. También me pasa eso. Tengo que esforzarme mucho para no tener un ocio «estresante».

Esto sirve también para los que se jubilan. Más de uno se encuentra con que no sabe qué hacer con su tiempo libre. Cicerón, «jubilado» de la política, reivindica el ocio con contenido, literalmente 'ocio con dignidad' (*otium cum dignitate*), para describir el ideal de una vida equilibrada, donde el ocio no es simplemente inactividad, sino un ocio con contenido:

> ¿Cuál es, entonces, la meta a la que deberían mirar y orientar su ruta los pilotos de la nave del Estado? Aquello que es lo mejor y más deseable para todos los hombres sanos, honestos y felices: *otium cum dignitate*.

> (*En defensa de Sestio* 45)

Hay muchas formas de pasar el tiempo libre. Cicerón está pensando en quienes han estado en política («los pilotos de la nave del Estado») y ya no lo están, como era su caso, pero lo podemos aplicar a cualquier actividad. Él, tras retirarse de la política, se dedicó a escribir esas dos obritas deliciosas, *Sobre la vejez* y *Sobre la amistad*, nada que ver con sus *Obras filosóficas* o sus *Discursos*. El tiempo libre, nos enseña Cicerón, ha de dedicarse a actividades que ennoblezcan a la persona (*cum dignitate*). Es que Cicerón era genial.

No podemos estar siempre «en modo trabajo». Necesitamos esas pausas estratégicas para recargar. Es como cuando dejamos el teléfono en modo avión por un rato para que la batería no se agote tan rápido. Hay que buscar ese equilibrio entre la vida laboral y la personal. Si no lo mantenemos a raya, el trabajo nos comerá. Pero nuestro ocio tiene que ser algo más que «no hacer nada». Tiene que ser algo que nos aporte, que nos inspire, que nos enriquezca.

Y aquí es donde entra el ocio con contenido: leer un buen libro, perderse en una película que te haga pensar, escuchar buena música, o meditar. Caminar es una buena forma de desconectar. El sexto volumen de las memorias de César Antonio Molina lleva un título que me encanta y que aplico: *Todo se arregla caminando*. Yo lo hago. Cuando tengo un problema, cuando tengo que tomar una decisión importante, salgo a caminar y pienso mientras.

Nada como seguir el consejo de Séneca y leer un buen libro. ¡Y porque no tenían cine! Si no, habría recomendado una buena película o el pódcast *Locos por los clásicos*, para volver de nuevo al trabajo con energías renovadas. Desconectar no es un lujo, es una necesidad.

20
EN PEZ COMPARTIDO NO HAY ESPINAS: EL VALOR DE LA AMISTAD

Los *coachs* modernos hablan de la amistad como un pilar del bienestar emocional, algo que ya los clásicos grecolatinos reivindicaban como una de las bases de una buena vida.

La frase de Demócrito que da título a este capítulo, «En pez compartido no hay espinas», es un elogio maravilloso de la amistad. Nos recuerda que los problemas de la vida se vuelven más livianos cuando no los enfrentamos solos, sino en compañía de aquellos que nos aprecian y nos apoyan. La generosidad y el compartir son esenciales en la amistad porque no solo hacen que la vida sea más placentera, sino que también nos ayudan a hacer frente a las dificultades con mayor fortaleza. La amistad, en su esencia, es un acto continuo de dar y recibir, donde incluso las espinas se vuelven imperceptibles.

Demócrito escribió muchísimo, pero de su obra solo se han conservado fragmentos, de manera que la mayor parte nos ha llegado a través de citas y referencias de otros autores.

Se le ha considerado el padre de la ciencia moderna, y es que Demócrito defendía que el universo está compuesto de átomos. De hecho, se le conoce como el atomista, teoría que desarrollarán después Epicuro y Lucrecio (pero eso es también otro libro, que tiene que ver con la religión).

Los fragmentos conservados son como tuits, frases de pocos caracteres. A través de ellos podemos deducir su pensamiento y reconstruir sus principios esenciales sobre las cosas que importan en la vida. Tiene máximas maravillosas sobre la amistad:

La amistad de un hombre sensato vale más que la de todos los necios juntos.

Y otra en la que nos advierte que no debemos dejarnos engañar por las apariencias en la amistad:

Muchos que parecen ser amigos no lo son, y otros que no lo parecen, lo son.

Por desgracia, más a menudo de lo que nos gustaría, las personas que parecen ser nuestros amigos no son amigos de verdad. Y esto nos hace muy infelices. Al contrario, puede haber personas que no consideramos como amigos, pero que en momentos de necesidad se revelan como amigos verdaderos, ofreciendo apoyo sincero y desinteresado. Esta idea refuerza la importancia de mirar más allá de la superficie y de no juzgar a las personas solo por cómo se presentan o por lo que parece a simple vista.

Demócrito nos enseña que la amistad no es un lujo, sino una necesidad para que la vida tenga verdadero significado. En un mundo donde a menudo se subestima el valor de las relaciones auténticas, esta reflexión nos anima a buscar y valorar a esos amigos verdaderos que hacen que la vida sea digna de ser vivida:

Vivir no merece la pena para quien no tiene siquiera un buen amigo.

Esta idea de Demócrito recuerda las palabras de otro gran pensador clásico que compartía esta profunda valoración de la amistad: Cicerón.

Sin amistad, la vida no vale nada

Cicerón, en su obra *Sobre la amistad*, encierra la misma esencia en una frase maravillosa:

> *Sine amicítia, nulla vita est.*
> Sin amistad, la vida no vale nada.

Cicerón escribe esta obra ya al final de su vida. En el año 43 a. C. murió asesinado por orden de Marco Antonio, ocho meses después del magnicidio de Julio César y al año siguiente de publicarla.

Cicerón, como Demócrito, reconoce que la amistad es más que un simple aspecto de la vida: es su esencia misma. Para él, una vida sin amigos es una existencia vacía, carente de color y de significado. En ambos casos, la amistad no es vista como un añadido opcional sino como el corazón mismo de la experiencia humana, aquello que da sentido y valor a nuestra existencia.

La amistad no es únicamente una relación utilitaria o placentera. Es una relación que nos eleva, nos apoya en los momentos difíciles y nos ayuda a ser mejores personas. Escribe Cicerón:

> El amigo cierto se revela en situaciones inciertas, sin embargo, en dos circunstancias se demuestra la amistad: al despreciar al amigo si las cosas te van bien, o al abandonarlo si le van mal.

En un mundo donde el individualismo y la autosuficiencia son divinizados, Cicerón nos recuerda la importancia de la vida en comunidad, de la interdependencia y de los lazos que formamos con otros. La amistad, según esta visión, no es solo una parte de la vida; es un pilar fundamental que sostiene nuestra existencia y le da sentido, en un texto delicioso:

> Quitan el sol del mundo los que quitan de la vida la amistad, mejor que la cual no nos han dado nada los dioses inmortales, ni más agradable.

Destaca la importancia suprema de la amistad en la vida humana, elevándola a un nivel casi divino. Al comparar la amistad con el sol, Cicerón sugiere que la amistad es fundamental para la existencia, tal como lo es el sol para la vida en la Tierra. El sol, que da luz y vida, es aquí un símbolo de la energía vital que la amistad aporta a nuestras vidas. Sin ella, la vida sería oscura, fría e inhóspita. ¿No es una delicia lo que dice Cicerón?

En otro momento, escribe:

> El amor, del que toma su nombre la amistad, es el origen a partir del cual se entablan los afectos.

Aquí Cicerón explora la raíz etimológica —y emocional— de la amistad, identificando el amor como la base sobre la cual se construye. En griego, la palabra para amistad, *philía*, está relacionada con el amor fraternal y afectuoso, distinto del amor romántico (*eros*). Cicerón sugiere que la amistad surge del amor, un afecto genuino y profundo que conecta a las personas.

Este amor del que habla el texto no es un amor pasional, sino un amor basado en el respeto, la confianza y el deseo mutuo de bienestar. Es la chispa que enciende el afecto entre las personas y que luego se desarrolla en una relación más profunda y duradera.

Las amistades más valiosas no son aquellas basadas en la conveniencia, sino las que surgen de un amor auténtico, del deseo de compartir y de estar presente en la vida del otro. Una de las cosas que más infelices nos hace es cuando alguien que pensábamos que era amigo demuestra no serlo y nos defrauda. Por eso hay que tener mucho cuidado de no confundir amigos con conocidos y saludados (eso lo cuento en el capítulo «Conocidos y saludados»).

Esta obrita de Cicerón sobre la amistad tiene forma de diálogo que, como dice Borges, es una de las grandes contribuciones de los clásicos a la humanidad. En ella critica el utilitarismo en la amistad, defiende que debemos sentir hacia los amigos el mismo afecto que hacia nosotros mismos, reivindica que uno es valorado por los amigos en la misma medida en que se valora a uno mismo. Escribe:

> ¿Cómo puede haber una vida digna de ser vivida que no descanse en el mutuo afecto de un amigo? ¿Qué puede ser más dulce que tener a alguien con quien atreverse a hablar de todo como con uno mismo? ¿Qué frutos habría en las situaciones prósperas si no hubiera alguien que se alegrara de ellos como uno mismo? La amistad hace más espléndidas las situaciones favorables y más livianas las adversas.

Como escribe el historiador romano Salustio:

> Querer lo mismo y no querer lo mismo, eso es, a fin de cuentas, la verdadera amistad.

(Conjuración de Catilina 20)

Suele decirse que en las desgracias se conoce a los amigos, y es verdad; pero más se les conoce en el éxito, como defiende Ricardo Moreno, no en el éxito económico sino en el éxito imposible de compartir. Ya lo escribió Oscar Wilde, con su ironía característica:

> Cualquiera puede simpatizar con los sufrimientos de un amigo, pero se requiere una naturaleza muy superior para simpatizar con el éxito de un amigo.

LOS AMIGOS QUIEREN ESTAR JUNTOS

Otro de los grandes autores clásicos que reivindica el papel fundamental de la amistad para el bienestar emocional es el filósofo griego Aristóteles. En el libro VII de su *Ética a Eudemo* dedica un extenso análisis a la amistad. La *Ética a Eudemo* es un libro práctico, para la vida —los clásicos escriben para la vida—, para ayudarnos a saber qué hacer para ser felices. Y una de las claves es la amistad. Para él, la amistad es esencial para una vida buena y feliz:

Los amigos son uno de los mayores bienes, y la carencia de amistades y la soledad es lo más terrible, porque toda la vida y el trato voluntario con los demás tienen lugar con los amigos. Pasamos nuestros días con nuestros familiares, parientes y amigos.

Una persona llega a ser amiga de otra cuando, siendo amada, ama a su vez, y esta correspondencia no escapa a ninguno de los dos. Todos encontramos compartir las cosas buenas con los amigos, en la medida en que estas le suceden a uno, y compartir el bien.

Filósofo, prolífico escritor, en realidad Aristóteles era un científico, a quien lo que le gustaba era diseccionar animales. Se nota esa mentalidad científica, porque lo que busca es «diseccionar» la amistad; como si de un animal se tratase, busca definirla. Escribe:

Debemos, pues, encontrar una definición que, al mismo tiempo, nos explique lo mejor posible, los puntos de vista sobre la amistad y resuelva las dificultades y contradicciones. Por ejemplo, si lo querido es lo agradable o lo bueno.

Para Aristóteles hay varias clases de amistad. No vive en un guindo: analiza, clasifica, divide lo que ve, y eso sí, opina. Clasifica, en concreto, tres tipos de amistad: la amistad por utilidad, la amistad por placer y la amistad por virtud. Escribe:

Existen muchas clases de amistad, ya lo he dicho, puesto que hemos definido tres sentidos en el término de amistad. Uno lo hemos definido por la virtud, otro por la utilidad y el tercero por el placer. La amistad fundada en la utilidad es la de los más. Estos aman a los otros porque les son útiles. La amistad fundada en el placer es propia de los jóvenes, pues ellos tienen el sentido del placer. Por eso, la amistad de los jóvenes cambia fácilmente, porque, al cambiar de carácter con la edad, cambia también el placer. Pero la amistad según la virtud es la amistad de los mejores.

Aristóteles se detiene en analizar científicamente estas categorías y continúa diciendo:

No hay amistad estable sin confianza, y no hay confianza sin tiempo. No hay amigos sin tiempo, sino solo un deseo de ser amigos. Como escribe el poeta Teognis: «No puedes conocer la mentalidad de un hombre o una mujer antes de ponerlos a prueba como a una bestia de carga. Los hombres son semejantes a los vinos y a los alimentos, lo agradable de estas cosas se manifiesta rápidamente, pero cuando el tiempo se prolonga, algunos se hacen desagradables y no dulces, y lo mismo ocurre con los hombres».

También afirma Aristóteles que no se puede tener un millón de amigos, al contrario de lo que cantaba Roberto Carlos. Escribe:

No se puede ser amigo de muchos al mismo tiempo, pues no es posible ser activo respecto de muchos al mismo tiempo. Es lógico querer tener muchos amigos, y se entiende querer que sean el mayor número posible, pero como esto es muy difícil la comunidad de amigos debe necesariamente reducirse a un número muy pequeño de personas, de manera que no solo es difícil conseguir muchos amigos sino también servirse de ellos cuando lo son.

Ha hablado de los tres tipos de amistad, pero después de analizarlos con detalle señala:

Parece evidente que no es por la utilidad o el provecho por lo que un amigo existe, sino que el amigo basado en la virtud es el único amigo.

Aristóteles, que defiende que la vida tiene sentido en comunidad —escribió eso tan famoso de que el ser humano es un *zoón politikón*, un 'animal social'—, reivindica este vivir en común:

Tenemos un mejor juicio sobre los amigos cuando no necesitamos nada. Es entonces, sobre todo, cuando necesitamos amigos dignos de convivir con nosotros. Es patente que la vida consiste en percibir y conocer en común. Pero percibirse y conocerse constituyen lo más deseable para cada uno, y por esto, el deseo de vivir es innato en todos, pues el vivir debe considerarse como un cierto conocimiento.

¿Qué quieren hacer los amigos? ¡Pues estar juntos! Escribe Aristóteles:

> El desear estar juntos es un signo de amistad, pues todos escogen, si es posible, estar juntos y ser felices. Y si no es posible, le deseará lo mejor al amigo. Pero nada hay tan penoso para un amigo como no ver a su amigo.

Esto lo hemos comprobado, y de qué manera, durante el confinamiento por el coronavirus.

Cultiva la amistad

Otro de los grandes pensadores prácticos del mundo clásico fue Epicuro, para quien la amistad es una de las fuentes de la felicidad. Epicuro fue uno de los filósofos más influyentes de la Grecia clásica y el fundador de la escuela filosófica conocida como epicureísmo, que tanta influencia ha tenido en la historia de la humanidad. Su pensamiento se centró en la búsqueda de la felicidad a través del placer, pero no en el sentido hedonista superficial que a menudo se le atribuye. Para Epicuro, el verdadero placer consistía en realidad en alcanzar un estado de tranquilidad y de ausencia del dolor, tanto físico como mental, lo que él denominaba *ataraxia* ('imperturbabilidad') y *aponía* ('ausencia de dolor'). Epicuro, como escribe Cargos García Gual, es «como uno de esos dioses serenos que no se alteran con irritaciones ni congojas, convirtiéndose en el legendario tipo del sabio feliz hasta el día de su muerte».

Epicuro sostiene que tenemos que ser conscientes de nuestras limitaciones, disfrutar de este regalo que es la vida y... cultivar la amistad.

> De los bienes que la sabiduría procura para la felicidad de una vida entera, el mayor con mucho es la adquisición de la amistad.

(Máximas Capitales 27)

El hombre bien nacido se consagra ante todo a la sabiduría y a la amistad, una es un bien mortal, la otra un bien inmortal.

(Sentencia vaticana 78)

La amistad no puede separarse del placer y por este motivo ha de ser cultivada, porque sin ella no puede vivirse en seguridad y sin miedo, ni siquiera puede vivirse alegremente.

(Fragmento 451)

No tenemos tanta necesidad de la ayuda de nuestros amigos cuanto de la confianza en esa ayuda.

(Sentencia vaticana 34)

No es verdadero amigo ni el que busca en todo la utilidad ni el que no la une nunca a la amistad. Pues el uno se convierte en mercader de favores con la idea del intercambio y el otro corta de raíz toda buena esperanza para el futuro.

(Sentencia vaticana 39)

El amigo es un refugio contra la soledad en una sociedad ferozmente competitiva, en medio de esta jungla necesitamos la amistad. Por eso Séneca, que era el estoicismo en estado puro, nos dice citando a Epicuro:

Hay que atender antes a ver con quiénes comes y bebes que a qué comes y bebes, porque sin un amigo la vida es un devorarse de leones y lobos.

(*Cartas a Lucilio* 19)

Para Epicuro, sin amistad somos seres errantes en un mundo hostil. La amistad es lo que nos une y el amigo un espejo de nosotros mismos:

Hay que escoger a un hombre de bien y tenerlo siempre a nuestra vista, a fin de vivir como si él nos observara y hacer todo lo que hagamos como si él nos viera.

(Fragmento 210)

Siguiendo esta idea de que tenemos que actuar como si nos viera un amigo, entre los seguidores del filósofo uno de los lemas era: «Actúa siempre como si te viera Epicuro».

El gran Cicerón escribió sobre Epicuro como ejemplo de amistad:

Epicuro elevó la amistad hasta el cielo con sus alabanzas. No solo de palabra, sino que lo afirmó mucho más con sus hechos, y costumbres, y su vida.

En efecto, Epicuro entroniza la amistad y para él está por encima de la justicia como lazo de unión entre los hombres porque añade el componente de la felicidad y del placer.

Claro que ya antes Platón y Aristóteles habían reivindicado el valor de la amistad, pero Epicuro descarta, en cambio, toda vinculación de la amistad con la política y para él la amistad no se basa en el aspecto intelectual que defienden los estoicos. En el Jardín de Epicuro —que es como se llamaba su escuela— se admiten amigos de todas las clases: esclavos, familiares, prostitutas, etc.

Trescientos cincuenta años antes del cristianismo, Epicuro defiende que el verdadero epicúreo debe estar preparado para poner sacrificar por la amistad su *ataraxia*, ese estado de ánimo al que aspiran los epicúreos que se caracteriza por la tranquilidad y la total ausencia de deseos o de temores. Pues bien, tiene que estar dispuesto, como digo, a sacrificar su *ataraxia* por los amigos, en la medida en que por un amigo uno se preocupa y sufre si le pasa algo, y lo cuida si este lo necesita. Escribe Epicuro: «Un epicúreo estará dispuesto a morir por un amigo».

Es la *fraternité*, dos mil años antes de la Revolución francesa. Por cierto, que del famoso lema hemos avanzado en la *égalité* y en la *liberté*, pero ¡cuánto nos queda todavía en la *fraternité*! Nuestra era tiene el corazón muy duro. Necesitamos leer a Epicuro.

Pero esta valoración de la amistad no quiere decir que haya que poner en común lo que cada uno tiene. Eso lo hacían los círculos pitagóricos para quienes «las cosas de los amigos son comunes». No, no, los epicúreos se ayudaban económicamente y se pedían ayuda si tenían problemas, pero no había obligación de hacerlo; si lo hacían era por afecto y amistad. Escribe Epicuro:

> Compadezcámonos de los amigos no con lamentaciones, sino prestándoles ayuda.

> (Sentencia vaticana 66)

LA MEMORIA DEL AMIGO QUE HA MUERTO

En la visión de Epicuro sobre la amistad hay un aspecto más, maravilloso, aunque difícil de practicar. Para Epicuro, que un amigo muera no tiene que ser motivo de un dolor. ¡Qué fácil es decirlo!:

> Aquellos que tuvieron la capacidad de lograr la máxima confianza en sus prójimos, logran así vivir en sociedad del modo más agradable. Pero aun teniendo la más plena amistad, no lloran como apresurada la partida del amigo que ha muerto.

> (Sentencia vaticana 82)

Epicuro nos ofrece una perspectiva diferente, una que busca transformar el dolor de la pérdida en una fuente de consuelo y serenidad. Y así escribe esa frase maravillosa, pero qué difícil de llevar a cabo:

> Dulce es la memoria de un amigo que ha muerto.

> (Máximas Capitales 28)

La vida se va llenando inevitablemente de ausencia: los abuelos, los padres, los amigos, los maestros... Para Epicuro estas ausencias no deben ser un vacío doloroso sino un espacio lleno de recuerdos que nos acompañan y nos consuelan. Ellos viven en nuestro recuerdo, en las experiencias compartidas y en las enseñanzas que nos brindaron. Así, aunque ya no podamos compartir con él nuevos momentos, el amigo sigue viviendo en nosotros, en la dulzura de nuestras memorias. El amigo vive en el recuerdo de los momentos felices compartidos y convertimos así el dolor en una forma de celebración de la vida que fue, y de la amistad que, de alguna manera, sigue siendo.

AMIGOS PARA SIEMPRE

En un mundo donde las relaciones a menudo son superficiales o efímeras, donde las redes sociales han distorsionado el auténtico sentido de la amistad, confundiendo la cantidad de seguidores con la calidad de las relaciones, es crucial volver a las enseñanzas de los clásicos para redescubrir lo que realmente significa ser un amigo. Hoy en día, es común medir nuestro valor social en función del número de «amigos» o «seguidores» que acumulamos en plataformas digitales, donde las interacciones suelen ser superficiales y fugaces. Esta nueva forma de «amistad» nos deja a menudo vacíos, pues carece de la profundidad, el compromiso y la autenticidad que los griegos y romanos consideraban esenciales para una relación verdadera de amistad.

Las enseñanzas de Demócrito, Aristóteles, Epicuro y Cicerón nos invitan a buscar y cultivar amistades auténticas. En estos tiempos necesitamos a los clásicos más que nunca para guiarnos de vuelta a lo esencial, para enseñarnos que la verdadera amistad no es un clic en un botón, sino una relación construida con paciencia, empatía y amor verdadero. Los clásicos nos enseñan a desconectarnos de la superficialidad de las redes sociales y a reconectar con las personas que realmente importan, aquellas que nos acompañan en nuestro crecimiento personal y nos apoyan en las dificultades de la vida. Necesitamos a los clásicos más que nunca.

Los clásicos sabían que la amistad es terapéutica no solo porque proporciona consuelo, sino porque es un espacio donde podemos crecer, aprender y ser nosotros mismos. Los amigos verdaderos no solo nos acompañan en los buenos y malos momentos, sino que también nos desafían a ser mejores, reflejando nuestras virtudes y defectos, y ayudándonos a mejorar como individuos. Como cantan Los Manolos:

> [...], nos queda tanto por vivir,
> buenos momentos que podemos compartir.
> Ya solo sé vivir contigo.

21
CONOCIDOS Y SALUDADOS: EL PODER DE LA SIMPATÍA

Me cuesta estar con la gente, aunque no lo parezca. Una de las cosas que más gusta es estar solo. Nunca me aburro. Estoy muy de acuerdo con mi querido Manolo Pizarro: «Aburrirse es de idiotas». No es que sea misántropo, pero disfruto tanto leyendo un libro, escuchando música, viendo una película y, sobre todo, escribiendo, que me tengo que «obligar» a estar con los demás. Para vencer mi tendencia a estar solo los clásicos han sido fundamentales.

Los clásicos tenían muy claro que somos seres sociales. Desde Aristóteles hasta Séneca, pasando por Cicerón y Platón, los grandes pensadores han reivindicado la necesidad de relacionarnos con los demás, ya lo hemos visto. Y hacerlo de una forma equilibrada, claro, ¡nada en demasía! No se trata de estar todo el tiempo con gente, ni se trata de estar todo el tiempo solos.

La sociabilidad es algo que nos produce bienestar emocional. Pero ser sociable no significa que tengamos que ser amigos de todo el mundo, ni tampoco que debamos mantener relaciones superficiales con cualquiera. Ni de ir saludando por la calle a gente que no conocemos —pero si vas por el monte y te topas con un desconocido, sí que saludas, aunque más de una vez me he cruzado en un camino con algún tonto del culo que no saluda—, ni de dar gritos y hacer aspavientos cuando nos encontramos con alguien conocido. Eso es de imbéciles.

Más bien se trata de reconocer que, como seres humanos, estamos hechos para vivir en comunidad. Y se trata de hacerlo con simpatía. Hay gente muy borde, muy antipática. Me dan pena porque manifiestan que no saben relacionarse y, por tanto, que no son felices. La amabilidad no es lo mismo que la sociabilidad o la simpatía. Alguien puede ser amable y antipático, yo conozco unos cuantos. Y al revés también.

En el capítulo «No seas idiota» reivindicamos que implicarse en los temas comunes nos produce bienestar emocional. Aquí no me refiero a colaborar en los temas comunes, sino a las relaciones con los demás, aunque no sean amigos cercanos, es decir, las relaciones con los conocidos o incluso con simples saludados, muchas veces con los vecinos. El genial escritor Josep Pla dijo en una entrevista que en la vida hay «amigos, conocidos y saludados. No pasa nada por estar en un grupo o en otro. Lo importante es no confundirse». Es una genialidad.

No podemos vivir relacionándonos solo con los amigos. La clave está en no confundirnos, porque eso lleva a la frustración y a la infelicidad.

En lugar de esa falsa visión de aislamiento, el estoicismo clásico nos habla de la importancia de la *congregatio*, de relacionarse, de mantener un trato afable y respetuoso con los demás. Así lo explica Séneca:

> Esto es lo primero que garantiza la filosofía: sentido común, trato afable y sociabilidad.

> (*Cartas a Lucilio* I)

Reivindica la sociabilidad frente a los cínicos, que eran individualistas y despreciaban las convenciones sociales (los cínicos me divierten, pero me parece que eran muy soberbios). La sociabilidad no quiere decir estar todo el día de fiesta, sino relacionarse con simpatía con los demás. Porque somos «animales sociales»; como bien definió Aristóteles en su *Política*, el hombre es un «animal social», *zoón politikón* (que algunos traducen como 'animal político', que no es lo mismo):

> El hombre es, por naturaleza, un ser social; y quien es incapaz de vivir en sociedad, o no necesita de ella porque se basta a sí mismo, no es miembro de la comunidad, sino una bestia o un dios.

> (*Ética a Nicómaco* VIII)

La idea de Aristóteles de que el hombre es un «animal social» enfatiza la importancia de la vida en comunidad y las relaciones interpersonales para la realización personal y moral. No se trata de ser amigo de todo el mundo, sino de reconocer que nuestra naturaleza humana está profundamente entrelazada con nuestra capacidad de relacionarnos y cooperar con los demás. Al relacionarnos con los demás, no solo enriquecemos nuestras propias vidas, sino que también contribuimos al bienestar emocional de la comunidad en su conjunto.

CICERÓN: LA SIMPATÍA NOS HACE FELICES

Cicerón destaca el valor de la simpatía y la cortesía como herramientas para conectar con los demás. Aquí subraya la importancia del diálogo amable para granjearse la benevolencia, no solo en el ámbito político o militar, sino en cualquier interacción social. Lo ejemplifica con las cartas de Filipo, el padre de Alejandro Magno, todopoderoso rey de Macedonia que conquistó el resto de Grecia, y dos de sus generales, que recomendaban usar palabras aduladoras y lisonjeras para atraer a las masas y a los soldados, es decir, a aquellos que están bajo su mando:

> Sin embargo, es difícil expresar hasta qué punto la simpatía y la cortesía en el diálogo logran congraciar los ánimos. Se conservan las cartas de Filipo a Alejandro, de Antípatro a Casandro y de Antígono a su hijo Filipo, tres personas con la máxima experiencia —así se nos ha transmitido—, en las que dan la norma de que se granjeen la benevolencia de los ánimos de la masa con palabras

bondadosas y se atraigan a los soldados dirigiéndose a ellos en términos lisonjeros.

(Sobre los deberes del buen ciudadano I)

Para Cicerón, en cualquier esfera, ya sea política, militar o cotidiana, el lenguaje y el trato son fundamentales para establecer relaciones positivas. Cicerón hace hincapié en la importancia de la palabra no solo como herramienta persuasiva, sino como vehículo de simpatía y empatía, sin que implique falsedad o manipulación.

Este consejo se enmarca en la visión más amplia que Cicerón tenía de la sociedad: la vida en comunidad no puede florecer sin un mínimo de cortesía y amabilidad entre sus miembros. Para Cicerón, el uso del discurso amable es esencial para mantener la cohesión social y evitar el conflicto, ya que ayuda a calmar los ánimos y a buscar consensos. Y esto produce bienestar emocional. La simpatía y la sociabilidad nos hacen felices.

Lo que escribe sobre el liderazgo es muy interesante: las palabras pueden inspirar lealtad y cooperación. Para lograr que los subordinados o ciudadanos actúen en beneficio del bien común, un buen líder debe mostrar cortesía y apelar a la simpatía natural de los seres humanos. Pero es para otro libro, sobre liderazgo.

Cicerón destaca que la vida en sociedad exige cortesía y respeto hacia los demás. Habla sobre la importancia de ser accesible y de participar en los asuntos comunes, pero siempre desde la honestidad y la moderación. No debemos ser serviles, sino encontrar un equilibrio en nuestras relaciones:

Lo que resulta esencial en cualquier trato humano es la cortesía. Las relaciones sociales se sostienen en el respeto mutuo y la moderación.

(Sobre los deberes del buen ciudadano I)

Y es que la arrogancia y la antipatía, que están tan unidas, son dos de los mayores obstáculos para la vida en comunidad y el bienestar emocional. Estas actitudes, aunque a veces están disfrazadas de fortaleza o independencia, revelan en realidad una profunda fragilidad interna. Los clásicos entendieron muy bien que el camino hacia la felicidad no se construye desde el desprecio hacia los demás ni desde el ensimismamiento orgulloso, sino desde la humildad, la sociabilidad y la amabilidad.

La antipatía es un muro que levantamos para protegernos del contacto humano. Esta actitud, que puede parecer una defensa ante el mundo, en realidad nos priva de las experiencias más enriquecedoras: compartir, aprender y relacionarnos con los demás, sin que eso quiera decir que tengan que ser nuestros amigos.

La antipatía —al igual que la arrogancia— nace de la inseguridad. Al tratar a los demás con desdén, con frialdad o desprecio, nos distanciamos emocionalmente, perdiendo oportunidades para conectar. Para los estoicos, como Epicteto, la naturaleza humana es sociable por definición, y actuar con antipatía va en contra de esa naturaleza. Si somos seres hechos para convivir, ¿por qué buscar el aislamiento emocional?

Si la arrogancia y la antipatía destruyen, la simpatía y la cortesía construyen. Son herramientas fundamentales para ganarse la buena voluntad de los demás. La cortesía no es solo un acto superficial, es una forma de reconocer la humanidad del otro. Es una invitación a conectar, a colaborar y a vivir en armonía. En última instancia, la sociabilidad y la simpatía son esenciales para la felicidad, porque nos recuerdan que no estamos solos en el mundo.

El equilibrio entre la autosuficiencia emocional y la sociabilidad es la clave para evitar caer en la trampa de la arrogancia o el desprecio hacia los demás. Los clásicos lo sabían bien: somos seres sociales por naturaleza, y solo a través de la conexión y la cooperación con los demás podemos alcanzar la verdadera felicidad.

LA RESPONSABILIDAD SOCIAL DE EPICTETO

Epicteto explica también que la sociabilidad es algo natural del ser humano. La naturaleza nos impulsa a preocuparnos primero por nosotros mismos y luego, conforme maduramos, a hacerlo por los demás. La vida en sociedad y el cuidado mutuo son esenciales para una vida plena. Nos recuerda que la verdadera virtud no se logra en aislamiento o ignorando las relaciones humanas. La sociabilidad no es opcional, sino un componente esencial de una vida virtuosa, y quienes rechazan esta realidad están destruyendo su propia capacidad de vivir en consonancia con la naturaleza humana. Por eso reprocha a los que solo piensan en sí mismos:

> Pues si es así, échate a dormir y haz lo que el gusano, que es de lo que tú mismo te crees digno: come, bebe, fornica, caga y regüelda.

> *(Disertaciones* II)

Epicteto defiende que la vida social, basada en el respeto mutuo y el cumplimiento de los deberes cívicos y familiares, es un elemento fundamental para la realización personal y moral, y necesaria para el bienestar emocional. Y continúa:

> Antes de tratar de convencer a los demás de algo, deberías primero convencerles de que, por naturaleza, somos seres sociables y de que el autocontrol es un bien, para que así puedan escucharte en todo lo demás. ¿O acaso piensas que la sociabilidad debe observarse con unas personas y no con otras? Entonces, ¿con quién debemos ser sociables? ¿Con aquellos que respetan la sociabilidad o también con quienes la contravienen? ¿Y quiénes la transgreden más que aquellos que discurren ideas contrarias a ella?

> *(Disertaciones* II)

La sociabilidad no es algo que podamos reservar para algunas personas mientras la ignoramos con otras. Es un deber inherente a nuestra naturaleza, algo que debemos aplicar de forma consistente con todos.

Epicteto hace una crítica a aquellos que, con su conducta o ideas, violan este principio de sociabilidad. Estos individuos, en su egoísmo o en su alejamiento de los deberes hacia los demás, son los que más contravienen la naturaleza humana. La pregunta implícita es: ¿cómo podemos esperar que las personas se comporten correctamente si no reconocen primero su responsabilidad social?

El filósofo estoico resalta que el autocontrol es también un bien relacionado con la vida en sociedad. Si somos seres sociales, debemos controlar nuestros deseos y acciones, no solo por nuestro propio bienestar, sino también para mantener la armonía con los demás. No podemos ser verdaderamente sociables si no practicamos el autocontrol ya que, de lo contrario, nos arriesgamos a imponer nuestros propios intereses por encima de los demás. ¡Es que es muy bueno el texto de Epicteto!

La sociabilidad es una necesidad humana fundamental. Los clásicos nos enseñan que la verdadera felicidad no radica en ser el «mejor amigo» de todos, sino en reconocer que somos seres sociales por naturaleza.

Vivir en sociedad implica conectar, compartir y colaborar con los demás, incluso si esas relaciones no son de una amistad profunda. La simpatía y la sociabilidad nos permiten crear un entorno en el que nos desarrollamos con plenitud, porque nos brindan el bienestar emocional.

Los clásicos lo tenían claro: Séneca nos habló de la *congregatio*, esa disposición natural a convivir con los demás con sencillez y sin avasallar. Cicerón defendía que la cortesía y la simpatía son esenciales para la armonía social, mientras que Marco Aurelio nos recordaba que hemos nacido para colaborar, no para enfrentarnos o aislarnos. En resumen, nuestra felicidad y bienestar están profundamente entrelazados con nuestra capacidad de relacionarnos de forma constructiva con quienes nos rodean.

La clave está en encontrar un equilibrio: en ser sociables, en entender que en el trato afable y en la simpatía con los demás encontramos bienestar emocional, aunque no sean nuestros amigos.

22
EVITA A LA GENTE TÓXICA

Alba, una chica lista, honesta y trabajadora —de Bilbao, por cierto—, había conseguido con mucho esfuerzo un puesto estupendo, con mucha responsabilidad. Estaba encantada. Pero claro, siempre hay un «pero», y ese «pero» se llamaba Javier. Javier es ese tipo de persona tóxica que te quita la energía. Cada vez que proponía una idea o cerraba un buen trato, ahí estaba él para minimizarlo todo con sus comentarios negativos.

Alba, al principio, no le daba importancia: «¡Bah, no me va a afectar!», se decía. Pero, poco a poco, la sombra de Javier empezó a colarse en su día a día. Iba al trabajo sin esa chispa que la caracterizaba y se dio cuenta de que su serenidad y su humor ya no eran los mismos. Las quejas permanentes, las zancadillas y las malas vibraciones de Javier la estaban consumiendo.

Un día, hablando con su amiga Laura, se dio cuenta de lo que realmente pasaba: ¡Javier no era simplemente alguien difícil de tratar, era tóxico! Y, lo peor de todo, es que ella le había dado el poder de que le afectara a su estado de ánimo y su trabajo. Fue ahí cuando dijo: «¡Basta!». Decidió poner límites y, aunque no podía evitar trabajar con él, podía evitar dejarse arrastrar por su negatividad. Rodearse de gente positiva fue su salvación.

Con el tiempo volvió a ser la misma Alba: motivada y con las pilas cargadas. La lección de Alba es clara: no se trata solo de evitar a los que te llevan por el mal camino en la vida, sino de alejarte de los que te quitan la tranquilidad de ánimo.

Javier es uno de esos tipos que todos conocemos y que a veces tenemos alrededor que nos quitan, como dice mi amigo Jorge Moreta, la wifi vital.

SIEMPRE NEGATIVO, NUNCA POSITIVO

¿Te acuerdas de Louis van Gaal, el entrenador del Barcelona? Aquel hombre que, en medio de la presión, las críticas y las derrotas, salía a las ruedas de prensa y soltaba con un aplomo inigualable: «Siempre positivo, nunca negativo».

La frase, que en su momento se convirtió en un mantra, podría haber salido perfectamente de los labios de Séneca o de Marco Aurelio. Y es que, aunque Van Gaal no lo supiera —¡o sí!—, estaba aplicando una enseñanza que tiene más de dos mil años de antigüedad: hay que buscar el lado positivo de la vida. ¡Y rodearse de gente positiva!

La historia de Alba y el «siempre positivo» de Van Gaal encajan perfectamente con lo que nos dice Marco Aurelio sobre la importancia de rodearse de personas que nos aporten. No se trata solo de evitar las «malas compañías», en el sentido tradicional, sino de mantener cerca a aquellos cuya actitud y bondad nos inspiran y nos llenan de energía.

En el caso de Alba, su bienestar emocional se veía afectado no porque Javier la llevara por el mal camino, sino porque su actitud tóxica la amargaba.

Al igual que Marco Aurelio recomienda centrarse en las cualidades admirables de quienes nos rodean —la energía, la discreción, la generosidad—, Alba recupera su bienestar al enfocarse en las personas que le aportan positividad y ejemplo en su vida:

> Nada produce tanta satisfacción como los ejemplos de las virtudes, al manifestarse en el carácter de quienes nos rodean y al ofrecérsenos agrupadas en la medida de lo posible. Por esta razón, deben tenerse siempre a mano.

(Meditaciones VI)

Marco Aurelio, como Van Gal, «siempre positivo, nunca negativo».

EVITA A LOS QUE NO HACEN MÁS QUE QUEJARSE

Mientras Marco Aurelio nos invita a buscar los buenos ejemplos en quienes nos rodean, Séneca nos recuerda que incluso el simple hecho de evitar a los amargados y pesimistas ya es un paso importante hacia nuestro bienestar emocional. El camino claro hacia la verdadera tranquilidad y alegría de espíritu no depende de las compañías, pero... ayudan a hacerlo mejor y antes:

> Evitemos principalmente a los tristes y a los que de todo se lamentan, a quienes nada les gusta si no es motivo de quejas. Es posible que su lealtad y su afecto sean constantes, pero un compañero nervioso y que protesta por todo es un enemigo de la tranquilidad.

(Sobre la tranquilidad del ánimo VII)

La frase es genial: «un compañero nervioso y que protesta por todo es un enemigo de la tranquilidad». Las personas que siempre se quejan, que ven el mundo desde el prisma de la negatividad —«siempre negativos, nunca positivos»—, tienen una influencia dañina para nuestra tranquilidad mental. Aunque puedan ser leales o afectuosas, sus quejas afectan a nuestro propio equilibrio mental. El bienestar emocional, defiende Séneca, no solo depende de nuestras propias decisiones, sino también de cómo los demás influyen en nuestra paz interior. Esto refuerza la idea de que debemos evitar las compañías tóxicas.

También Epicteto subraya la importancia de «practicar constantemente el bien» y de «rodearse de personas virtuosas» para fortalecer nuestros hábitos positivos. Los buenos ejemplos nos inspiran y refuerzan las cualidades que queremos desarrollar en nosotros mismos. Epicteto recalca que, igual que los músculos se fortalecen con el ejercicio, nuestras virtudes se consolidan al practicar la moderación, la generosidad y la autodisciplina, siguiendo el modelo de personas íntegras, tanto vivas como históricas:

> Todo hábito y facultad se mantienen y acrecientan por medio de las acciones correspondientes: el hábito de caminar, caminando; el de correr, corriendo. Si quieres ser lector, lee; si escritor, escribe. Pero si durante treinta días no lees ni escribes, verás cómo pierdes esa habilidad. Lo mismo ocurre si te estás acostado durante diez días: al levantarte, intenta caminar una larga distancia, y notarás que tus piernas te fallan.

(Disertaciones II)

Si deseas mejorar en cualquier aspecto, practica constantemente. Si quieres imitar las acciones de personas buenas y honradas, compárate con ellas, vivas o muertas.

Epicteto nos recuerda que la perseverancia y las buenas compañías ayudan a alcanzar una vida plena y serena. El mensaje de fondo está claro: el bienestar emocional depende de nosotros, pero elegir bien el entorno social afecta directamente a nuestro bienestar emocional. Si estamos en compañía de buena gente, nuestra mente también se fortalecerá.

El éxito personal, según Epicteto, no es superar a los demás, sino vencer nuestras propias debilidades y dejar atrás las influencias negativas.

La historia de Alba y Javier no es más que una versión moderna de lo que ya sabían los clásicos: evitar a las personas negativas es cuidarse. Las malas compañías no son solo esas que te llevan por el mal camino, sino esas que, sin hacerte cometer actos terribles, te roban la serenidad y la paz mental.

Rodearse de personas serenas, que no envidien, que sean positivas, que no se dejen invadir por la ira, es muy conveniente para lograr tu bienestar emocional. Escoge bien tu entorno porque ayuda para una vida feliz, aunque esta dependa solo de ti.

23

COMPARTE TUS EMOCIONES: DESAHOGARSE (CON LA PERSONA ADECUADA) ES LIBERADOR

Tetis se presentó ante el gimiente hijo y, tras exhalar un agudo gemido, le abrazó la cabeza y, llena de lástima, dijo estas aladas palabras: «¡Hijo! ¿Por qué lloras? ¿Qué pena ha llegado a tu mente? Habla, no la ocultes».

(*Ilíada* 18)

Este pasaje refleja la intervención divina de Tetis, la madre de Aquiles, quien aparece para consolar a su hijo en un momento de gran dolor. La escena es muy conmovedora, ya que nos muestra a Aquiles, el héroe por excelencia, abatido por sus emociones, lo que humaniza su figura.

Tetis, al ver el sufrimiento de su hijo, le pregunta la razón de su pena y le exhorta a no ocultar las emociones y a compartirlas, a hablar de lo que se siente.

Es toda una lección de vida: el objetivo es que las emociones no nos afecten, conseguir la serenidad, aunque no sea fácil y no siempre lo consigamos. En esos casos, algo que nos libera y nos ayuda a conseguir la tranquilidad emocional es compartir lo que nos pasa, hablarlo, contarlo, obviamente no con el primero que pasa por la calle, sino con alguien cercano.

Incluso los más fuertes —¡Aquiles!, ¡el héroe por excelencia!— necesitan desahogarse y buscar consuelo.

MARCO AURELIO: DEJA QUE ENTREN EN TU «GUÍA INTERIOR»

Marco Aurelio, que valoraba la introspección y la serenidad interior, subraya que debemos no solo mirar dentro de nosotros mismos para entender nuestras emociones y pensamientos, sino también compartir nuestras inquietudes, emociones y reflexiones con otros:

> Introdúcete en el guía interior de cada uno y permite también a otros que penetren en tu guía interior.

(Meditaciones VIII)

Cuando Marco Aurelio habla del «guía interior» se refiere al núcleo de nuestra razón, a esa parte de nosotros mismos que controla nuestras decisiones, emociones y juicios. Este «guía interior» es lo que el estoicismo considera esencial para alcanzar la serenidad y la felicidad.

Marco Aurelio recomienda claramente que abrirnos a los demás y permitir que entren en nuestro mundo interior es fundamental para el bienestar emocional.

No se trata solo de mirar hacia dentro, sino también de permitir que otros accedan a nuestras emociones y pensamientos, creando un espacio para la comunicación abierta y sincera. Esta idea se relaciona directamente con compartir las emociones, porque cuando hablamos de lo que sentimos, estamos dejando que otros «entren» en nuestra mente y corazón, y esto nos ayuda a manejar mejor las emociones y a crecer juntos en la búsqueda de la serenidad y la felicidad.

COMPARTIR Y CONSOLAR

Cicerón plantea que podemos ser una fuente de alivio para las personas cercanas y esto produce también bienestar emocional, porque hemos ayudado a otra persona a superar sus problemas:

> En realidad, nosotros mismos debemos, si podemos, aliviar a los otros de su aflicción.

(Tusculanas IV)

Es decir, compartir nuestras emociones con las personas adecuadas no solo no nos hace vulnerables, sino que nos fortalece y nos ayuda a procesar mejor lo que estamos sintiendo, y así entrenarnos para la autosuficiencia y la serenidad, para que lo exterior no nos afecte. Aliviar a los amigos cuando comparten con nosotros sus problemas, sus emociones negativas, nos hace también más felices.

De hecho, en el mundo clásico hay casi un género literario, el género de las *consolationes*, utilizado para ofrecer consuelo a quienes sufrían por la pérdida de seres queridos, desgracias personales o cualquier otra situación dolorosa. Estas obras no solo buscaban aliviar el dolor emocional, sino también transmitir modelos de comportamiento sobre la aceptación de la adversidad y la manera correcta de gestionar el sufrimiento. Las consolaciones eran una forma de compartir las emociones, ya que el autor empatizaba con el dolor de la persona afligida y le ofrecía un marco racional y emocional para superarlo. Las *consolaciones* pretendían curar el dolor del alma mediante técnicas de educación emocional para superar esa situación y alcanzar la serenidad que lleva a la vida feliz. Me refiero a ellas en «Cómo afrontar la muerte».

El propio Cicerón, después de la muerte de su hija Tulia, escribió un tratado de consolación, *Consolatio*, del que solo se conservan fragmentos —como de una parte muy importante de la literatura clásica—. Aunque no se conserva en su integridad, sabemos de qué iba: Cicerón intentaba encontrar consuelo en la filosofía, reflexionando sobre la mortalidad y la naturaleza de la vida humana. Para Cicerón, la filosofía era un refugio para afrontar el dolor, lo que muestra que compartir las emociones y reflexionar sobre ellas podía aliviar el sufrimiento.

Séneca escribió varias consolaciones, la *Consolación a Marcia*, la *Consolación a Helvia* (dedicada a su madre) y la *Consolación a Polibio*. En estas obras, Séneca ofrece un consuelo basado en los principios estoicos, argumentando que la muerte es una parte natural de la vida y que el sufrimiento debe afrontarse con dignidad y fortaleza mental. Al escribir estas consolaciones, Séneca se involucra profundamente en el dolor de los otros y les guía a compartir y procesar sus emociones a través de una perspectiva estoica.

El escritor griego Plutarco, a comienzos del siglo II, escribió también una *Consolación a Apolonio* en la que intenta consolar a este tras la muerte de su hijo. El mensaje es claro: el dolor es natural, pero se puede superar mediante la educación emocional y la aceptación de los designios del destino.

Y una obra maestra de la literatura es *La consolación de la filosofía*, de Boecio, aunque ya pertenece a la antigüedad tardía, comienzos del VI. Podríamos decir que Boecio marca el comienzo de la Edad Media. En esta obra, que escribe desde la cárcel mientras espera su ejecución, dialoga con la Filosofía personificada. La obra es un profundo análisis del sufrimiento y del sentido de la vida, donde Boecio expresa sus sentimientos y recibe consuelo a través de la reflexión filosófica que permite el control de las emociones.

El objetivo de las consolaciones es compartir las emociones con quien está muy jodido, ayudándole a reflexionar sobre su situación desde un punto de vista filosófico. La idea central es que, aunque el dolor es inevitable, podemos entrenar nuestras emociones para superar el dolor y lograr la tranquilidad del espíritu.

La compasión y la empatía son esenciales en la consolación; nos ponemos al lado de la persona afligida, compartiendo sus emociones y ayudándole a superarlas. Es decir, por un lado, compartir las emociones nos ayuda a alcanzar el bienestar emocional; por otro, ayudar a otros a superar su sufrimiento es no solo una cuestión de humanidad, sino que ayuda también al que consuela.

ELIGE BIEN CON QUIÉN COMPARTIR TUS SENTIMIENTOS (Y NO TE SIENTAS OBLIGADO A HACERLO)

Como digo, hay que ser cuidadosos a la hora de compartir nuestros pensamientos y emociones, diferenciando entre aquellos en los que podemos confiar y aquellos que no merecen esa confianza.

Además, hay algunos que, sin ser amigos, nos confían sus preocupaciones y esperan luego que hagamos lo mismo, y no hay por qué hacerlo si no confiamos en ellos. Epicteto tiene un pasaje genial al respecto:

> ¿Acaso te pedí yo que me lo contaras, hombre? ¿Es que me compartiste lo tuyo con la condición de que escucharías lo mío también? Si tú eres un charlatán y crees que cada persona con la que te cruzas es tu amigo, ¿quieres que yo sea igual que tú? ¿Y qué pasa si tú me confías tus asuntos de buena fe, pero resulta que no se puede confiar en ti de la misma manera? ¿Esperas que yo actúe con la misma imprudencia? Es como si yo tuviera un tonel bien sellado y tú uno lleno de agujeros, y vienes a pedirme que guarde tu vino en mi tonel, pero luego te enfadas porque no te confío el mío. Pero claro, el tuyo está lleno de agujeros, ¿cómo va a ser lo mismo? Tú has confiado en alguien leal, alguien con principios que solo se preocupa por lo que realmente importa, sus propias acciones, y no por las circunstancias externas.

(Disertaciones IV)

Es decir, no debemos confundir sinceridad con imprudencia a la hora de desahogarnos. Muchas veces, cuando alguien comparte sus propios problemas, sentimos la presión de hacer lo mismo pensando que es justo o que demostraríamos falta de sinceridad si no lo hacemos. Y no hay por qué hacerlo, ¡nunca te sientas en la obligación de hacerlo si la otra persona no es de tu confianza! Como bien dice Epicteto, la confianza debe basarse en la prudencia y en la certeza de que la otra persona es confiable, no en una reciprocidad automática y ciega.

Epicteto insiste en que muchas veces nos dejamos llevar por la presión social o el impulso de reciprocidad. Es común sentir que, porque alguien nos ha contado sus problemas o secretos, debemos hacer lo mismo. Sin embargo, esto puede ser una gran imprudencia. Compartir nuestras emociones o asuntos personales no debe ser un acto impulsivo, sino algo que hacemos con discernimiento, con personas que han demostrado ser de confianza (es un texto un poco largo pero es muy bueno):

¿Y quieres que te confíe mis asuntos a ti, alguien que ha deshonrado su propio albedrío, que buscaría una monedita, un cargo o un ascenso en la corte, aunque para ello tuviese que actuar como Medea y sacrificar a sus propios hijos? ¡No, eso no es lo mismo! Muéstrame que eres leal, que actúas con decoro y firmeza; enséñame que tus intenciones son sinceras, que no tienes fisuras en tu carácter, y entonces no esperaré a que tú me cuentes lo tuyo. Seré yo quien acuda a ti, pidiéndote que escuches mis dificultades. Porque, ¿quién no querría confiar en un buen consejero, bienintencionado y fiel? ¿Quién rechazaría la ayuda de alguien que comparta nuestras cargas, aliviándonos con ese simple hecho de compartir?

«Sí, pero yo confío en ti y tú no confías en mí», me dices.

Primero, no es que confíes en mí, sino que hablas sin pensar y no puedes contenerte. Y si realmente confías en mí, entonces cuéntamelo solo a mí. Pero ¿qué haces? Te sientas junto a la primera persona que ves ociosa y le dices: «Hermano, no tengo a nadie más querido, por favor, escucha lo que me pasa». Y lo haces con personas a las que apenas conoces. Si realmente confías en mí es porque crees que soy leal y decente, no porque yo te haya contado mis asuntos. Así que déjame pensar lo mismo de ti. Demuéstrame que cuando alguien confía sus cosas a otro es porque ese otro es digno de confianza y honorable. Si fuera así, iría por ahí contando mis cosas a todo el mundo. Pero no es así: la confianza requiere discernimiento, no se da a cualquiera.

(*Disertaciones* IV)

Epicteto nos invita a evaluar a las personas antes de abrirnos emocionalmente y a tener un criterio sólido sobre a quién confiamos lo que nos pasa. Compartir es terapéutico y alivia el peso emocional, pero hacerlo con la persona equivocada será muy contraproducente. No debemos sentirnos obligados a revelar lo nuestro únicamente porque otra persona lo ha hecho primero, ni dejarnos llevar por una falsa confianza basada en la reciprocidad momentánea.

Al compartir lo que sentimos estamos creando un lazo emocional que debe basarse en la confianza mutua y la sinceridad. Si compartimos nuestras emociones con personas que no son discretas o dignas de esa confianza, corremos el riesgo de que lo que hemos compartido se use en nuestra contra o se divulgue sin nuestro consentimiento. Epicteto nos recuerda que ser selectivos y prudentes nos protege, es decir, es algo necesario para nuestra serenidad y nuestra felicidad.

Y es que la lealtad y la sinceridad no se deben a todo el mundo, sino a aquellos que han demostrado ser dignos de confianza, comparando esto con tener un «tonel bien cerrado» frente a uno «agujereado». Es decir, no todos están capacitados para manejar adecuadamente nuestras emociones.

El compartir emocional no debe ser impulsivo, sino meditado. Recuerda esto, es tan importante como ser capaz de compartir las emociones y de ser capaz de no depender de ellas.

NO TE RECONCOMAS

Los falsos apóstoles del estoicismo nos venden una especie de aislamiento estoico, de incomunicación de nuestros sentimientos, de santidad o imperturbabilidad, pero ¿quién es santo o perfecto?

No siempre conseguimos que las emociones no nos afecten; en cualquier caso, el camino para conseguir la imperturbabilidad es largo y esto no significa que debamos guardarnos todo dentro para parecer imperturbables y felices. Si te lo quedas dentro sin compartirlo, te reconcomerás y amargarás.

Al contrario, cuando compartimos lo que sentimos, estamos reconociendo nuestra humanidad y permitiéndonos procesar mejor nuestras emociones. Guardarse todo para uno mismo puede llevar al aislamiento emocional y a una acumulación de tensiones internas que, con el tiempo, nos afectan negativamente. Compartirlas con la persona adecuada, nos ayuda a comprenderlas y a enfrentarlas, por tanto, a controlarlas. Es parte del entrenamiento para conseguir la serenidad y la tranquilidad del espíritu.

Insisto en que no podemos compartir nuestras emociones con todo el mundo, ni es conveniente hacerlo. No se trata de exponer nuestras vulnerabilidades a quien no sabrá valorarlas o incluso pueda usar nuestra apertura en nuestra contra. Pero encontrar las personas adecuadas —aquellos amigos cercanos o familiares en los que confiamos— es fundamental para liberar la carga emocional y sentirnos comprendidos. Estas personas actúan como espejos que nos ayudan a ver nuestras emociones con mayor claridad y a ponerlas en perspectiva.

En realidad, compartir nuestras emociones con quienes nos entienden no es una señal de debilidad, sino de inteligencia emocional. Nos permite crear lazos más profundos, basados en la autenticidad y la confianza. Y a medida que aprendemos a consultar nuestros problemas, a gestionar mejor nuestras emociones o a medida que aprendemos a consolar a los que las comparten con nosotros, estamos más preparados para enfrentar los retos de la vida con serenidad. Los clásicos lo tenían muy claro. Y tú también.

24
NO SEAS IDIOTA.
IMPLÍCATE EN EL BIEN COMÚN

Los charlatanes del estoicismo habitualmente manipulan a los clásicos (porque ni los han leído, se inventan la mayor parte). No es cierto que los estoicos ni los clásicos en general promovieran la idea de vivir como ascetas, ermitaños, faquires o *sadhus* (los ascetas hindúes) para ser felices. ¡Nada más lejos de la realidad! Los estoicos como Marco Aurelio o Séneca, y los clásicos en general, desde Aristóteles a Cicerón, nos enseñan que la verdadera felicidad se encuentra participando en las cosas comunes, formando parte de una comunidad activa, no viviendo encerrado en una cueva. Marco Aurelio fue emperador y tanto Séneca como Cicerón estuvieron en primera línea política (no acabaron bien, pero eso es… otro libro).

Aristóteles lo dijo de forma contundente (ya lo hemos señalado): el ser humano es un *zoón politikón*, es decir, un 'animal social', un ser para vivir en comunidad. Para él, la vida en comunidad es natural e indispensable para alcanzar la realización personal y la verdadera felicidad. El ser humano no puede vivir solo. Participar en la vida pública, cumplir con nuestros deberes como ciudadanos, nos produce bienestar emocional. Lo cómodo es no hacerlo, pero ¿quién dijo que la felicidad fuera fácil?

La nuestra es una época de un individualismo feroz, por eso necesitamos a los clásicos más que nunca. Solo en la interacción con los demás podemos desarrollarnos plenamente como seres humanos. El *zoón politikón* no puede florecer en soledad; necesitamos a los otros para aprender, para enseñar y para contribuir a algo más grande que nosotros mismos, en definitiva, para ser felices.

Así que, en lugar de pensar que la felicidad se encuentra en la soledad absoluta o en un retiro alejado de todo contacto humano, los clásicos nos dicen que debemos buscar el equilibrio entre el autocontrol y la participación activa en la sociedad. La verdadera felicidad está en formar parte de una comunidad, en colaborar y en cumplir con nuestro deber cívico, porque solo así alcanzamos la plenitud.

Y Marco Aurelio lo deja también claro cuando dice que hemos nacido para colaborar, no para enfrentarnos ni vivir separados unos de otros:

> Pues hemos nacido para colaborar, al igual que los pies, las manos, los párpados, las hileras de dientes, superiores e inferiores.

> (*Meditaciones* II)

En un mundo donde el individualismo parece estar en auge, las palabras de Marco Aurelio nos invitan a replantearnos el valor de la cooperación, la vida comunitaria y el deber de contribuir al bienestar común.

LA VIDA EN COMUNIDAD

En el libro II de su obra *Sobre los deberes del buen ciudadano*, Cicerón reivindica también la importancia de la vida en comunidad como algo esencial para el ser humano: sin colaboración, no habría ciudades, ni leyes. Sin una sociedad organizada no se podrían brindar los servicios esenciales, como la atención a los enfermos, ni formas de proveernos de lo que necesitamos para sobrevivir:

¿Para qué voy a detallar la multitud de habilidades sin las que no se podría vivir? ¿Quién socorrería a los enfermos? ¿Quién proporcionaría alimento o vestido? Sin vida comunitaria no podrían edificarse ciudades ni habitarse. Por eso, una vez establecidas leyes y costumbres, surge una equilibrada distribución del derecho y una cierta disciplina en el modo de vida.

Cicerón resalta la interdependencia entre los individuos en una sociedad, y es que ninguna persona, ni el más sabio ni el más poderoso, puede conseguir grandes logros sin la ayuda de otros. Esto es un reconocimiento de que la colaboración es fundamental para el éxito colectivo y personal. Cicerón subraya que los seres humanos no están hechos para el individualismo, sino para la vida comunitaria:

> Con ello se produce como efecto la consecución de un espíritu pacífico y de respeto, de forma que la vida esté mejor protegida y que, dando y recibiendo e intercambio apoyos y bienestar, no carezcamos de nada. Nadie, ni el jefe en la guerra, ni el príncipe en la paz puede conseguir cosas grandes sin la ayuda del esfuerzo humano.

Pero esto no quiere decir que lo común invada lo privado, que tome posesión de los bienes particulares. Al contrario, la vida en comunidad si tiene que garantizar algo es la propiedad privada. Cicerón lo deja bien claro:

> Quien gobierne la república ha de estar atento sobre todo a que cada uno conserve lo suyo y que no se hagan confiscaciones de los bienes de los particulares. Este es el motivo principal por el que se han establecido repúblicas y ciudades, para mantener lo propio.

Cicerón señala que cuando no se respeta la propiedad privada y se redistribuyen bienes de manera arbitraria, se rompe la concordia social. La paz en la sociedad se basa en que los ciudadanos respeten las leyes y sientan que el sistema es justo. Si el Gobierno comienza a tomar lo de unos para dárselo a otros, sin una causa legítima o sin que haya una verdadera justicia detrás, se genera una fractura en la confianza y en el orden social. Esto es algo que, según Cicerón, afecta tanto a los ricos como a los pobres, ya que nadie puede sentirse seguro si el sistema no garantiza el respeto a la propiedad:

> Quienes quieren ser populares piensan que hay que condonar a los deudores los préstamos recibidos; estos arruinan los cimientos de la república. Si a cada uno no se le permite tener lo suyo se pierden primero la concordia (que no puede existir cuando a unos se les quita el dinero y a otros se les condona la deuda) y después la equidad.

El concepto de equidad que defiende Cicerón está ligado a la idea de que cada uno debe tener lo suyo. La equidad implica un trato justo y proporcional para todos los ciudadanos, sin favoritismos ni privilegios injustificados. Si se condonan las deudas de algunos, pero se obliga a otros a cumplir con sus obligaciones, se está rompiendo el equilibrio que sostiene la sociedad. Para Cicerón, la equidad no es solo una cuestión económica, sino un principio fundamental para que la justicia prevalezca y las instituciones sean respetadas. Lo dice claramente:

> Es propio de la comunidad y de la ciudad que la conservación de los bienes de cada uno esté garantizada.

Cicerón no olvida su vocación política cuando reivindica la honradez en los políticos. Atención a lo que dice:

> Aspecto capital en el desempeño de una actividad o cargo públicos es disipar hasta la más mínima sospecha de codicia. Como dijo un cónsul romano: «Ojalá la Fortuna me hubiera reservado para aquellos tiempos cuando los romanos comenzaron a aceptar regalos y hubiera nacido entonces. No hubiera yo permitido que su dominio durara mucho. Habría tenido que durar mucho, porque este mal ha penetrado en nuestra república».

Y continúa diciendo que:

Ningún vicio hay más repulsivo que la codicia, sobre todo en los que rigen la república. Y es que usar la república para enriquecimiento propio no solo es vil, sino también criminal y abominable.

¿Cómo tienen que ser quienes gobiernan? Cicerón lo tiene claro:

En cambio, quienes están al frente de la república con nada pueden granjearse más fácilmente la benevolencia del pueblo que con la sobriedad y la templanza.

¿Hay algo de más actualidad que leer a Cicerón?

LA COLMENA Y LA ABEJA

Marco Aurelio deja bien claro también que el bienestar individual está íntimamente ligado al bienestar colectivo, es decir, lo que es beneficioso para la comunidad también lo es para el individuo. ¿Qué es eso que nos venden de que el estoico vive a lo suyo?:

Lo que no es bueno para el enjambre, no es bueno para la abeja.

(*Meditaciones* V)

Marco Aurelio nos recuerda que, al igual que una abeja no puede sobrevivir por sí sola sin su enjambre, los seres humanos no pueden prosperar aislados de su comunidad. Somos seres sociales por esencia. Nuestra naturaleza humana nos lleva a vivir y colaborar en sociedad. Si uno persigue exclusivamente su propio bien a expensas de los demás, está en contradicción con su propia naturaleza, que es social y comunitaria.

TODOS LOS POLÍTICOS DEBERÍAN LEER A SÉNECA

La idea del estoicismo no es escapar del mundo, sino ser una parte funcional y productiva dentro de él, enfrentando los desafíos con serenidad, sin dependencia emocional del exterior, pero sin perder de vista nuestra responsabilidad hacia los demás, hasta el punto de que Séneca reivindica el valor de implicarse en la vida pública. Eso sí, por razones nobles y no por ambición personal.

Su enfoque se basa en la utilidad y el servicio a los demás, en lugar de dejarse llevar por la búsqueda de poder o prestigio (representados aquí por la «púrpura» y las «varas», símbolos de autoridad en Roma):

> Me parece correcto seguir los mandatos de mis maestros y lanzarme a la política de lleno; me parece correcto asumir cargos y haceres, no seducido, desde luego, por la púrpura o las varas, sino para ser más eficaz y más útil a los amigos y parientes, y a todos los ciudadanos, a todos los mortales, en fin.
>
> (*Sobre la tranquilidad del ánimo* 10)

Para Séneca, la política no es un fin en sí mismo, sino un medio para ayudar a la comunidad. Esto conecta directamente con la importancia de colaborar y participar en los asuntos comunes que reivindican los clásicos. Séneca rechaza la idea del poder como una meta egoísta, y en su lugar aboga por asumir responsabilidades públicas para mejorar las cosas comunes y desarrollarnos nosotros mismos.

Claramente propone un enfoque opuesto al individualismo: la implicación activa en la comunidad como clave para la felicidad. No se trata de buscar fama o poder, sino de trabajar para todos y cumplir un deber moral de colaboración social.

Además, Séneca subraya que no solo se debe actuar en beneficio de los más cercanos (amigos y parientes), sino en favor de todos los ciudadanos y de toda la humanidad. Esta perspectiva encaja con la filosofía estoica de Séneca, que promueve la solidaridad universal y el deber de contribuir al bien común. Todos los políticos deberían leer a Séneca.

¿QUÉ ES SER IDIOTA?

En la antigua Grecia, el término *idiotés* se refería a aquellos que no se involucraban en los asuntos públicos. No significaba que uno tuviera que ocupar un cargo político; para los griegos, ser un *idiota* era elegir ser ajeno a los asuntos comunes, renunciar a la responsabilidad de participar en el destino de la comunidad. Ser un *idiota* era no involucrarse en las cosas de todos.

Ser *idiota* era ser un individualista y preocuparse solo por los intereses privados, sin tomar parte en los asuntos públicos. La raíz *idi-* está presente en palabras como *idioma* ('la lengua propia') o *idiosincrasia* ('las características propias de un pueblo'). Con el tiempo, este término derivó en el insulto que hoy conocemos, designando a una persona ignorante o tonta.

No implicarse en los asuntos comunes es el origen de la palabra *idiota*. Eso no quiere decir que haya que dedicarse necesariamente a la política. Hay muchas maneras de colaborar socialmente sin necesidad de estar en un partido político. Desde asociaciones culturales, participar u organizar talleres de teatro o lectura, hasta el voluntariado en ONG, acogida de animales o bancos de alimentos. También están los proyectos de ecología, como la reforestación o la limpieza de playas, o las asociaciones vecinales.

Si lo tuyo es el deporte, puedes unirte a clubes locales o participar en torneos comunitarios. Puedes implicarte en cooperativas sociales, en proyectos de economía solidaria, o participar en campañas benéficas y eventos para recaudar fondos. Si eres creyente de alguna religión, en los grupos que tengan para actividades. También puedes colaborar en iniciativas educativas dando clases o tutorías. Hay muchas formas de implicarse, y todas ellas contribuyen a una vida más plena y conectada con los demás. Y, además, nos hace más felices. Esto es «no ser idiota».

Autosuficiencia y compromiso social: nada en demasía

¿Cómo cuadra esto con la autosuficiencia para ser felices? La no dependencia de lo exterior no está en conflicto con la colaboración y el compromiso social. De hecho, ambas ideas pueden convivir perfectamente. La autosuficiencia, en el sentido en que los estoicos la entendían, significa que nuestra felicidad y serenidad no deben depender de lo que los demás piensen de nosotros, ni de las circunstancias externas. No quiere decir que debamos aislarnos, sino que debemos aprender a gestionar nuestras emociones y expectativas para no ser esclavos de los acontecimientos o del qué dirán. Es una fortaleza interna que nos permite actuar en el mundo sin dejarnos arrastrar por él.

Creo que la polarización política que sufrimos tiene que ver con la falta de equilibrio en este sentido, porque buscar el éxito personal no tiene que suponer ignorar las cosas comunes ni la idea de comunidad tiene que entrometerse en lo personal. Hay que tener en cuenta que, aunque nos hace más felices colaborar en lo común, si alguien quiere quedarse en su casa no se le debe obligar. Estos que inventaron la democracia, los griegos, lo tenían claro, allá cada uno, pero quien se queda en casa cuando hay que tratar un tema público es un *idiota* etimológicamente hablando, que conste.

El individualismo también ha aumentado los niveles de frustración y victimismo en la sociedad, y hace que muchos culpen a los demás cuando no logran lo que desean. Esto lleva a un narcisismo creciente, que es una de las pandemias de nuestro tiempo. El individualismo también afecta a la manera en que las personas interactúan en las redes sociales, donde los algoritmos refuerzan esta tendencia al priorizar el egocentrismo y la búsqueda de fama y aprobación.

Quedarse de brazos cruzados mirando cómo los demás hacen todo el trabajo mientras tú te centras en tus propios intereses, o en ti mismo, no te hará más feliz. El bienestar emocional no es vivir aislado permanentemente del mundo en lo alto de una montaña (hacerlo de vez en cuando no está mal, pero eso es otra cosa).

Además, uno por sí solo no consigue nada, necesitamos la ayuda de los demás. Es la pura realidad. Muchos nos venden la idea de que podemos hacerlo todo por nuestra cuenta, que basta con nuestra fuerza de voluntad y determinación para lograrlo todo. Claro que necesitamos tener objetivos y determinación personal, eso no nos lo va a dar nadie ni debemos depender de los demás para ello, pero no llegaremos lejos sin el apoyo y la colaboración de otros.

Un arquitecto puede diseñar el edificio más innovador, pero sin los obreros que lo construyen se queda en un papel.

Una persona puede tener la mejor idea del mundo, pero sin un equipo que la lleve a cabo esa idea no pasa de ser un sueño.

Nos necesitamos los unos a los otros. Colaborar no es solo un imperativo moral o un mandato social: es una necesidad básica para el éxito —ya sabes que insisto siempre en que el éxito está en las pequeñas cosas, que huyo de esa idea que nos venden algunos del superéxito— y la felicidad. Trabajar juntos nos ayuda a superar los desafíos, a aprender de los demás, y nos da la satisfacción de sentir que formamos parte de algo más grande que nosotros mismos. Es decir, nos hace felices.

Por otra parte, los *coachs* estos nos han vendido la idea de que todo se soluciona con mantras, con sesiones de *mindfulness* y con aprender a quererse a uno mismo, y ojo, esto lo necesitamos —¡es lo que nos enseñan los clásicos!—. Si te dedicas únicamente a «encontrarte a ti mismo» o «buscar tu propósito», como dirían esos gurús de la autoayuda, no serás feliz, porque la verdadera felicidad no está en centrarse solo en uno mismo sino en ser parte de algo más grande. Colaborar, implicarse en los problemas de la comunidad, echar una mano donde se necesite, eso es lo que de verdad te llena. Al final, el bienestar está dentro de ti, pero no se encuentra solo dentro de ti, sino también en lo que colaboras con los demás.

Implicarse en los asuntos comunes responde a nuestra naturaleza social. Somos seres que prosperamos en comunidad, y nuestra vida tiene más sentido cuando contribuimos al bienestar común. La autosuficiencia nos permite hacerlo de una forma más sana, sin buscar constantemente la aprobación o el reconocimiento externo. Nos permite participar desde un lugar de tranquilidad interior, donde nuestra motivación es contribuir al bien común, no recibir aplausos o llenar vacíos personales. Es decir, cuanto más seguros y serenos nos sentimos por dentro, más capaces somos de colaborar con los demás, porque no estamos buscando llenar nuestras carencias emocionales a través de esa colaboración, sino aportar de verdad.

Ambas cosas se complementan: la autosuficiencia nos da estabilidad interna y la colaboración nos conecta con el mundo, nos permite tener un impacto positivo en la sociedad y, por tanto, nos hace felices.

Lo que los clásicos sabían, y parece que hemos olvidado, es que estamos hechos para cooperar. La verdadera serenidad y felicidad vienen cuando dejas de pensar solo en tu ombligo y te das cuenta de que formas parte de una comunidad. Y dieron ejemplo de ello, con su vida, Demóstenes, Aristóteles, Cicerón, Séneca, Marco Aurelio, por citar solo algunos. Miles de años después, MediaMarkt lanzó la campaña «Yo no soy tonto». Ser un individualista es ser un *idiota*, así que —como nos enseñan los clásicos— implícate en los asuntos comunes.

25

SONRISAS Y LÁGRIMAS:
SOMOS HUMANOS, NO PIEDRAS

Cuando se enteró de que un preceptor suyo había muerto, Marco Aurelio comenzó a llorar amargamente. Como algunos miembros de la corte lo criticaron por ello, Antonino Pío —el emperador anterior— les replicó:

> Dejadle ser humano, que ni la filosofía ni el trono son fronteras para el afecto.

> (*Historia Augusta.* «Marco Aurelio» I)

Esta anécdota sobre Marco Aurelio, contada en la *Historia Augusta* (que recoge la vida de varios emperadores), es un recordatorio maravilloso de que incluso los más grandes filósofos y emperadores son, ante todo, humanos. Marco Aurelio, el «emperador filósofo», era un hombre que practicaba y propugnaba el estoicismo, pero no por ello estaba exento de sentir y expresar emociones.

Imaginemos la situación. Marco Aurelio, el futuro emperador y uno de los más grandes pensadores estoicos, está llorando abiertamente por la pérdida de una persona cercana. Y claro, como en todos los sitios, no faltaron quienes comenzaron a criticarlo. Probablemente se dijeron a sí mismos, con aires de superioridad: «¿Pero ¿cómo es posible que un estoico, y encima un futuro emperador, se permita semejante debilidad? ¿No debería ser él ejemplo de imperturbabilidad?».

Y aquí es donde entra en escena Antonino, el emperador en ese momento y mentor de Marco Aurelio, para callarles la boca a todos con una respuesta que corta en seco cualquier crítica: «Dejadle ser humano, que ni la filosofía ni el trono son fronteras para el afecto». Con esta simple frase, Antonino nos recuerda algo fundamental, frente a lo que defienden algunos de los modernos charlatanes del estoicismo (que no han leído en latín ni en griego a los clásicos): el estoicismo no nos lleva a la insensibilidad.

El hecho de que Marco Aurelio llore no lo hace menos estoico. Antonino reconoce que el estoicismo no exige la negación de nuestra naturaleza humana, sino que nos enseña a vivir en armonía con ella.

Esta anécdota es un golpe directo a esa falsa idea de que el estoico no puede mostrar emociones. Nos enseña que, al contrario, el estoico entiende que las emociones son parte de la vida y que llorar por la pérdida de alguien querido no solo es normal, sino también necesario. Marco Aurelio lloró porque era humano, porque sentía, y porque sabía que no hay filosofía, por elevada que sea, que deba separarnos de lo que nos hace humanos: nuestra capacidad de sentir afecto, dolor y amor.

LOS HÉROES TAMBIÉN LLORAN

Ulises es un llorón: llora cuando está en la isla de Calipso mirando el horizonte y añora a su esposa Penélope y a su hijo Telémaco, cuando escucha en la corte de Alcínoo, el rey de los feacios, cantar las hazañas de los héroes de la guerra de Troya y recuerda las penurias de la guerra y a sus compañeros caídos.

Eneas llora también, y Héctor cuando se despide de su esposa Andrómaca sabiendo que no va a volver a verla y el final que le espera también a ella. En la escena final de la *Ilíada*, el encuentro de Príamo y Aquiles, los dos lloran. Los dos lloran, y se reconocen en el dolor, pero después de haber llorado un rato Aquiles dice que no deben dejarse dominar por el llanto, «que hiela el corazón».

Homero, Virgilio, los escritores clásicos entendían que las emociones, y en particular el llanto, eran una parte integral de la experiencia de los héroes. Los héroes también lloran.

SONRISAS Y LÁGRIMAS DEL ESTOICISMO

Ni los héroes ni los estoicos son imperturbables. Aunque algunos se empeñan en transmitir que los estoicos son como estatuas de mármol, inmutables e insensibles, que ni lloran ni sonríen, que ser estoico es como tener un manual de instrucciones para el «modo robótico», donde cualquier señal de emoción es automáticamente suprimida. Los homeópatas del estoicismo nos lo venden como si el estoicismo fuera esto: «¿Llorar? ¡Prohibido! ¿Te ríes? ¡Prohibido!». Parece que creen que los estoicos viven en un perpetuo día de imperturbabilidad (ya siento la palabra), sin espacio para una buena carcajada o una lágrima sincera.

En el capítulo «Defender la alegría» me refiero a la reivindicación que hace Séneca del filósofo griego Demócrito, siempre sonriente:

> Demócrito, por el contrario, cuentan que nunca estuvo en público sin una sonrisa.
>
> (*Sobre la ira* II)

¡Pero si hasta los dioses de la mitología se ríen! Homero cuenta, en el canto VIII de la *Odisea*, que Hefesto (Vulcano en la mitología romana) llama al resto de dioses para que vean cómo ha atrapado bajo una red de hierro a su esposa Afrodita con su amante Ares, desnudos, en la cama. Los dioses se ríen a carcajadas de Hefesto, porque hay que ser tonto para mostrar a los demás a su esposa en esa situación. Incluso los dioses no están exentos de emociones como la risa.

Hay quienes piensan que ser estoico significa renunciar a estos momentos de alegría, que dominar las emociones es lo mismo que reprimirlas, y que un verdadero estoico nunca sonríe porque eso sería una señal de debilidad o falta de control. Pero dominar las emociones no significa vivir en un estado perpetuo de neutralidad emocional, como si fuéramos meras máquinas. Al contrario, el verdadero estoico sabe que las emociones forman parte de la experiencia humana y que, lejos de ser eliminadas, deben ser comprendidas y gestionadas con sabiduría.

Hay pocas cosas más cautivadoras que una sonrisa. La sonrisa de un bebé, por ejemplo, tiene un poder casi mágico. No importa lo duro que haya sido tu día o lo abrumado que te sientas por las preocupaciones; cuando un bebé sonríe, es como si el mundo entero se iluminara de repente. Es un recordatorio de la belleza simple y pura de la vida, un instante de alegría que nos conecta con lo mejor de nuestra humanidad.

Sonreír te hace más feliz, y hace más felices a los demás (los estudios de neurología han demostrado que las hormonas positivas te hacen sonreír, y sonreír genera endorfina y serotonina). Sin saber todo esto Séneca ya recomienda seguir el ejemplo del sonriente filósofo griego Demócrito.

Séneca, Marco Aurelio, Epicteto… ninguno de ellos te diría que te abstengas de sonreír. No sé por qué se les representa siempre dolientes, como si estuvieran estreñidos. Lo que ellos nos enseñan es que no debemos ser esclavos de nuestras emociones, que no debemos permitir que los estados emocionales nos arrastren hacia la irracionalidad, pero eso no significa que debamos reprimir nuestra capacidad de disfrutar de la vida. De hecho, una sonrisa, en su espontaneidad y simplicidad, es una expresión de la serenidad interior que buscamos para nuestro bienestar emocional.

La serenidad es un equilibrio: ser capaz de disfrutar los momentos de alegría sin dejar que la búsqueda constante de placer se convierta en el motor de tu vida.

Esas personas que entran al ascensor con la cara de haber mordido un limón, que gruñen un saludo, que tienen el ceño fruncido como si fuera su uniforme… no disfrutan del valor de una sonrisa, que es, además, una ventaja competitiva inigualable. La sonrisa no solo mejora el estado de ánimo de quien la recibe, sino también de quien la ofrece; es un gesto de amabilidad, es una puerta abierta a un sinfín de posibilidades humanas y profesionales. Una sonrisa conecta con los demás de una manera única.

¿Y qué decir cuando se trabaja de cara al público? «Si no sabes sonreír, no abras una tienda» dice un proverbio chino. Esto subraya la importancia de la actitud y la amabilidad en el servicio al cliente. La sonrisa es no solo cortesía, sino también la capacidad de crear un ambiente positivo y acogedor, que es fundamental para el éxito en cualquier negocio orientado al público.

La sonrisa triunfa. Quizá una de las razones por las que la *Gioconda* es uno de los cuadros más famosos de la historia del arte es por su sonrisa, tan enigmática.

Casi quinientos años antes, Aristóteles había reivindicado en su *Poética* el papel de la tragedia y de la comedia para educar las emociones. Manejar las emociones es esencial para cualquiera que quiera vivir una buena vida, y la tragedia nos muestra lo que les ocurre a los personajes que no lo hacen. Qué lástima que el libro II de la *Poética*, que Aristóteles dedicó a la comedia, no se haya conservado. También la comedia conduce a una purificación de las emociones, a una catarsis: no hay mejor medicina que la risa. En torno a la desaparición de esta parte de la obra de Aristóteles trata una novela genial, *El nombre de la rosa* (1980), de Umberto Eco.

En sus *Cartas a Lucilio* Séneca mismo admite sentir profundamente. Claro, no dejaba que sus emociones lo dominaran, pero no se trataba de reprimirlas. Séneca entendía que las emociones son parte de la experiencia humana y que, manejadas desde la serenidad, sabremos controlarlas.

También para Epicteto las emociones son algo natural de la vida humana, y señala que hay que ser capaces de «entrenar los sentimientos» (*Disertaciones* III). Es decir, que las emociones deben ser disciplinadas y entrenadas, al igual que se entrena el cuerpo para mantenerse en forma. Este «entrenamiento» implica practicar la moderación, la reflexión y la autoconciencia para que, cuando surjan emociones fuertes, podamos manejarlas con sabiduría en lugar de dejarnos arrastrar por ellas.

Así que, la próxima vez que alguien te diga que el bienestar emocional significa no mostrar emociones, puedes reírte un poco y pensar: «Incluso los grandes estoicos sabían que las emociones son parte de la vida, pero aprendieron a manejarlas con serenidad».

Marco Aurelio lloró por su preceptor y Séneca reivindicó la sonrisa de Demócrito ante la vida. Los estoicos no eran robots imperturbables. Cuando te enfrentes a la vida con una sonrisa o con lágrimas en los ojos, recuerda que estás siguiendo los pasos de los grandes estoicos y de tantos otros que han aprendido a vivir plenamente sus emociones.

La película sobre las peripecias para escapar de los nazis de la familia Von Trapp, *The sound of music*, dirigida en 1965 por Robert Wise y protagonizada por Julie Andrews y Christopher Plummer, se tradujo en español como *Sonrisas y lágrimas*.

Sonríe o llora, pero hazlo con la sabiduría de un verdadero estoico: muestra tus emociones sin dejar que te dominen. La vida son sonrisas y lágrimas. La clave del bienestar emocional no está en no sentir, sino en saber cómo vivir con serenidad esa mezcla de «sonrisas y lágrimas» que define nuestra humanidad.

26
EL DINERO NO QUITA LA FELICIDAD

«No te preocupes por el dinero, la felicidad está en otra parte». «Menos dinero, más zen». «Las riquezas son un estorbo en el camino a la felicidad». «Menos ingresos, más equilibrio emocional». Todo esto lo he leído por ahí. He leído cosas que no creeríais, siguiendo el pasaje estelar de *Blade Runner*.

Muchos de los gurús de la autoayuda trasladan la idea de que para ser feliz sobra el dinero. A menudo interpretan el estoicismo como una filosofía que, para ser feliz, promueve la renuncia a todos los placeres materiales y una vida casi monástica.

Sin embargo, esta visión es una deformación que no refleja el verdadero espíritu del estoicismo. Para los estoicos la clave no está en rechazar las riquezas o los placeres de la vida, sino en no ser esclavos de ellas.

Para los epicúreos, cuantos más medios tengas para disfrutar de la vida, mejor; eso sí, también sin obsesionarse. En cambio, los cínicos (literalmente los 'perrunos') despreciaban no solo el dinero, sino todo lo material; el mejor exponente es Diógenes, que no tenía nada y vivía en la calle. Pero ¿quién quiere vivir a la intemperie?

Y es que el dinero no da la felicidad, pero no la quita. A no ser que te pueda el ansia viva, como al rey Midas de la mitología. Recuerda: para lograr el bienestar emocional, nada en demasía.

De hecho, los referentes del estoicismo clásico no tenían problemas de dinero. Séneca era multimillonario y Marco Aurelio era emperador, así que lo tenían todo a su disposición. Epicteto había sido esclavo, pero llegó a ser libre y fundó su propia escuela, por lo que también tenía recursos.

El estoicismo no es vivir como un ermitaño, sino vivir con sabiduría y moderación. Séneca expresa claramente que el dinero, por sí mismo, no garantiza la bondad ni la felicidad, pero desde luego hace la vida más cómoda:

> Digo que las riquezas no son un bien; en efecto, si lo fueran, nos harían buenos. Pero reconozco que son dignas de tenerlas, útiles y tales que procuran muchas comodidades a la vida.

> (*Sobre la vida feliz* 24)

Sin embargo, es una estupidez menospreciar por completo el dinero. Afirma que es preferible vivir «en una casa espléndida que debajo de un puente» pero:

> Ponme en medio de un ajuar espléndido y de una refinada suntuosidad: en absoluto me creeré más dichoso porque haya a mi disposición unas ropas delicadas, porque la púrpura se extienda a los pies de mis invitados. Cambia mis sábanas: en absoluto seré más infeliz si mi fatigada espalda reposa en un manojo de heno, si me acuesto sobre borra de circo que se sale por los remiendos de un paño desgastado.

> (*Sobre la vida feliz* 25)

Y es que se trata de no estar al servicio de los medios materiales, de no depender de ellos:

> Las riquezas en casa del sabio están al servicio, en casa del necio, al mando.

> (*Sobre la tranquilidad del ánimo* 26)

Esto significa que no hay que dejar que el dinero controle tu vida. No se trata de despreciar el dinero, sino de entender su lugar. El verdadero valor radica en no ser esclavos de él:

> Se deben menospreciar esas cosas no para poseerlas, sino para no poseerlas angustiado.

> (*Sobre la brevedad de la vida* 21)

El buen estoico (lo que Séneca llama «el sabio») no rechaza las comodidades de la vida, pero tampoco depende de ellas para ser feliz. En lugar de hacer un voto de pobreza, el estoico se esfuerza por mantener una relación equilibrada con el dinero y los bienes materiales. Otra cosa es que no hay que obsesionarse por el dinero. Séneca lo expresa claramente:

> El sabio no ama las riquezas, pero las prefiere: no las admite en su espíritu sino en su casa, ni repudia las que posee, sino que las modera.

> (*Sobre la tranquilidad del ánimo* 22)

Según Séneca, para lograr el bienestar emocional no hay por qué conformarse con lo peor o hacer el papel de mártir. ¡Nada de eso! El verdadero estoico sabe que la vida no siempre va a ser color de rosa. Si te toca estar enfermo, lo aceptas con serenidad, pero eso no significa que no prefiramos estar sanos. Lo mismo pasa con el dinero: podríamos vivir sin mucho, pero eso no significa que sea preferible tener suficiente para vivir bien:

> El sabio soportará la mala salud, deseará la buena; del mismo modo que también podría hacer un viaje por su propio pie, pero preferirá ir en algún medio de transporte, igualmente podría ser pobre, pero querrá ser rico.

> (*Sobre la vida feliz* 22)

Si tienes un coche, ¿por qué no usarlo? Porque «nadie ha condenado a la pobreza a la sabiduría». Séneca nos recuerda que la felicidad no está peleada con tener y disfrutar de medios en la vida. El estoicismo no te condena a la pobreza, ni te obliga a rechazar el bienestar. Al contrario, te enseña a no depender de ello para ser feliz. El buen estoico no necesita lujos para estar bien, pero si los tiene sabe disfrutarlos sin volverse loco. No hay que rechazar la generosidad de la suerte, y «no se envanecerá ni se avergonzará de su patrimonio ganado por medios honrados».

No somos más felices por tener «unas ropas delicadas», ni más infelices por llevar un abrigo desgastado. Y, como bien dice Séneca:

> Quienquiera que arrebate las riquezas de un sabio le dejará todos sus bienes.

> (*Sobre la vida feliz* 2)

No debemos rechazar el dinero, y hay que saber gastarlo con sensatez. Además, si tienes dinero, dice Séneca, podrás ayudar a los demás: debemos «Tener el bolsillo fácil, no agujereado, para que de él salga mucho y no se caiga nada».

Además, reconoce, la solidaridad no es fácil, hay que hacerla con cabeza:

> Se equivoca cualquiera que considere que dar es asunto fácil: este asunto entraña muchísima dificultad, al menos si se hace la distribución con prudencia, no se dilapida al acaso y por un impulso.

> (*Sobre la vida feliz* 24)

NO TE LO VAS A LLEVAR A LA TUMBA

En español se tradujo *Vive como quieras* la genial película de Frank Capra que en inglés se tituló *You can't take it with you*, literalmente 'No te lo puedes llevar contigo' (1938). El título original y la película transmiten un mensaje claro: la verdadera felicidad no se encuentra en acumular riquezas que no nos vamos a llevar a la tumba y que, por tanto, no deben ser el centro de nuestras vidas. La película contrapone dos mundos: el de la familia Sycamore, que vive una vida sencilla pero plena, disfrutando de cada día sin preocuparse demasiado por el dinero o las convenciones sociales, y el del magnate Anthony P. Kirby, que es rico pero infeliz, atrapado en una vida de negocios y ambición sin fin.

Este mensaje se alinea con una parte de la postura de Séneca sobre el dinero: el dinero puede proporcionar comodidades, pero no debe ser el objetivo principal de la vida. Se trata de disfrutar de lo que tienes sin dejar que te controle. La película, como las enseñanzas de Séneca, nos invita a reflexionar sobre lo que realmente importa en la vida y a vivir de una manera que nos permita ser verdaderamente felices, sin depender de las riquezas materiales. Al morir, todas las riquezas materiales que hayamos acumulado no tendrán ningún valor real, «no nos las llevaremos con nosotros» allá donde vayamos.

Y SI NO TIENES DINERO ESTO TE VIENE MUY BIEN

Como digo, he escrito este libro para mí mismo, porque como no soy rico me consuelo con esta parte del estoicismo y me aplico los textos de Séneca para no estar jodido por no tener dinero (es cuestión de entrenamiento mental, te lo aseguro).

Al fin y al cabo, la felicidad está hecha de pequeñas cosas, como dijo el gran Groucho Marx: «La felicidad está hecha de pequeñas cosas: un pequeño yate, una pequeña fortuna, una pequeña mansión». Más allá del humor del genial Groucho, y de acuerdo con Séneca, tampoco hay que despreciar los medios materiales. El dinero es útil, nos hace la vida mucho más fácil y es preferible tenerlo que no tenerlo. Como dice él mismo, nos permite ayudar más a los demás. Y cuando no tienes estas cosas el estoicismo es lo mejor, porque te ayuda a no sufrir por no tenerlas.

Los ricos también lloran, y la muerte y la enfermedad nos igualan a todos: los millonarios también mueren, Steve Jobs en 2019, a los 56 años, por cáncer de páncreas, y más medios que tenía él para tratarse no tenía nadie. Todos nos vamos a morir y no nos vamos a llevar nada con nosotros, a la tumba ni al más allá (para los que crean que existe).

Dicho esto, la clave está en disfrutar de las comodidades que el dinero puede proporcionar, pero sin perder de vista que nuestra felicidad y paz interior no dependen de él. Así que disfruta de lo que tienes, trabaja para vivir bien y, sobre todo, no dejes que el dinero te vuelva loco.

27
CÓMO SER EMPRENDEDOR: LA FORTUNA AYUDA A LOS VALIENTES

Valentín siempre había seguido la rutina, viviendo en la misma ciudad, Zaragoza, en la misma casa, trabajando en la misma oficina —la de su padre, administrador de fincas—, viendo a las mismas personas. Se había casado y tenía un hijo. Fines de semana al fútbol. En verano a la playa a Benicasim, y una semana al año viaje fuera de España. Eso que llaman una vida normal. No tenía quejas de la vida, no aspiraba a nada en especial, pero había algo que siempre le rondaba en la cabeza: el deseo de aprender a tocar el piano. Desde niño había soñado con hacerlo, pero nunca se atrevió a ir a clase porque pensaba que ya era demasiado tarde para empezar.

A sus 38 años, un día cualquiera, Valentín vio en Instagram un anuncio del curso de More «Aprende piano de una vez». Algo dentro de él se removió, pero la idea de enfrentarse a un piano y no saber por dónde empezar le daba miedo. «Soy demasiado mayor para esto», se repetía. Pero esa noche, mientras se cepillaba los dientes, se dijo: «¿Por qué no intentarlo?»

Al día siguiente se apuntó a las clases. Se compró un teclado de piano. No fue fácil. Al principio, sus dedos parecían columnas y el sonido que salía del piano no era precisamente armonioso. Había días en los que pensaba en rendirse, en volver a su rutina sin desafíos. Pero cada vez que se sentaba al piano recordaba que la valentía no es solo para los que emprenden grandes proyectos, sino para aquellos que, como él, deciden salir de su zona de confort.

Con el tiempo, comenzó a disfrutar de sus avances. No tenía intención de convertirse en un pianista famoso, ni de dar conciertos. Simplemente quería tocar para sí mismo, porque le hacía feliz. Un día, después de muchos meses y mucho esfuerzo, fue capaz de tocar su primera pieza completa. Para él, fue un pequeño triunfo, pero más importante aún, fue la recompensa por haberse atrevido a intentarlo.

Si esta fuera una historia motivacional de los chamanes de la autoayuda habría acabado con Valentín dando conciertos por distintos países y haciendo entrevistas, ganando premios y mucho dinero por actuar… eso que llaman el éxito. Pero esto pasa una vez de un millón, si es que pasa.

Pero esta no es una historia inventada. Es real. Valentín no cambió el mundo ni se hizo millonario, pero cambió su mundo: se dio cuenta de que eso le hacía muy feliz. Porque la fortuna no es solo para los que toman grandes riesgos en los negocios, sino también para quienes se atreven a tomar pequeños pasos hacia lo que realmente desean en la vida, es decir, la fortuna ayuda a los que toman decisiones.

LA FORTUNA AYUDA A LOS VALIENTES

Audentes fortuna iuvat.

(*Eneida* X)

Este famoso verso de Virgilio aparece en esa obra maravillosa que es la *Eneida* cuando el héroe Eneas se dirige a sus tropas para motivarlas en la batalla. Es una frase que atraviesa miles de años y llega hasta nosotros para indicarnos la importancia de tomar la iniciativa en la vida: 'la fortuna ayuda a los valientes'.

Así se suele traducir este verso en el que Virgilio nos recuerda que la fortuna, la suerte, no llega a aquellos que esperan pasivamente a que las cosas sucedan. Por el contrario, es a los que se atreven a dar el primer paso, a asumir riesgos calculados y a enfrentarse a lo desconocido, a los valientes, a quienes la fortuna favorece. Porque no dice *osados*, dice *audentes*, es decir, 'a los que se atreven'. El matiz es muy importante.

Normalmente, al escuchar «la fortuna ayuda a los valientes» pensamos en los héroes en el campo de batalla o los emprendedores que han puesto en marcha lo que luego será una gran empresa.

«Diez ejemplos de emprendedores exitosos que te inspirarán» es el titular que da uno de estos gurús, y menciona a «Elon Musk, Mark Zuckerberg o Sam Altman» y a otros que no me suenan. Muy bien, son un ejemplo de valentía empresarial, los admiramos, yo los admiro, pero no se trata de que todos seamos emprendedores en el sentido empresarial. Es estupendo que quien quiera serlo, sea valiente y se ponga en marcha.

Además, ser empresario supone ser emprendedor, pero ser emprendedor no quiere decir ser empresario. Se puede —y se debe, como dice Virgilio— ser emprendedor en muchos aspectos de la vida, no solo hay que pensar en que ser emprendedor es solo montar un negocio. Se trata de tomar decisiones, de llevar la iniciativa, aun en las más pequeñas cosas. Hay quien ni siquiera es valiente no ya para hacer algo, sino para expresar su opinión.

Ser valiente requiere la capacidad de ver oportunidades donde otros ven obstáculos, de tomar decisiones en medio de la incertidumbre, y de avanzar incluso cuando el camino no está completamente claro. Esta actitud, este impulso de actuar y no quedarse esperando, es lo que distingue a quienes toman decisiones y las llevan a cabo de aquellos que se quedan estancados en la inacción, en la inercia.

La fortuna nos ayuda a todos si tomamos decisiones en nuestra vida, no hay que ser empresario para ello. No hay que ser Jeff Bezos. Tú puedes ser valiente en tu vida, aunque seas maestro o trabajador en una fábrica, no hace falta que montes una *start-up* ni fundes Amazon. Se trata de ser capaz de emprender pequeños cambios que te hagan la vida más feliz a ti y a los de tu alrededor. Y si te equivocas, habrás aprendido.

En las *Metamorfosis* de Ovidio, el mito de Atalanta narra la historia de una joven cazadora extremadamente rápida corriendo que no quería casarse y, para evitar el matrimonio, imponía una condición a sus pretendientes: solo se casaría con aquel que pudiera vencerla en una carrera. Sin embargo, si el pretendiente perdía, debía pagar con su vida. El joven Hipómenes se enamora de Atalanta al verla y decide que debe ganar la carrera para casarse con ella. Aunque consciente del riesgo, decide competir con ella y se dice a sí mismo:

¡Audentes deus ipse iuvat!
¡A los valientes el mismo dios les ayuda!

(*Metamorfosis* X)

Hipómenes consiguió con una treta —arrojando manzanas de oro para entretener a Atalanta— ganar a Atalanta. Se jugaba la vida. Pero fue valiente y tomó la decisión.

No pensemos solamente en los empresarios sino, en general, en atreverse a hacer algo. Veo a demasiada gente que se deja llevar por la inercia en su vida, que no toman decisiones. ¿No son capaces de tomar sus propias riendas? La suerte no les favorecerá.

Uno de los mitos iniciales de la mitología clásica traslada también esta enseñanza. Para poner orden en el mundo, los dioses del Olimpo se enfrentaron a unos seres terribles, gigantescos, en lo que se conoce como la Gigantomaquia, hijos también, como los propios dioses, de Gea, la madre Tierra. Al final ganaron los dioses olímpicos y se impuso el orden frente al caos. Júpiter se hizo con el control de todo y fue repartiendo entre sus hermanos el dominio sobre el reino del mar —Neptuno— o el inframundo —Hades—. ¿Por qué? Porque es el que había llevado la iniciativa. La fortuna ayuda también... a los dioses valientes.

Cada iniciativa, cada paso adelante, es una oportunidad para que la fortuna nos sonría. Esperar a que las condiciones sean perfectas es una forma segura de no avanzar. Es mejor lanzarse y aprender en el camino que quedarse paralizado por el miedo al fracaso.

La fortuna favorece a aquellos que tienen el coraje de actuar, esa es la valentía. Emprender no es solo una cuestión de tener una buena idea, sino de tener el valor para convertirla en realidad. No lo olvides, en lo que sea que quieras hacer, la fortuna ayuda a los valientes.

28
EL ORDEN PRODUCE PAZ INTERIOR

Durante la pandemia teníamos las clases por internet. Les recordé a mis alumnos que tuvieran la cámara encendida. Como en aquel programa que manejábamos para las clases no se podía poner fondo de pantalla en la imagen, les dije que no se preocuparan por el estado de su habitación, pero... ¡qué habitaciones he visto!

Como dice el replicante Roy Batty —interpretado por Rutger Hauer— al final de esa película genial que es *Blade Runner*, «he visto cosas que vosotros no creeríais». Nunca pensé que fuera posible tanto desorden en algunas de las habitaciones que mostraba la cámara y siempre me pregunto cómo se las arreglaban para trabajar ahí. No era cuestión de espacio, sino de desorden, un desorden inimaginable.

Siempre he pensado, de acuerdo con el verso del gran poeta Gil de Biedma, que «un orden de vivir es la sabiduría».

No se trata de vivir obsesionados con el orden, pero un cierto orden en las cosas que nos rodean, y un orden en los horarios, es, como dice el poeta, la verdadera sabiduría.

Por ejemplo, hacer la cama cada mañana. Puede parecer una tarea pequeña e insignificante, pero en realidad es un acto que tiene un impacto simbólico en nuestra vida diaria. Esta sencilla acción nos ayuda a ordenar nuestra mente y nuestra vida, y esto produce bienestar emocional.

Cuando nos tomamos el tiempo para hacer la cama cada mañana estamos comenzando el día con un pequeño gesto de organización. Al ver que nuestro espacio personal está en orden, nuestra mente también se siente más organizada y preparada para enfrentar al resto del día.

Además, hacer la cama es una de esas pequeñas tareas que se pueden completar fácilmente. Al hacerla, ¡ya hemos hecho algo! Es una pequeña victoria que nos da una sensación de logro y nos motiva a continuar siendo productivos a lo largo del día. Esa sensación nos anima a completar otras tareas con la misma eficiencia.

Hacer la cama cada mañana también es un ejercicio de disciplina. Yo me hago la cama hasta cuando estoy en un hotel. Estamos estableciendo una rutina diaria que nos enseña la importancia de cumplir con pequeñas responsabilidades. La disciplina que practicamos en estas tareas cotidianas se traduce en otras áreas de nuestra vida, ayudándonos a mantener el enfoque y la determinación en proyectos más grandes y complejos.

Un espacio desordenado contribuye al estrés y la ansiedad. El orden tranquiliza, traslada serenidad.

Los hábitos, por pequeños que sean, pueden tener un efecto dominó en nuestra vida. Al establecer el hábito de hacer la cama cada mañana estamos fomentando otros hábitos positivos, como mantener nuestro espacio de trabajo organizado, planificar nuestras tareas del día o incluso llevar una alimentación más saludable.

Además, hacer la cama marca el inicio del día, mientras que deshacerla al acostarnos marca el final. Estos sencillos, mínimos «rituales» crean un marco para nuestra jornada, ayudándonos a establecer límites claros entre las diferentes partes del día. Esto es especialmente útil si trabajamos desde casa, porque nos ayuda a crear un sentido de orden y de objetivos.

La belleza del orden

Los clásicos tenían muy claro que el orden es uno de los secretos de la sabiduría, es decir, del bienestar emocional, así que un día llevé a clase —sin hacer alusión alguna, por supuesto— un texto del escritor griego Jenofonte, del siglo V a. C. En su obra *Económico*, el primer manual de economía de la historia (que no va de fórmulas matemáticas, sino de cómo administrar los bienes de la casa, eso significa literalmente *economía*), escribe:

> Nada hay más útil ni tan hermoso para los hombres como el orden.

> (*Económico* 8)

Jenofonte, a través del personaje de Iscómaco, subraya la importancia del orden en diversas facetas de la vida, utilizando varias metáforas y ejemplos. Comienza comparando un coro desordenado con uno que actúa disciplinadamente, destacando cómo el orden transforma la confusión en algo digno de ver. Luego aplica este principio al contexto militar, señalando que un ejército desordenado es ineficaz y vulnerable, mientras que uno ordenado es eficiente y temible para el enemigo. Y lo aplica a un agricultor que mezclara todo:

> El desorden, en mi opinión, es lo mismo que si, por ejemplo, un granjero amontonara juntos cebada, trigo y legumbres, y luego, cada vez que tuviera que hacer una torta o una hogaza de pan, tuviera que separarlos en vez de tenerlos ya dispuestos para su uso.

> (*Económico* 9)

Jenofonte extiende esta analogía al ámbito doméstico, argumentando que, al igual que en un barco donde todo está en su lugar para evitar caos durante una tormenta, en el hogar también es esencial mantener el orden para facilitar el acceso y uso de los bienes. Describe cómo en un gran barco mercante, el espacio reducido se gestiona de manera extremadamente ordenada, lo

que permite que cada cosa tenga su lugar, evitando confusión y
pérdidas de tiempo. Es genial cómo Jenofonte utiliza ejemplos
visuales y táctiles (como la disposición de los enseres en un barco) para hacer tangible el concepto de orden:

> Una vez tuve ocasión de subir a bordo de un gran barco mercante
> fenicio, Sócrates, y creo que nunca había visto un aparejo tan per-
> fectamente ordenado. Pude ver, en efecto, una enorme cantidad de
> material distribuido en un continente pequeñísimo. La nave fon-
> dea y zarpa gracias a muchos aparejos de madera y de cuerda,
> navega por medio de muchos artefactos llamados colgantes, está
> armada con gran número de ingenios contra buques enemigos,
> transporta además numerosas armas para sus tripulantes y lleva
> para cada comida todos los utensilios que las personas suelen
> emplear en su casa. Aparte de esto, está repleto de cuantas mercan-
> cías lleva el armador para su comercio. Y todo esto que voy dicien-
> do cabía en un espacio no mucho mayor que una habitación de
> 25 metros cuadrados.

(Económico 9)

Y resalta el orden que encuentra en el barco, que es una
metáfora del que tiene que haber en la vida cotidiana:

> También me di cuenta de que todo estaba colocado de manera que
> no se estorbaran unas cosas a otras, ni se necesitara esfuerzo para
> buscarlas, ni estuvieran desordenadas.

(Económico 9)

Hasta el punto de que «la divinidad castiga a los desordena-
dos». Y comenta con su mujer que si los marineros son capaces
de encontrar lo que necesitan en el barco durante una tormenta
—nuevamente la vida como una navegación por el mar—, ¿no
van a ser ellos capaces de encontrar lo que necesitan en una
casa? El texto es un poco largo, pero es que es buenísimo:

> Entonces, yo, al advertir ese orden perfecto de los aparejos del
> barco, le dije a mi mujer que sería terrible nuestra indolencia si los
> marineros encuentran espacio en los barcos —que por pequeños

que sean y aunque se vean agitados por un violento oleaje, mantienen, sin embargo, el orden; y por aterrorizados que estén encuentran lo que necesitan coger—, y en cambio nosotros, a pesar de tener distribuidos grandes arcones en la casa por separado para cada cosa, y aunque la casa está sólidamente asentada en tierra firme, no encontramos un sitio adecuado y a mano para cada objeto. ¿No sería grande nuestra insensatez? Queda dicho lo ventajoso que es tener ordenado el dispositivo de enseres y lo fácil que es encontrar un lugar en la casa para poner donde conviene cada uno. ¡Qué hermoso resulta ver colocados los calzados uno junto a otro, cualquiera que sea su calidad, qué bello espectáculo ver los mantos de todas clases bien colocados por separado, las mantas, los vasos de bronce, los utensilios de la mesa, qué bello incluso lo que más haría reírse no al hombre serio, sino al ingenioso: que hasta las cazuelas, puestas en buen orden, dan sensación de armonía!

(*Económico* 9)

Finalmente, Jenofonte reflexiona sobre la belleza inherente al orden, no solo por su utilidad práctica, sino también por la armonía visual que crea:

Todo lo demás, en general, gana en belleza si está puesto en orden.

(*Económico* 9)

Y defiende que el orden en las cosas que nos rodean no solo es posible, sino también deseable en todos los ámbitos de la vida cotidiana.

Jenofonte ofrece una reflexión genial sobre el valor del orden. No ve el orden solo como una cuestión de eficiencia, sino también como una expresión de armonía y belleza. La comparación entre un barco ordenado y un hogar bien organizado muestra cómo el orden es esencial tanto en la esfera pública como en la privada.

Además, Jenofonte deja muy claro que el orden no es algo innato o espontáneo, sino que requiere disciplina y aprendizaje, tanto en el hogar como en cualquier otra área de la vida.

Y es que mantener el orden en nuestras vidas, ya sea en lo material o en lo mental, no solo nos hace más eficientes, sino que también contribuye a nuestro bienestar general.

Jenofonte aboga por un orden que va más allá de la simple organización; es un principio que afecta positivamente tanto a la eficacia como a la estética de nuestras vidas, y que, cuando se aplica de forma sensata, nos conduce a una vida más armoniosa y equilibrada, a una vida más feliz.

EL ORDEN GANÓ AL CAOS

No quiero extenderme en ello, pero la reivindicación del orden está en el comienzo mismo de cómo los griegos imaginaron el comienzo del mundo. Todas las culturas tienen una cosmogonía, es decir, una explicación mitológica del origen de todo lo existente. En la mitología clásica al principio de todo solo existía el caos, que inicialmente era una oscuridad absoluta. Hesíodo, un escritor griego del siglo VIII a. C., cuenta en una obra deliciosa, la *Teogonía*, el origen de los dioses. La obra comienza con el famoso: «En el principio solo existía el caos». Más adelante la palabra *caos* ha pasado a significar 'confusión, desorden'.

Son los dioses olímpicos, encabezados por Júpiter, los que lograron que sobre el caos se impusiera el orden, que en griego es *cosmos* (de ahí deriva el término *cosmética*, que significa, literalmente, 'poner orden'—se entiende que en la cara— y se aplica a productos utilizados para embellecer el cuerpo, especialmente el rostro).

TAMBIÉN EL ORDEN INTERIOR

Así que el concepto de orden es central en la época clásica, tanto la griega como romana. Platón y Aristóteles ven el orden como esencial para la justicia y la virtud, mientras que Pitágoras lo conecta con la armonía cósmica. En el mundo romano, Cicerón y Séneca destacan la importancia del orden para la tranquilidad del alma. Séneca en una de sus cartas señala que la vida del sabio (del estoico) «tiene que ser ordenada». Y Marco Aurelio relaciona el orden con la razón y la serenidad interior:

> En ninguna parte un hombre se retira con mayor tranquilidad y más calma que en su propia alma; sobre todo aquel que posee en su interior tales bienes, que si se inclina hacia ellos, de inmediato consigue una tranquilidad total. Y denomino «tranquilidad» única y exclusivamente al buen orden.

(Meditaciones IV)

Bueno, Marco Aurelio tenía una visión del mundo en la que todo está interconectado y cada ser tiene un papel que cumplir en el orden natural:

> ¿No ves que los arbustos, los pajarillos, las hormigas, las arañas, las abejas, cumplen su función propia, contribuyendo por su cuenta al orden del mundo?

(Meditaciones V)

Los arbustos, los pajarillos, las hormigas, las arañas y las abejas, a pesar de ser criaturas pequeñas y aparentemente insignificantes, realizan sus actividades de manera instintiva y natural. La actividad de cada uno de ellos contribuye al «orden del mundo», que es algo divino:

> ¡Los dioses un día dispusieron en orden todas las cosas!

(Meditaciones XII)

Es un orden filosófico, pero que es un reflejo del orden práctico al que me refiero.

Un orden de vivir es la sabiduría

De los clásicos a nuestro día a día. Entrar en nuestra casa y encontrar todo en su lugar produce una sensación de bienestar. Nada de montañas de papeles en la mesa, ni ropa amontonada en la silla que debería ser para sentarse, ni cosas tiradas por cualquier parte. Además, ese pequeño paraíso no solo te ahorra tiempo al no tener que buscar desesperadamente las llaves por la mañana, sino que también te proporciona una sensación de paz interior. Porque vivir en el caos es una receta perfecta para el estrés.

Pero, ojo, que aquí no estamos hablando de convertirnos en el protagonista de *Mejor imposible*. Melvin Udall, ese personaje genial interpretado por Jack Nicholson, es el ejemplo perfecto de cómo el orden puede pasar de ser una herramienta útil a una obsesión enfermiza, un trastorno obsesivo. Lavarse las manos compulsivamente, tener todo simétrico y no soportar ni un milímetro fuera de lugar no es lo que buscamos aquí. No queremos que el orden nos controle, sino que nosotros usemos el orden para mejorar nuestra vida. Recuerda, «nada en demasía».

Hace pocos años se hizo muy famosa una japonesa, Marie Kondo, que triunfó con sus libros sobre el orden —*La magia del orden*— en los que explicaba su método KonMari, centrado en la organización y el orden en el hogar. El método incluía pasos específicos sobre cómo doblar la ropa, organizar los espacios y deshacerse de lo que no es necesario, promoviendo un entorno más limpio y organizado. Desde su enfoque, cada objeto en el hogar debía tener un propósito o ser algo que realmente nos hiciera felices.

Después de triunfar en el mundo con sus libros, Marie Kondo ha admitido que su enfoque hacia el orden ha cambiado, especialmente después de tener su tercer hijo. En entrevistas, ha mencionado que ya no sigue su método tan estrictamente como antes, reconociendo que su vida es otra y que ahora su prioridad es pasar más tiempo con su familia. Ella misma ha dicho que «mi casa está desordenada», aceptando que, en su etapa actual de vida, el orden perfecto ya no es su objetivo principal, y que está más enfocada en disfrutar del tiempo con sus hijos. Pero es que el orden tiene que adaptarse a las realidades de la vida familiar, de cada entorno. No es lo mismo vivir solo que tener tres hijos. Y tampoco tener hijos justifica el desorden.

Como todo, la clave está en el equilibrio. Tener una rutina, un sistema que nos funcione, y mantener en orden nuestro espacio vital —en casa, en el trabajo— puede hacer maravillas por nuestra productividad —ahorrándonos tiempo— y nuestra tranquilidad mental —evitando estrés y ansiedad—. Insisto: no se trata de ser maniático, sino de darle a tu vida unos hábitos para que el desorden no nos consuma.

Así que ten ordenados tus espacios en la medida que puedas. No hace falta que sean perfectos; no estamos buscando la simetría absoluta. Si tienes hijos pequeños será complicado, pero será también especialmente importante porque los niños hacen lo que ven, y si ven orden a su alrededor serán también ordenados.

El orden no es solo una cuestión de productividad, es también una forma de encontrar equilibrio en un mundo que a menudo es bastante caótico. Recuerda, «un orden de vivir es la sabiduría».

29
MENS SANA IN CÓRPORE SANO

Hoy en día, los expertos en salud y bienestar recomiendan hacer ejercicio diariamente para mantener una buena salud. Esta recomendación no es nueva: los clásicos ya lo decían. La práctica diaria del ejercicio y el cuidado del cuerpo eran fundamentales en Grecia y Roma. Practicaban deporte porque es bueno para la salud (física e intelectual) y porque es divertido. ¡Pero si los griegos inventaron los Juegos Olímpicos! Y otros muchos más juegos parecidos a los Olímpicos, aunque estos son los únicos que nuestra era ha retomado. Bueno, había un elemento añadido, y es que el deporte «de alta competición» tenía un elemento religioso, pero eso lo dejamos para otro libro.

Juvenal escribe esta máxima, *Mens sana in córpore sano* —por cierto, es parte de un verso—, en un momento en que critica a sus contemporáneos por sus valores y aspiraciones superficiales. En lugar de pedir salud y bienestar mental y físico, la gente a menudo anhela riquezas, fama y placeres efímeros. Juvenal sugiere que un enfoque más sabio sería aspirar a tener una mente clara y un cuerpo saludable, ya que estas son las verdaderas bases para una buena vida (lo escribo también en latín para que puedas aprenderlo):

Orándum est ut sit mens sana in córpore sano.
Se debe orar para tener una mente sana en un cuerpo sano.

(Sátira X)

Juvenal, poeta satírico romano, nacido en Aquino —como santo Tomás—, escribe a finales del siglo I esta frase que ha recorrido miles de años de civilización, y que es toda una declaración de principios y una pieza central de la sabiduría clásica. Un cuerpo sano para lograr el bienestar emocional. Como dice mi amigo Pere Guardiola, el cuerpo no es un derecho, es una obligación.

FILOSOFÍA Y DEPORTE

Practicar algún deporte es algo que reclama también nuestro Séneca, que no era entrenador deportivo, sino ¡filósofo!, y que defiende que necesitamos hacer ejercicio para tener bienestar emocional. En *Cartas a Lucilio* 2 escribe:

> Ejercitemos el cuerpo para robustecerlo y para servir de soporte al alma, pero de modo que no se fatigue el espíritu junto con él.
> Hay ejercicios fáciles que agotan el cuerpo al instante y ahorran tiempo, del que hay que llevar una cuenta especial: la carrera, el movimiento de manos con algún peso, el salto de altura o de distancia, o el salto de los salios. Escoge la práctica sencilla y fácil de cualquiera de estos.

¿Qué es esto del salto de los salios? Eran unos sacerdotes que cada año en las ceremonias sagradas levantaban alternativamente los pies, en un baile sagrado en honor a Marte.

Séneca nos dice que el ejercicio físico es esencial, pero no debe ocupar todo nuestro tiempo ni nuestra energía. Debemos evitar los extremos y encontrar un equilibrio. ¡Un filósofo diciendo que hay que hacer ejercicio, que hay que practicar deporte! *Mens sana in córpore sano.* Incluso que uno de los ejercicios puede ser bailar, que se ha demostrado, por cierto, que es algo extraordinariamente terapéutico (yo bailo fatal, pero como no tengo sentido del ridículo, bailo siempre que puedo. Mi querida Irene Vallejo baila de campeonato).

Y algo que me parece maravilloso: como no tenían audiolibros, ni pódcast, ni podían hablar por teléfono, recomienda que mientras se hace ejercicio, otra persona lea, o si va andando, que vaya hablando con alguien o dictando notas para que un criado las apunte. Viene a reclamar, ¡hace dos mil años!, que

> uno puede leer, dictar, hablar, escuchar, llevar a cabo actividades que el paseo a pie no las impide.

Cuando salgo a correr con mis amigos me acuerdo de Séneca: hacemos ejercicio y vamos hablando. En realidad, salgo a correr para hablar con mis amigos. A menudo se piensa en Séneca únicamente como un filósofo preocupado por la vida interior y la reflexión profunda. Pero, como vemos, Séneca no solo defendía la vida interior, sino que también daba gran importancia al cuidado del cuerpo a través del ejercicio físico. No se trata solo de evitar enfermedades o problemas, sino de vivir una vida plena y satisfactoria, donde el cuerpo y la mente se apoyen mutuamente.

Hoy está demostrado científicamente que el ejercicio regular no solo fortalece el cuerpo, sino que también tiene beneficios para la mente. El ejercicio libera endorfinas, que mejoran el estado de ánimo, reducen el estrés y aumentan la sensación de bienestar. También mejoran la función cognitiva y la memoria: el ejercicio ayuda a mantener una mente activa. Sin saber de neurología ya los clásicos recomendaban el ejercicio.

Séneca no es el único autor clásico que defiende el ejercicio físico en la rutina diaria. Plinio, en una de sus cartas, reivindica como una de las claves para llegar bien a la vejez —que veremos en el capítulo «Cómo llegar a los 100 años... y mantenerse»— la importancia de estar en forma física y mentalmente.

Séneca creía firmemente que, para una buena vida, para disfrutar de bienestar emocional, es tan fundamental un cuerpo sano como una mente sana. Para él, la filosofía no se trataba solo de contemplación y estudio, sino también de mantener un equilibrio entre el cuerpo y el espíritu. Insisto, no lo recomienda un preparador deportivo, no lo aconseja un entrenador para los Juegos Olímpicos, ¡no! Nos lo está aconsejando un filósofo. Nuestro paisano insiste en que para disfrutar de una vida feliz —que es de lo que escribe Séneca—, uno debe cuidar su cuerpo, ya que este es el soporte de nuestro ser:

> La fatiga corporal no debe agotarnos, sino prepararnos para actividades más nobles.

Para él, el verdadero propósito del ejercicio es mantener el cuerpo sano, de modo que podamos dedicarnos mejor al estudio y la reflexión.

Pero, como todo, hay que hacer ejercicio de forma equilibrada. Séneca critica también a aquellos que se obsesionan con su físico. Considera que gastar todas nuestras energías en el entrenamiento corporal es tan perjudicial como no hacer nada de ejercicio. La clave está en la moderación.

En su carta, Séneca nos advierte sobre los peligros de los extremos. Nos dice que aunque es esencial ejercitar el cuerpo, no debemos dejar que este ejercicio nos consuma por completo, llevándonos a descuidar el cultivo del espíritu. En sus propias palabras:

> No debemos entregarnos por completo al ejercicio corporal, pues a fuerza de tanto mover el cuerpo, se embota el espíritu y pierde su vigor.

Séneca nos recuerda que

> [...] un espíritu sereno y equilibrado puede habitar en un cuerpo débil, pero un cuerpo fuerte no sirve de nada si el espíritu está perturbado. Es una ocupación absurda la de mover constantemente los músculos, ensanchar el cuello y vigorizar los costados. Cuando el régimen alimenticio haya producido en ti un feliz resultado y los músculos se hayan desarrollado, no igualarás jamás ni las fuerzas ni el peso de un buey cebado.

¡Me parece genial! Es decir, no hay que obsesionarse con el ejercicio físico, es la diferencia entre estar en forma y acabar siendo culturista. Los consejos de Séneca están de actualidad. En un mundo que a menudo valora más la apariencia física que la salud mental, sus enseñanzas nos invitan a buscar un equilibrio.

No debemos descuidar nuestro cuerpo, pero no debemos obsesionarnos y tampoco podemos ignorar la necesidad de cultivar nuestra mente y espíritu:

> El verdadero vigor del alma se manifiesta en el juicio recto, en el desprecio de los placeres y en la moderación en todo lo que se emprenda.

Esto refleja su creencia de que la filosofía y la práctica física deben ir de la mano. Un cuerpo fuerte sin un espíritu equilibrado no lleva a una vida plena. De la misma manera, una mente equilibrada necesita un cuerpo sano para sostenerse. Esto es el bienestar emocional.

Por cierto, que Séneca reivindica que también hay que descansar:

> No es que te ordene siempre estar pendiente del libro o de las tablillas; algún descanso hay que conceder al alma, pero de modo que no se disipe sino que se relaje.

¿CÓMO HACERLO?

Es decir, para incorporar el principio de *mens sana in córpore sano* en nuestra vida diaria, es esencial establecer hábitos que fomenten tanto la salud mental como la física. ¿Cómo hacerlo?

En primer lugar, practica ejercicio de forma regular, ya sea caminar, correr, practicar yoga o cualquier otra actividad que disfrutes. Lo importante es mantener el cuerpo en movimiento y activo cada día. Mis queridos Boticaria García y Marcos Vázquez me ayudan a tener esta disciplina.

Además, tienes que llevar una alimentación equilibrada: una dieta rica en nutrientes es esencial para conservar el cuerpo y la mente en óptimas condiciones. Opta por alimentos frescos, ricos en vitaminas y minerales, y evita el exceso de azúcares y alimentos procesados. Comer bien no solo te proporciona energía, sino que también te ayuda a mantener una mente clara y enfocada.

En tercer lugar, tienes que dormir. Dormir bien es crucial para la salud mental y física. Asegúrate de tener un horario de sueño regular y de crear un ambiente propicio para el descanso. No subestimes el poder de una buena noche de sueño. Y te lo digo yo, que duermo poco y mal (lo cuento en el capítulo «Dormir bien para vivir mejor»).

Y, por último, haz prácticas de bienestar mental: la meditación y otras rutinas pueden ayudarte a mantener una mente clara y enfocada. Dedica tiempo cada día a estas prácticas para reducir el estrés y mejorar tu concentración. No solo te sentirás más sereno, sino que también estarás mejor preparado para enfrentar los desafíos diarios (lo vimos en el capítulo «Escucha tu voz interior: el valor de la meditación»).

Otro filósofo, el gran Platón, en su obra *República*, en la que trata sobre el régimen ideal de gobierno, defiende la gimnasia como una de las bases fundamentales del buen ciudadano:

> Hay que educar a los jóvenes, desde niños, en la gimnasia. Un alma buena, por medio de su excelencia, hará que el cuerpo sea lo mejor posible.
>
> (*República* III)

De Platón… al *fitness*. Platón menciona, por cierto, la importancia de la alimentación.

Aristóteles también reivindica el ejercicio físico en unos cuantos pasajes de su obra fundamental, *Ética a Nicómaco*, hasta el punto de que advierte de la necesidad de buenas leyes en la ciudad que eduquen en la gimnasia.

Incluso en su obra *Retórica* señala la capacidad para la competición deportiva como una de las claves de la felicidad:

> Las partes de la felicidad son los muchos y fieles amigos, la riqueza, la bondad, y abundancia de hijos, y la buena vejez. Además, las excelencias propias del cuerpo, como son la salud, la belleza, el porte y la capacidad para la competición. Asimismo, la fama, el honor, la buena suerte, la sensatez, la valentía, la justicia y la moderación.
>
> (*Retórica* I, 5)

Así que la próxima vez que alguien te venda la última técnica revolucionaria para mejorar tu salud y bienestar, recuerda que los antiguos ya lo sabían: el ejercicio diario y el cuidado de tu cuerpo y mente son fundamentales. La práctica de ejercicio ya fue reivindicada por los clásicos hace miles de años. No necesitamos gurús para entender la importancia del ejercicio físico diario. Los clásicos ya nos dieron las claves para una buena vida, sin necesidad de fórmulas mágicas ni promesas vacías. Haz ejercicio, vete al gimnasio, practica algún deporte y, muy importante, hazlo con amigos.

Séneca, uno de los grandes, uno de los gigantes de la cultura occidental, defiende que hay que hacer deporte para tener buena salud mental, y que hay que hacerlo sin obsesionarse.

Los clásicos grecolatinos escriben para la vida y para ayudarnos a encontrar la felicidad. *Mens sana in córpore sano.*

30
LA HIGIENE Y LA IMAGEN, TUS ALIADAS EMOCIONALES

Jonathan, recién licenciado en Derecho por la Universidad de Zaragoza, llegó nervioso por su primera entrevista de trabajo en un prestigioso bufete. Llevaba un currículum impecable y mucha energía, pero, cuando entró a la sala, las caras de los entrevistadores cambiaron. Él no lo notó al principio, pero lo de ir en chándal no le ayudó nada.

El entrevistador principal, que había visto ya decenas de candidatos ese mes, le escuchó con cortesía, pero algo no terminaba de convencerle. Después de unos minutos, la reunión terminó y Jonathan salió sin entender muy bien qué había pasado. No fue su experiencia ni su formación, sino ese pequeño detalle: su aspecto desaliñado, que dio la sensación de que no estaba preparado ni lo suficientemente interesado.

En cambio, cuando Mateo, otro candidato con menos experiencia, entró más tarde con una camisa y unos pantalones sencillos —no era un traje, pero iba apropiado para la ocasión—, causó una impresión completamente diferente. No se trataba de un desfile de moda, pero había algo en la manera en que se presentó, en su aspecto, que demostró respeto por el entorno y adaptarse a la situación.

Está claro, no se trata de vestir como si fueras a una boda para una entrevista de trabajo, pero tampoco puedes aparecer con una imagen descuidada que reste profesionalidad, como si acabaras de salir del gimnasio. Hay un equilibrio, saber cómo hay que ir a cada sitio.

Ya los clásicos, como Cicerón, reclamaban el «decoro», es decir, lo que es oportuno en cada momento. Como decía Séneca, la virtud también se refleja en cómo nos comportamos y presentamos ante los demás.

Séneca, defensor de la sencillez y la austeridad, critica abiertamente el descuido y la suciedad de los filósofos cínicos, que confunden la humildad o la sencillez con un aspecto externo desaliñado y poco higiénico.

Para Séneca el problema no estaba en la austeridad, sino en la mala interpretación que algunos hacían de ella, pensando que, por descuidar su aspecto y caer en la mugre, estaban demostrando una mayor autenticidad o desapego del mundo material. Al contrario, el bienestar emocional, la serenidad y, por tanto, la felicidad, están relacionadas con la limpieza, la higiene y el orden. Como todo, sin obsesionarse. El ser humano no tiene por qué demostrar su no dependencia de lo exterior a través del mal olor o un aspecto abandonado.

Para él la moderación, incluso en la limpieza personal, es parte de una vida equilibrada. El aspecto externo debe reflejar la disciplina interior, pero no confundirse con una demostración de desprecio a la sociedad o la estética. Séneca no aprueba el refinamiento superfluo en la vida social, pero habla de frugalidad y sencillez, no de suciedad y desorden, como los filósofos cínicos. Y critica que se haga ostentación tanto de la sencillez como de la riqueza:

> La toga que no deslumbre de blancura, pero que tampoco esté sucia.

> (*Cartas a Lucilio* 1)

También en la ropa, nada en demasía.

En los textos médicos clásicos, en los textos hipocráticos y Galeno, la higiene y la limpieza corporal juegan un papel crucial en la prevención de enfermedades y el mantenimiento de la salud.

En la obra de Hipócrates, considerado el padre de la medicina, hay un énfasis claro en la importancia de la higiene personal y la limpieza. En su tratado *Aires, aguas y lugares*, señala que las enfermedades pueden derivar de las malas condiciones ambientales, pero también del descuido personal en cuanto a la higiene. Hipócrates vincula la salud no solo a los hábitos dietéticos y al ejercicio, sino también a la limpieza del cuerpo, y destaca que la suciedad contribuye al desarrollo de enfermedades.

Galeno, maestro de la medicina en Roma, tampoco se queda corto a la hora de hablar de la importancia de la limpieza. Defiende que mantener el cuerpo limpio y bien cuidado no solo previene enfermedades, sino que también asegura el buen funcionamiento del organismo.

Además, Galeno se pone bastante serio cuando recomienda baños frecuentes y el uso del agua para limpiar el cuerpo, algo que los romanos llevaban al extremo con sus baños termales. A esto los romanos eran literalmente adictos. Cuando la legión se quedaba más de una semana en un sitio, construían unas termas.

Al igual que con los alimentos, para los médicos de la Antigüedad el equilibrio era la clave: no te pases con los perfumes ni te olvides de la ducha.

Pero no me quiero detener en estos autores de medicina. No, no. Lo bueno es que los estoicos reivindican también la higiene y el cuidado del aspecto personal… ¡desde un punto de vista personal, moral y social!

LA LIMPIEZA FÍSICA ES LA MORAL

Hay un pasaje genial de Epicteto que resalta la conexión entre la limpieza física y la limpieza moral, que, según él, tiene origen divino. Epicteto, en *Disertaciones* VI, dice que la pureza es una cualidad que los seres humanos heredan de los dioses, que por naturaleza son limpios y puros. El hecho de que los hombres compartan con los dioses la capacidad de razonar es lo que también los vincula con la pureza, tanto en términos físicos como morales:

> Creemos que [la higiene/la limpieza] es algo especial en el hombre porque lo ha recibido, en primer lugar, de los dioses. Puesto que también ellos son por naturaleza limpios y puros, en la medida en que los hombres están emparentados con ellos por la razón, en esa misma medida están también en relación con lo limpio y lo puro.

Para Epicteto la limpieza no es solo una cuestión física, también es la manifestación de la pureza del alma. ¡No me digas que esto no es genial! Así como los dioses son limpios en esencia, los humanos, al compartir con ellos la facultad de razonar, también deberían aspirar a la pureza tanto en cuerpo como en espíritu.

Es decir, el cuidado de uno mismo, tanto físico como moral, es una obligación del hombre como ser racional. Esto no lo dice un médico, que es lo importante, ¡lo dice un filósofo, un tipo que habla de qué hacer para ser feliz!

Es una muestra más de que la higiene es fundamental para los estoicos. No es solo una cuestión de apariencia, sino una forma de honrar esa conexión divina y mantener la dignidad humana.

Y aún más. Para Epicteto la higiene es una responsabilidad, no solo personal… ¡sino social! El cuerpo es algo que se nos ha confiado, dice, similar a un caballo que debe ser cuidado y mantenido. Este cuidado no se refiere únicamente a la apariencia externa, sino a la consideración hacia quienes nos rodean.

Como «animales sociales» que somos —estarás harto de que lo repita, pero es esencial tenerlo en cuenta— una de nuestras obligaciones morales es… ¡la higiene!, ¡la limpieza! La suciedad corporal, el mal olor, un aspecto desagradable nos afectan a nosotros y también a aquellos con quienes interactuamos. Los guarros no solo fallan en su propia dignidad, sino que molestan a los demás. Yo conozco unos cuantos, seguro que tú también.

Por no hablar del mal aliento, de esos que cuando se te acercan a hablarte te echan para atrás, como dice el filósofo Epicteto:

Para eso existe el agua, para eso las manos. Sería imposible que al comer no quedara alguna suciedad entre los dientes, y por eso se dice: «Lávate los dientes». ¿Por qué? Para que seas un ser humano y no una fiera o un cerdo. Del sudor y el contacto de la ropa también queda en el cuerpo algo de suciedad que necesita ser limpiada. Por eso el agua, el jabón, la toalla y otros medios están a nuestro alcance para asearnos. ¿Acaso un herrero quitará la herrumbre de sus herramientas y tú no vas a lavar tu propio cuerpo?

«¿Por qué hacerlo?», podrías preguntar. Primero, para llevar a cabo acciones humanas y, luego, para no molestar a los demás. Tú crees que tienes derecho a oler mal: está bien, tenlo. Pero ¿y los que están cerca de ti, los que te abrazan o comparten un espacio contigo, no tienen derecho a estar en paz? Si es así, mejor ve a un lugar solitario y vive oliéndote a ti mismo, porque solo tú deberías soportar tu suciedad.

Si estuvieras a cargo de un caballo, ¿lo descuidarías? Piensa que tu cuerpo es como ese caballo que te han confiado: lávalo, cuídalo, haz que nadie tenga que apartarse de ti. Porque, ¿quién no huiría de alguien sucio, con un olor tan repulsivo que resulta peor que si estuviera cubierto de estiércol?

Si nos lavamos los dientes o el cuerpo no es solo para nosotros mismos, que ya es suficiente motivo, sino también para ser aceptados en la sociedad, afirma Epicteto. La suciedad y el descuido físico son tanto un problema personal, como una falta de respeto hacia los demás.

Y más aún. Para el filósofo estoico, el hecho de que un joven se presente, por ejemplo, con el pelo limpio y bien cuidado no es una mera cuestión de estética, también es una muestra de una inclinación natural hacia lo bello y lo armonioso, que son la base del bienestar emocional:

Prefiero que el joven que se interesa por primera vez venga a mí con el pelo arreglado que no con él hecho una pena y sucio. Pues se ve en él cierta representación de lo bello, una tendencia a la compostura. Donde piense que está eso, a eso se aficionará. Por tanto, solo hay que mostrárselo y decirle: «Muchacho, buscas lo bello y haces bien».

¡Lo que contaba al principio de la entrevista de trabajo ya lo dijo Epicteto! Subraya también que la búsqueda de la belleza externa es una puerta hacia la belleza interior. Si una persona, especialmente un joven, muestra interés por cuidar su aspecto físico con moderación, también se preocupará por el cuidado de su espíritu.

Pues, en efecto, ni siquiera a los animales que conviven con el hombre los hizo sucios la naturaleza. ¿Verdad que un caballo no se revuelca en el fango? ¿Verdad que un perro de raza tampoco lo hace? Mientras que el cerdo y los gansos asquerosos, así como los gusanos y las arañas, son los que más alejados viven del trato humano. Y tú, siendo hombre, ¿no quieres ser siquiera un animal de los que conviven con el hombre, sino más bien un gusano o una araña? ¿No te bañarás alguna vez como mejor te parezca, no te lavarás? Si no quieres con agua caliente, hazlo con agua fría. ¿No vendrás limpio para que tus compañeros disfruten de tu presencia? Y, encima, ¿así te presentas con nosotros en los templos, donde no se permite escupir ni limpiarse los mocos, siendo todo tú un cúmulo de escupitajos y mocos?

Epicteto aquí no se anda con rodeos. El tipo compara a los humanos con animales, y no cualquiera, sino con los más sucios que te puedas imaginar: cerdos y gusanos. ¡Vamos, lo mejor de cada casa! Su mensaje está claro: si hasta los caballos y los perros de raza son capaces de mantenerse limpios y respetables, ¿tú no vas a poder darte un baño de vez en cuando? Es como decirte: «Oye, ¿quieres parecerte a un cerdo? Porque si no te lavas, ¡lo estás consiguiendo!».

Y no es solo por ti, ¡eh!, también lo es por los demás. No puedes andar por la vida oliendo mal, sin ningún respeto por la gente que tienes cerca. ¿Te imaginas en el bus o en una reunión, con ese tufillo y la gente apartándose disimuladamente? Epicteto te lo deja claro: si no quieres usar agua caliente, usa fría, pero usa algo.

Y si ni siquiera haces el esfuerzo por tus semejantes, hazlo al menos, por los dioses: ¡no te presentes en el templo como una bola de mocos! Es una cuestión básica de respeto, higiene y, claro, sentido común. No es que tengamos que parecer modelos de revista, pero hay un mínimo. Como dice Epicteto, ¡se trata de ser personas, no animales! Termina diciendo:

Se trata de que el cuerpo esté limpio para que no ofenda.

LA HIGIENE PARA LA FELICIDAD

La higiene corporal —lo hemos visto con la pandemia— es fundamental para la salud física. Y también para la salud mental, es decir, para el bienestar emocional y para lograr la serenidad, claves para una vida feliz. Y también el aspecto físico, pero siempre con equilibrio. No se trata de obsesionarse, ni de convertirlo en una vanidad superficial, ni de volverse vigoréxico. Se trata de aceptarse como se es y de cuidarse, de entender la higiene y el aspecto físico como parte de la propia dignidad humana y de respeto por los demás. La suciedad y el descuido no solo son desagradables, sino que también afectan a los que nos rodean, como nos recuerda Epicteto.

Cuidar el cuerpo sin llegar al extremo de la vanidad, y mantenerse aseado sin caer en una obsesión por la apariencia. Como decía Séneca, para lograr una vida feliz hay que cuidar también lo relacionado con el cuerpo, la higiene. También la ropa. Los clásicos lo tenían muy claro. Y conviene que nosotros también.

31
DORMIR BIEN PARA VIVIR MEJOR

¿Cuántas horas duermes? ¿Qué tal duermes? Durante demasiado tiempo he dormido poco porque aprovechaba las noches para trabajar, un gran error. Séneca en una de sus cartas confiesa también:

> Duermo muy poco. Me contento con un sueño cortísimo y por así decirlo, lo voy juntando a pedazos. De vez en cuando sé que duermo, otras veces lo sospecho.

> *(Cartas a Lucilio 53)*

El sueño es una necesidad humana básica, pero en nuestra acelerada sociedad moderna a menudo lo subestimamos en favor de la productividad y el trabajo constante. Esto no es nuevo, ya les pasaba también a los clásicos. Los autores grecolatinos advertían sobre la importancia de dormir y descansar para mantener la salud del cuerpo y la mente. ¡Ay!, «el dulce sueño», como dice Homero (*Ilíada* II).

Un ejemplo claro de esta sabiduría antigua lo encontramos en las cartas de Marco Cornelio Frontón, un famoso orador del siglo II y maestro del emperador filósofo Marco Aurelio. Se han conservado las cartas de Frontón a su discípulo, y en una de ellas, la 155, le recomienda que duerma más, preocupado porque lo único que hace es trabajar (a falta de guasap o de correo electrónico, se escribían cartas):

> Querido Marco Aurelio, le has declarado a guerra al juego, a la comida, al placer; al menos duerme cuanto es preciso para un hombre. Deja que yo te suplique que no te prives del sueño y que guardes los límites del día y de la noche.

Frontón le habla de otros emperadores y gobernantes que fueron buenos administradores y que disfrutaban de la vida. Marco Aurelio solo trabaja, no tiene ningún *hobby*, no se permite ni un momento para el esparcimiento. Le recuerda que el emperador Trajano «gran guerrero, no obstante, de vez en cuando se deleitaba con los histriones y, además, bebía mucho», y que su antecesor y padre adoptivo, el emperador Antonino Pío.

> [...] ese hombre divino, que ha sobrepasado todas las virtudes de todos los emperadores por su capacidad de previsión, su frugalidad, su rectitud, su piedad, su religiosidad, a pesar de ello ha frecuentado el gimnasio, preparaba sus anzuelos y reía con sus bufones.

Es decir, que distraerse de vez en cuando no está reñido con hacer bien tu trabajo. Incluso un emperador como Antonino se permitía momentos de esparcimiento y alegría. ¡Qué gran enseñanza de Frontón! Hay que disfrutar de los placeres simples y cotidianos de la vida, porque esa desconexión nos hace más eficaces.

Pero además de que solo trabaja, Marco Aurelio ni siquiera duerme, por eso Frontón le dice: «respeta los límites del día y de la noche».

Hoy, la ciencia ha confirmado lo que Frontón ya sabía hace dos mil años: el sueño es clave para la salud. Todos los estudios en neurología han demostrado que dormir lo necesario es absolutamente crucial para las funciones cerebrales y para la recuperación física, por tanto, para el bienestar general.

EL IMPACTO DEL SUEÑO EN EL CEREBRO

El sueño juega un papel esencial en la consolidación de la memoria, el procesamiento de la información e incluso la regulación emocional. Durante las diferentes fases del sueño el cerebro realiza tareas cruciales como la eliminación de toxinas acumuladas durante el día, la reparación de células cerebrales y la reorganización de la información adquirida.

Ya he contado que duermo poco y mal (me despierto todas las noches a las tres o cuatro horas, despierto pero que muy despierto). He hecho ya no sé cuántos tratamientos para dormir, solo me falta la hipnosis (que no haré porque no creo en eso). La teoría me la sé, podría montar yo una consulta. Llevo aparato en los dientes para dormir, tomo pastillas por la noche, no hago ejercicio antes de irme a la cama, dejo el móvil fuera de la habitación para evitar la tentación de las pantallas… pero ni aun así. Nada. Durante el día no tengo sueño, sencillamente no duermo.

Dormir poco o mal tiene consecuencias muy negativas. Mi hija Teresa, que es una buena psicóloga, me advierte siempre de que dormir poco o mal está asociado con un mayor riesgo de desarrollar trastornos neurológicos como la demencia, el alzhéimer y otros trastornos cerebrales. La ciencia ha demostrado que las personas que duermen menos de siete horas por noche tienen un mayor riesgo de deterioro cognitivo en la vejez. Esto me aterra.

EL CONSEJO A MARCO AURELIO

Marco Aurelio ve el sueño como algo accesorio. Sin embargo, su maestro y amigo Frontón le recuerda que el verdadero equilibrio estoico no reside en la negación total de las necesidades físicas, sino en la sabiduría de saber cuándo descansar. Hay un momento en la que Frontón pone el ejemplo del campo:

> El huerto que es sembrado siempre, si carece de la fuerza del abono, produce hierbas y legumbres diminutas que no valen para nada. Por el contrario, para el trigo se elige un campo que ha pasa-

do un tiempo en barbecho. Y es que la fertilidad se logra con el descanso del suelo.

Este consejo es tanto una defensa del sueño, como una enseñanza sobre el equilibrio en la vida. No se trata de trabajar incansablemente hasta el agotamiento, sino de reconocer que el descanso es una parte integral del éxito y la productividad. Para una buena vida necesitamos un equilibrio racional entre esfuerzo y descanso.

Frontón le recomienda a Marco Aurelio que cuide tanto la mente como el cuerpo, que descanse, que pasee, que vigile su alimentación, que saque tiempo para sí mismo; en fin, todo esto que nos recomiendan ahora como si fuera el secreto de la piedra filosofal, lo aconseja ya Frontón hace dos mil años:

> Marco, me preocupa tu salud. Recuerda que el cuerpo y la mente están profundamente conectados. No descuides el descanso ni la alimentación adecuada. Un líder debe estar en su mejor forma para enfrentar los desafíos. Tómate un tiempo para ti mismo, pasea por los jardines, medita y recarga tus energías.

Dice «ojalá hubiese escrito un "Elogio del Sueño"». Y cuenta entonces una historia deliciosa (la técnica que ahora llaman de *storytelling*, algo que también inventaron los clásicos: la *narratio*, que consiste en insertar un relato para reforzar el argumento):

> Cuentan que el padre Júpiter, cuando estaba creando, en sus orígenes, el género humano, había dividido en dos partes totalmente iguales la duración de la vida, partiéndola al medio de un solo golpe: a una parte la envolvió de luz, a la otra de tinieblas, y las denominó día y noche y les dedicó, a la noche, el descanso, y al día, el trabajo. Entonces el Sueño aún no había nacido y todos vivían continuamente en vela; eso sí, se les había impuesto, hasta ese momento, un descanso durante la noche a esos hombres en vela, en vez del sueño.

Es decir, el Sueño aún no existía. A pesar de la oscuridad, los hombres no dormían, pero se les había impuesto un tiempo de reposo durante la noche.

Con el paso del tiempo, sin embargo, la naturaleza humana, inquieta, comenzó a resistirse a este descanso. Los hombres empezaron a usar las horas nocturnas para trabajar, litigar y hasta para llevar a cabo juicios, sin reservar tiempo para el verdadero descanso. Esto preocupó a Júpiter, que al ver que los hombres pasaban sus días y noches ocupados decidió que era necesario crear una divinidad que se encargara de velar por el descanso nocturno. Esto es una genialidad de Frontón. Ni siquiera Júpiter es perfecto, se dio cuenta de que se había olvidado hacer que los seres humanos durmieran y, como somos insaciables, nos pusimos a trabajar también por la noche.

¿Qué hizo Júpiter? Pues llamó a sus hermanos para esta tarea. Neptuno, el dios del mar —muy fan del Atlético de Madrid—, se excusó diciendo que ya tenía bastante con el mar y los vientos:

> Neptuno presentó como excusa sus muchas y graves preocupaciones en el mar, para que las olas no arrastraran a todas las tierras junto con los montes y para que los vientos, con su empuje, no arrancaran desde sus cimientos las cosas, una por una, y se llevasen de raíz bosques y sembrados.

Luego, Hades, el dios del inframundo, también se excusó, aduciendo que el Aqueronte requería toda su atención (Aqueronte era uno de los ríos del inframundo en la mitología clásica, un río que las almas de los muertos debían cruzar), y que incluso había tenido que contratar a un guardián, un feroz perro de tres cabezas y colas de dragón, el can Cerbero (de ahí lo de *cancerbero*), para evitar que las almas intentaran escapar del inframundo.

Júpiter hizo un repaso por el resto de los dioses y se dio cuenta de que todos hacían ya algo por la noche, por lo que seguro que iban a escaquearse también: Juno asistía a los partos que ocurrían por la noche; Minerva, la diosa de la sabiduría, favorecía el estudio nocturno; Marte, el dios de la guerra, aprovechaba el silencio de la noche para sus emboscadas, y Venus y Baco recibían con agrado a los que pasaban la noche despiertos disfrutando de los placeres.

Así que Júpiter decidió crear él mismo al Sueño y lo nombró dios de la noche y del descanso. Frontón escribe algo delicioso:

> Le dio las llaves de los ojos de los hombres, para que pudiera cerrar sus párpados y sumirlos en el sueño.

Júpiter mezcló personalmente la esencia de las hierbas que darían al Sueño su poder: recogió del bosque celestial las hierbas de la tranquilidad y el placer, y una pequeña cantidad de la hierba de la muerte del Aqueronte, suficiente para inducir el sueño sin causar la muerte (qué metáfora tan bella). Júpiter le dijo entonces al Sueño:

> Con este jugo inyecta el sopor a los hombres a través de los párpados de sus ojos: todos aquellos a quienes se lo hayas inyectado al punto caerán en sopor y yacerán inmóviles con sus miembros muertos. No temas tú entonces, pues seguirán con vida y, poco después, cuando se hayan despertado, podrán levantarse.

Este pasaje del mito que menciona las hierbas preparadas por Júpiter para otorgar al Sueño su poder es una representación mitológica de lo que hoy entendemos como el uso de sustancias naturales y medicinales para inducir el sueño y promover la relajación. En todos los tratamientos que he hecho, además, me han recomendado tomar infusiones relajantes, manzanilla o valeriana, y en alguna época en la que ni aun así me dormía, melatonina, y también me han recetado pastillas para inducir el sueño.

En el mito, Júpiter, el dios supremo, toma un papel activo en la creación del Sueño, recogiendo él mismo las hierbas que le darían su poder. Esto resalta todavía más la importancia que tiene dormir, ya que incluso ¡el dios más poderoso! se encarga directamente de asegurarse de que el sueño sea efectivo y reparador.

Además, la metáfora de mezclar una pequeña cantidad de «hierba de la muerte» es fascinante, porque reconoce la naturaleza dual del sueño: es un estado de descanso profundo que nos separa temporalmente del mundo consciente, pero a la vez es una preparación para un nuevo día, un renacimiento. El mito recoge de una forma maravillosa la idea de que el sueño es tanto un refugio como una renovación. Ya Homero compara al sueño con la muerte:

> Entretanto le caía en los ojos a Ulises un sueño
> prolongado, suavísimo, igual en gran modo a la muerte.

(Odisea XIII)

El mito que cuenta Frontón sigue. Después Júpiter le dio al Sueño unas alas suaves y silenciosas, similares a las del dios Amor, para que pudiera moverse sin hacer ruido, como una golondrina que vuela en silencio:

> «En efecto», dijo, «no conviene que tú vayas corriendo con sandalias y adornos en tus talones hasta los párpados de los hombres, ni con el ruido propio de un carro, o con el estrépito de un caballo, sino plácidamente y con dulzura, con tiernas alas, al modo como vuelan las golondrinas, y no como baten sus alas las palomas».

En los tratamientos que he hecho para dormir, en todos, lo primero que me han dicho es que hay evitar el uso de dispositivos electrónicos, reducir el ruido y crear un ambiente tranquilo antes de dormir. Todos los expertos en sueño es lo primero que te dicen. Estas recomendaciones están en perfecta sintonía con lo que Júpiter sugiere en la metáfora: para que el sueño llegue, debe haber un ambiente de paz y silencio. El ruido y las distracciones visuales, como las que provienen de las pantallas de dispositivos móviles o de la televisión, interfieren con la capacidad del cerebro para relajarse y entrar en el estado de descanso profundo necesario para el sueño.

Además, Frontón destaca que el Sueño no debe llegar de manera forzada o brusca, sino como algo que fluye de manera natural y armoniosa. Esto sugiere que el sueño debe ser un proceso tranquilo y que el cuerpo debe estar preparado y en sintonía con el ambiente para que llegue. Es algo que siempre me han dicho también en todos los tratamientos: «Emilio, tienes que buscar rutinas relajantes antes de acostarte».

¡Frontón le está enviando a Marco Aurelio un tratamiento para dormir a través de este mito maravilloso!

Pero la historia continúa con lo que yo creo que es una ironía de Frontón, aunque muchos creen en el poder de los sueños (no solo los clásicos, también ahora). Dice que Júpiter le entregó al Sueño «apacibles sueños, para que los hombres, dominados por sus deseos, pudieran soñar con lo que más les gustaba». Los actores soñaban con el teatro, los soldados con la victoria, los generales con el triunfo y los viajeros con regresar a casa. Esto es genial, viene a decir que si no duermes no podrás tener sueños, «porque a veces estos sueños se tornan realidad». A mí me encanta cuando sueño con mis padres. En ese caso no querría despertarme, ¡me parece tan real cuando estoy con ellos en el sueño!

¡Hay que dormir! El consejo de Frontón a Marco Aurelio es de rabiosa actualidad. En una era en la que se glorifica el trabajo constante y la falta de sueño se ve casi como una medalla de honor, es crucial recordar que dormir no es una debilidad, sino una necesidad vital.

Ya Hipócrates, el padre de la medicina, advierte en *Sobre el pronóstico* (10) de que «en cuanto al sueño, debe estar despierto durante el día y dormir de noche. Si esto va cambiando, resulta peor». Como nos dicen los expertos en sueño, como el Dr. Toni Esteve, la falta de sueño tiene consecuencias devastadoras para la salud mental y física.

Así que, la próxima vez que sientas la tentación de sacrificar horas de sueño por trabajo, recuerda las palabras de Frontón y la evidencia científica que las respalda: dormir es una inversión en tu bienestar y en tu capacidad para enfrentar los desafíos de la vida. Si Marco Aurelio, con todas sus responsabilidades, necesitaba dormir, ¿por qué tú deberías ser diferente?

32
CÓMO LLEGAR A LOS 100 AÑOS...
Y MANTENERSE

Si el destino me permite llegar a la vejez, quiero imitar a Espurina. No hay nada mejor planificado que su manera de vivir. Del mismo modo que me agrada el orden de las estrellas, así también me encanta una vida perfectamente organizada, especialmente en la vejez.

En los jóvenes no resulta incoherente una vida relajada y, por así decirlo, desordenada, en cambio, a los ancianos les conviene una existencia plácida y organizada, ya que en su caso cualquier actividad excesiva resulta inoportuna y la ambición repelente. El resultado es que Espurina ha conservado a los 77 años intactos el sentido de la vista y el oído. Además, un cuerpo ágil y lleno de vigor y de la vejez tan solo la prudencia.

Estas frases pertenecen a una de las cartas de Plinio el Joven —la primera del libro II— en la que el autor describe una experiencia muy satisfactoria y gratificante que vivió en la casa de su amigo Espurina (¡vaya nombre, eh!), que estaba ya retirado de sus quehaceres, ahora diríamos que estaba «jubilado». Plinio expresa su admiración por el estilo de vida de su anfitrión, destaca su meticulosa organización y planificación, y dice de él algo que me parece maravilloso: «de la vejez, tan solo tenía la prudencia». Es decir, no tenía achaques ni estaba amargado por sentir la muerte cerca, ni era un gruñón.

Me contaba en un viaje Jon Juaristi —citando a Cioran— que hay que vigilarse mucho cuando uno va cumpliendo años para no volverse gruñón.

En estos tiempos nuestros no hay día en que no nos encontremos con un nuevo libro que prometa revelarnos el secreto para vivir hasta los cien años, o con un canal de Instagram repleto de consejos para mantenernos jóvenes y radiantes. Parece que todo es cuestión de seguir esa dieta milagrosa o practicar esa rutina inquebrantable de ejercicios. Basta con seguir «los 10 pasos definitivos para la eterna juventud» (título literal de uno de los cursos —de pago, por supuesto— que venden por las redes).

Nos bombardean con imágenes de personas que parecen desafiar las leyes del tiempo, haciendo yoga en la playa a los 95, bebiendo batidos verdes —¿por qué siempre son verdes y *detox*? Lo detox es el nuevo conjuro mágico— y compartiendo frases motivacionales que aseguran que «la edad es solo un número». Y no me malinterpretes, está muy bien cuidarse.

Algunos parece que han descubierto la fórmula mágica, pero la fórmula para una vida larga y próspera ya la conocían los clásicos. Sí, ya habían descubierto algunos de estos secretos en el mundo clásico, y lo mejor de todo es que lo hicieron sin tener que subir una sola foto a Instagram ni tener que leerse a los chamanes de la autoayuda.

El anfitrión de Plinio tiene 77 años, que hace dos mil años era algo excepcional. Determinar a cuánto equivaldrían ahora los 77 años que tenía Espurina en el siglo I, en términos de longevidad comparada con la actualidad, requiere entender que la esperanza de vida en aquella época era muy baja, en parte debido a la alta mortalidad infantil (ojo, que ha sido así durante miles de años, hasta el siglo XX).

Para aquellos que llegaban a la edad adulta, la esperanza de vida podría extenderse más, quizás a los 50-60 años. Sin embargo, vivir más allá de los 70 años era algo excepcional, y parece que más bien exclusivo de miembros de la élite, como este Espurina, que tenían acceso a mejores cuidados de salud, alimentación y condiciones de vida.

Hoy en día, en países desarrollados, la esperanza de vida al nacer es significativamente mayor, ronda los 83 años, gracias a la extraordinaria reducción de la mortalidad infantil, los avances médicos y las mejores condiciones de vida en general. En términos modernos, los 77 años de Espurina podrían equivaler a los 100 de ahora.

Espurina sigue una rutina diaria bien estructurada: comienza su día permaneciendo en la cama durante una hora trabajando, algo que era habitual en Roma. En otra carta, en este caso la famosa 16 del libro VI de Plinio el Joven, en la que cuenta la erupción del Vesubio, escribe que a su tío Plinio la erupción de volcán le pilló tumbado, trabajando:

> Mi tío había tomado su acostumbrado baño de sol, había tomado luego un baño de agua fría, había comido y cuando mi madre le llamó para que viera aquella nube extraña en el cielo, estaba estudiando tumbado.

Pues bien, el amigo de Plinio, el tal Espurina, después se pone las sandalias y camina 4,5 km (los romanos lo medían en millas, es decir, mil pasos dobles, aproximadamente 4,5 km) y lo hace, afirma Plinio: «Para ejercitar tanto su cuerpo como su espíritu».

Aprovechando este tiempo para conversar con amigos o escuchar la lectura de un libro:

> Se hace leer un libro, a veces en presencia de sus amigos si ellos no ponen reparos.

Que es lo más cercano a escuchar un pódcast o un audiolibro. Después, se sienta y continúa con la lectura o la conversación antes de subir a un carruaje acompañado de su esposa o amigos. Tras otro paseo, se dedica a escribir poesía en latín y griego. Continúa Plinio:

> Antes del baño, a media tarde en invierno, una hora después en verano, da desnudo un paseo al sol.

Ya hemos visto que también su tío tomaba el sol un rato. Cicerón también dice en su tratado sobre la vejez que una de las cosas más placenteras con la edad es «calentarse al abrigo del sol». De hecho, a tomar el sol se le llamaba en la Roma clásica, la *apricátio*, que viene de *aprícus* que quiere decir 'soleado, abrigado, que toma el sol'. A partir de *aprícus* tenemos la palabra *abrigo*.

Los romanos valoraban esta actividad tanto por sus beneficios para la salud como por placer. De hecho la *apricátio* se realizaba en jardines privados o termas (baños públicos), donde los ciudadanos podían disfrutar del sol, en lo que ahora es nuestro *solárium* (¡lo decimos en latín!). Esta práctica era vista como una forma de mantener la salud física y mental, ya que se creía que la exposición al sol fortalecía el cuerpo y mejoraba el bienestar general. Además, los romanos apreciaban el bronceado, considerándolo una señal de buena salud y vitalidad.

¿Qué hace después? Lo cuenta así Plinio:

> Después juega a la pelota con ardor y durante mucho tiempo, pues también combate la vejez con este tipo de ejercicio.

Es decir, hace algo de deporte con una cierta intensidad. Después del baño descansa un poco y aplaza el momento de la cena. Entretanto escucha mientras alguien lee alguna cosa más trivial y agradable.

Vamos, que no está todo el rato con cosas sesudas. Y la cena es muy frugal. Escuchemos a Plinio:

> La cena es tan sencilla como bien servida. Con frecuencia la cena se enriquece con representaciones escénicas, para que los placeres de la mesa se vean sazonados por los intelectuales. La cena se prolonga algo en la noche, sobre todo en verano, sin que a nadie le parezca excesivamente larga, a causa de la amenidad con la que esta se desarrolla.

Una de las cosas que más recomiendan todos los psicólogos y psiquiatras para el bienestar emocional es compartir una buena conversación con los amigos. Recuerdo una cita del genial Gracián en su obra *El Criticón*, que dice:

Que por cuatro cosas sabe el hombre mucho: por mucho leer, por mucho viajar, por mucho hablar con los amigos, que es lo más gustoso, y por mucho vivir.

Ya dice Borges que el diálogo es una de las grandes aportaciones de los griegos. Y es que no hay nada como una buena conversación con los amigos, no ya en términos de salud mental, sino incluso de salud física.

Plinio se admira de cómo su anfitrión ha mantenido su salud y vigor a los 77 años, y expresa su deseo de alcanzar una vejez similar.

Finalmente, Plinio reflexiona sobre su propia vida, llena de tareas y responsabilidades, y se consuela con el ejemplo de Espurina, quien también tuvo una vida pública activa antes de retirarse a su tranquila vida actual. Escribe:

> Esta es la vida a la que yo aspiro en mis votos y mis pensamientos, a la que llegaré con mayor alegría, tan pronto la consideración de mi edad me permita tocar a retirada. Entre tanto, vivo agotado por mil tareas, de las que el mismo Espurina me proporciona consuelo y ejemplo.

Y es que este amigo de Plinio no paró durante toda su vida:

> Siempre que el honor se lo exigió, desempeñó cargos públicos, ejerció magistraturas, dirigió provincias y mereció este descanso por tan duro trabajo.

Plinio se lo pone como modelo:

> Me he fijado, pues, la misma carrera y la misma meta, y ya lo firmo ahora contigo como testigo, para que si me aparto de mi propósito, me recuerdes esta carta y me ordenes que descanse, pues que ya he evitado la acusación de pereza.

Me hace mucha gracia que diga «ahora mismo lo firmo», como nosotros.

En fin, Plinio presenta a Espurina como un modelo de virtud y serenidad, destacando cómo una rutina bien organizada puede conducir a una vejez saludable y satisfactoria. La descripción detallada de las actividades diarias de su anfitrión resalta la importancia de la moderación, el ejercicio regular y el cultivo de la mente a través de la lectura y la escritura.

Además, la carta refleja la propia aspiración de Plinio de alcanzar una vida similar. La admiración de Plinio por su amigo no solo es personal sino también filosófica, sugiriendo que la verdadera satisfacción en la vida se encuentra en la armonía y la autodisciplina. La carta de Plinio es una guía sobre una vida bien vivida, y nos ofrece lecciones miles de años después.

Los autores clásicos insisten en la necesidad de una dieta moderada (¡y eso que no vivían rodeados de los alimentos ultra-procesados!), de hacer ejercicio (*mens sana in córpore sano*), de caminar, tomar el sol con precaución, bañarse en agua fría, leer y disfrutar de una buena conversación con los amigos. Es decir, en llevar una vida ordenada, sana y equilibrada física y mentalmente. Plinio nos decía que un cuerpo bien ejercitado era clave para mantener la salud, aunque probablemente se hubiera horrorizado al ver la fiebre actual por los abdominales de acero. Esto recomienda el escritor latino Plinio el Joven para llegar a viejo, ¡y para mantenerse!

No hace falta suscribirse a infinitos canales de bienestar ni rendir culto a los chamanes de la longevidad. Quizás deberíamos echar un vistazo a lo que los clásicos ya sabían, que la clave para una vida larga y saludable no está solo en la última dieta o en los batidos de moda, sino en algo tan antiguo como el tiempo: vivir con moderación, disfrutar de lo que comes, moverte lo suficiente y, sobre todo, no obsesionarte con lo que no puedes controlar. Ya sabes lo que hay que hacer para llegar a los 100 años... ¡y para conservarte! Los clásicos lo tenían muy claro. Y ahora tú también.

33
Una buena alimentación equilibra tu mente

Hay días en que, cuando llego a casa de noche, después de un día complicado, «saqueo» el frigorífico. «No voy a cenar» le digo a Mayte, mi mujer, «solo voy a picar». Al final, como más que si cenara sentado. Descargo la tensión, los problemas y preocupaciones del día en el frigo. Como si fuera el diván de mi psicólogo. Intento aplicarme las enseñanzas de los clásicos para no cometer este error y para controlarme en general en la alimentación. Porque vencer la tentación de relajar la tensión en el frigorífico es toda una muestra de autocontrol y de tranquilidad del ánimo.

Los autores clásicos —estoicos, peripatéticos y tantos otros— ya practicaban lo que ahora se presenta como la última novedad en autocontrol y bienestar. Lejos de dietas de moda y técnicas de ayuno milagroso, Séneca, Marco Aurelio, Epicteto y Aristóteles nos hablan de una relación serena y consciente con la comida que nada tiene que envidiar al último «descubrimiento» de los «creadores de contenido» sobre bienestar.

Por no hablar de los médicos como Galeno e Hipócrates, que también defendían una alimentación moderada como base para la salud física. Sostenían que una alimentación equilibrada era fundamental para mantener la salud del cuerpo. Para Hipócrates una dieta moderada era uno de los pilares de la salud.

Para Galeno, uno de los médicos más influyentes de la antigüedad —de hecho, a los médicos se les ha llamado también «galenos»—, la dieta tenía que adaptarse a cada persona, pero siempre debía buscar el equilibrio y evitar los excesos, ya que una alimentación inapropiada generaba un desequilibrio en el cuerpo.

Pero no voy a detenerme en Hipócrates ni en Galeno. Los médicos del mundo clásico se preocupaban por la salud física, como es obvio, es lo que hace un médico. Lo que me interesa es que los filósofos clásicos vieron en la comida una oportunidad de fortalecimiento de la mente, una prueba para lograr el bienestar emocional.

LA FILOSOFÍA Y LA ALIMENTACIÓN

Séneca, por ejemplo, nos recuerda siempre que en la moderación está la verdadera satisfacción. Para él, el alimento es algo necesario, claro, pero no debe convertirse en una fuente de excesos:

> Todo cuanto sobrepasa la necesidad es un peso inútil y penoso de soportar. Al alabar la sobriedad en el comer y la pureza del alma, que se aparta no solo de los placeres ilícitos sino también de los superfluos, encontraba satisfacción en moderar la gula y la voracidad.
>
> (*Cartas a Lucilio* 108)

Séneca valora la frugalidad como una virtud que protege el espíritu, que nos permite liberarnos de cargas innecesarias y de lo que llama un «peso inútil y penoso». Reivindica la importancia de distinguir lo necesario de lo superfluo, y cómo la simplicidad —en los bienes materiales y en la comida— permite un equilibrio y una paz que el exceso no puede ofrecer.

Para el bienestar emocional la clave es la libertad interior, no depender de las cosas externas, y ahí hay que incluir el exceso de comida. Por eso habla de «la sobriedad en el comer» y «la pureza del alma que se aparta de los placeres superfluos». Y por eso recomienda evitar «la gula y la voracidad».

O UNA VIDA FELIZ O EL ALCOHOL

Ya he comentado lo invasiva que es la gente con el alcohol: te miran como un bicho raro si no tomas nada. Séneca critica los hábitos de beber en exceso o en ayunas, prácticas que a su juicio van en contra de la naturaleza y del bienestar emocional. Para él, la embriaguez no solo es una falta de moderación, sino ir contra el equilibrio y la paz interior que requiere una mente lúcida y centrada. Describe el exceso de alcohol como algo «vulgar» y propio de aquellos que no comprenden el «verdadero placer». Séneca sugiere que el verdadero disfrute viene con la moderación y la frugalidad:

> ¿No te parece que viven en contra de la naturaleza los que beben en ayunas, que reciben el vino en sus venas vacías y van a comer embriagados? En verdad, es vicio frecuente en los jóvenes que cultivan su energía física el de beber casi en el mismo umbral del baño entre compañeros desnudos; más aún, embriagarse y, a continuación, frotarse el sudor que se han provocado con la frecuente absorción de bebidas calientes. Beber después de la comida o de la cena es cosa vulgar; eso lo hacen los padres de familia toscos e ignorantes del verdadero placer: a ellos no les deleita aquel vino que se derrama sobre los alimentos, sino el que penetra libremente hasta los nervios; les gusta aquella embriaguez que encuentra el estómago vacío.

> (*Cartas a Lucilio* 122)

Para Séneca, emborracharse es tanto un exceso físico, como un estado que anula la claridad y el buen juicio, cualidades esenciales en cualquier persona que aspire a tener una buena vida. Séneca invita a observar no solo las consecuencias del acto de embriagarse, sino también el efecto que tiene sobre la voluntad y el autocontrol. Dice que el exceso en la bebida se convierte en una «locura voluntaria», una expresión que refleja cómo el embriagado pierde temporalmente la razón y se sumerge en un estado en el que podría cometer acciones de las que luego se avergonzará. Esta «locura» es voluntaria en el sentido de que uno elige beber en exceso y, por tanto, los actos que surgen de esa embriaguez también son responsabilidad del bebedor, aunque se hagan bajo el influjo del alcohol:

> Porque tendremos que examinar la cuestión de si el alma del sabio se turba con el exceso de la bebida y obra como suelen los ebrios. Entretanto, si te propones demostrar que el hombre virtuoso no debe embriagarse, ¿por qué procedes con silogismos? Muestra cuán vergonzoso es ingerir más de lo que uno es capaz y desconocer la medida del propio estómago; cuántas torpezas cometen los ebrios de las que los sobrios se ruborizan; cómo la embriaguez no es otra cosa que una locura voluntaria.

(Cartas a Lucilio 83)

La moderación, para Séneca, es un medio de mantener el cuerpo en equilibrio y una forma de proteger el bienestar emocional y de demostrar la tranquilidad del ánimo. La borrachera destruye esta armonía porque interfiere con la capacidad de razonar, algo que para un estoico es fundamental para la serenidad y la felicidad. Así, la moderación en la bebida se convierte en una especie de salvaguarda de la libertad personal, ya que solo con una mente clara podemos actuar de acuerdo con nuestros valores y objetivos. Y añade algo genial:

> La embriaguez no provoca los vicios, sino que los descubre. Al insolente se le agrava la soberbia, al violento la crueldad, al envidioso la malignidad; todo vicio se desata y aflora.

(Cartas a Lucilio 83)

El autocontrol en la comida y la bebida es un pilar de la vida tranquila y comer más de lo necesario no aporta satisfacción, sino dependencia. Los gurús modernos, que recomiendan evitar los excesos para ganar «claridad mental», bien podrían reconocerle la primicia a Séneca y su sabiduría estoica.

MARCO AURELIO Y EL PLACER DE LA FRUGALIDAD

El emperador Marco Aurelio era otro ejemplo de sobriedad y
templanza en la vida y, por supuesto… en la mesa. En sus *Meditaciones* nos recuerda que el exceso de bienes o placeres es solo
ruido en nuestra vida:

> Pero también la naturaleza ha marcado límites al reposo, como tam
> bién ha fijado límites en la comida y en la bebida y, a pesar de eso,
> ¿no superas la medida, excediéndote más de lo que es suficiente?

> (*Meditaciones* V)

Según el emperador filósofo, la naturaleza ha marcado límites claros para satisfacer nuestras necesidades no solo en la actividad y el reposo, sino también en la comida y la bebida. Aunque
estos límites son evidentes y necesarios para la salud y el equilibrio, las personas con frecuencia los sobrepasan, dejándose llevar por un mal entendido placer.

Al referirse a los límites de la naturaleza en la alimentación,
Marco Aurelio alude a la idea de «suficiencia», que significa
tomar solo lo necesario para el sustento, evitando los excesos que
entorpecen la claridad mental y el autocontrol. Desde su perspectiva, comer y beber en exceso es tanto una falta de moderación, como una muestra de desequilibrio interno, de una dependencia que nos hace perder autonomía sobre nuestros impulsos.
Al excederse en estos placeres, el individuo va en contra de la
naturaleza y, por tanto, de su propio bienestar y paz interior.

Marco Aurelio tampoco habría entendido a los entusiastas
del último «superalimento» ni a los que atribuyen poderes especiales al último batido verde (la tontuna, como dice mi querida
Boti García, es llamarlo *smoothie*). Para él, la felicidad y la paz
interior no se basan en la extravagancia, sino en el equilibrio y en
la sencillez.

EPICTETO: LA COMIDA COMO EJERCICIO
DE AUTODISCIPLINA

Epicteto veía la alimentación como una oportunidad para entrenar la fuerza de voluntad. A través de pequeñas elecciones conscientes en el día a día, según él, se forjaba el carácter. Escribe:

> En primer lugar, tienes que decirte a ti mismo quién quieres ser. Y luego, de acuerdo con eso, haz lo que haces. Y es que en casi todas las demás cosas vemos que sucede así. Los atletas deciden primero quiénes quieren ser y, luego, de acuerdo con eso, obran en consecuencia. Si corredor de larga distancia, tal alimentación, tal paseo, tal masaje, tal ejercicio; si corredor del estadio, todo eso ha de ser distinto; si te dedicas al pentatlón, también distinto. Hallarás lo mismo también en las artes: si carpintero, harás tal; si herrero, cual. Cada una de las cosas que salgan de nosotros, si no las referimos a nada, las estaremos haciendo al azar.

(Disertaciones III)

Epicteto usa el ejemplo de los atletas, que ajustan su dieta y entrenamiento según la disciplina que practican. Si una persona se define como alguien que busca la fortaleza física, debe regular su alimentación y su estilo de vida en función de ese objetivo, de la misma manera que un corredor de larga distancia o un atleta de pentatlón sigue una dieta y un régimen particular que se ajusta a sus necesidades específicas. Así Epicteto nos recuerda que cada elección, incluso la de los alimentos que consumimos, debe ser coherente con la meta y el ideal de quién deseamos ser.

Es decir, comer de forma moderada y saludable no es solo una decisión de bienestar físico, sino una práctica coherente con un ideal de vida. Si queremos ser personas equilibradas, serenas y racionales también debemos moderar nuestros deseos, incluyendo los alimentos, en función de ese ideal.

Para Epicteto la verdadera libertad está en dominar los deseos, no en dejarnos llevar por ellos. Así que, cada vez que los dietistas nos insisten en el autocontrol y en la comida «consciente», parece que también están repitiendo, con otro nombre, la idea de Epicteto: no ser esclavo de las propias tentaciones.

ARISTÓTELES Y EL JUSTO MEDIO, TAMBIÉN EN LA ALIMENTACIÓN

Aristóteles aboga por la moderación en todos los aspectos de la vida, incluida la comida, aplicando su principio del «justo medio», es decir, el equilibrio:

> Ahora bien, en los apetitos naturales pocos yerran, y en una sola dirección, el exceso; pues el comer o beber cualquier cosa hasta la saciedad es exceder la medida natural, ya que el apetito natural es la satisfacción de la necesidad. Por eso, esos hombres son llamados tragones, porque llenan su estómago más allá de lo necesario.
>
> (*Ética a Nicómaco* III)

Aristóteles, ¡en una obra sobre ética, no sobre medicina!, sostiene que los apetitos naturales, como el hambre y la sed, tienen un límite claro establecido por la naturaleza: satisfacer la necesidad básica de sustento y conservación. Según él, el problema surge cuando las personas sobrepasan este límite natural, consumiendo más de lo que el cuerpo requiere, lo que define como «exceder la medida natural».

Aristóteles menciona que los que caen en este exceso son llamados «tragones» precisamente porque llenan su estómago más allá de lo necesario, un acto que es contrario a la virtud de la templanza. Esta virtud, fundamental para la felicidad, implica actuar conforme a la razón, manteniendo el justo medio y evitando los extremos, tanto de carencia como de exceso. Comer o beber en exceso, según Aristóteles, no solo desordena el cuerpo, sino que también afecta el alma, ya que aquellos que no pueden moderarse están cediendo al placer de la gula en lugar de vivir de acuerdo con el propósito natural de satisfacción y bienestar. Por cierto, que la gula es otro de los siete pecados capitales en el cristianismo.

EQUILIBRIO EN LA ALIMENTACIÓN

Así que la próxima vez que un libro te prometa «transformar tu vida» controlando lo que comes o te hable de *mindful eating* como el último gran descubrimiento, recuerda que Aristóteles, Séneca, Marco Aurelio y Epicteto ya lo recomendaban: una alimentación equilibrada es la mejor garantía de bienestar físico y emocional.

La moderación, en la alimentación como en la vida, es la clave para la serenidad y para una vida feliz, y ningún *smoothie* de espirulina ni dieta de moda hará nada mejor que el sabio y clásico equilibrio en la alimentación.

34
UN HUERTO Y UNA BIBLIOTECA

Baños de bosque. A pasear por espacios verdes le llaman ahora «baños de bosque». Algunos han descubierto la pólvora con la importancia que los espacios naturales tienen para la salud física y mental de las personas. Los clásicos ya sabían que la serenidad y la paz interior se cultivan mejor en contacto con la naturaleza, ¡y eso que vivían sin móviles y sin correo electrónico ni coches!

Adoro Madrid —en general me gustan las grandes ciudades—, con toda su energía, dinamismo y creatividad, pero me gusta escaparme algún fin de semana a la naturaleza. Hay algo en adentrarse en un bosque, un parque o cualquier espacio verde que nos da una paz interior que no se encuentra en ningún otro lugar. O pasear junto al mar. Es como si la naturaleza tuviera la capacidad de resetear nuestra mente, de devolvernos ese equilibrio que a veces se pierde entre tanta agitación. La naturaleza no solo nos brinda un respiro del caos, sino que también nos recuerda lo que realmente importa, nos reconecta con nuestra esencia y nos da esa serenidad que, según los clásicos, es la clave de la verdadera felicidad.

Cicerón viene a decir que, si tienes un huerto y una biblioteca, lo tienes todo para ser feliz. ¿Qué mejor combinación para la felicidad que rodearse de la calma que ofrece la naturaleza y de la sabiduría que nos brindan los libros? Cicerón dice *hortus*, que en latín es 'huerto' y también 'jardín'.

Ya me gustaría tener una casa con jardín, huerto y una biblioteca, pero vivo en un piso, así que por ahora me tengo que conformar con la biblioteca. De ahí que los huertos urbanos me parezcan una idea genial: hacen más humanas las ciudades y nos devuelven a la naturaleza, a ese jardín o huerto que tanto apreciaban los clásicos. Y claro, también por eso son tan fundamentales las zonas verdes y los árboles en las ciudades, especialmente en las grandes urbes donde, a veces, parece que estamos más conectados con las pantallas que con el mundo real.

Mi abuelo paterno, Demetrio, cuando emigró de su pueblo de Soria a Logroño se fue a vivir a las afueras de la ciudad, a una casa con una huerta. Hasta que me fui a estudiar a la universidad se mantuvo la huerta, pero luego toda esa zona de huertas fue conquistada por la expansión urbanística, lógica por otra parte, de la ciudad.

HAY QUE CULTIVAR EL JARDÍN Y EL HUERTO

El *Cándido* de Voltaire —por cierto, se subtitula *O el optimismo*— termina con una reflexión en el mismo sentido de Cicerón. Después de una serie de desventuras y sufrimientos que llevan a los personajes a cuestionar las filosofías optimistas y pesimistas, Cándido y sus compañeros se establecen en una pequeña granja en las afueras de Constantinopla e intentan encontrar la paz y la satisfacción en este nuevo lugar. En la escena final, cuando Pangloss insiste en discutir sobre la filosofía y el «mejor de los mundos posibles», Cándido responde con la famosa frase:

Il faut cultiver notre jardin.
Debemos cultivar nuestro jardín.

Esta frase simboliza la conclusión de Cándido de que, en lugar de enredarse en especulaciones filosóficas o en la búsqueda de grandes ideales, la mejor manera de vivir es centrarse en el trabajo, en lo concreto, y en hacer algo útil con la propia vida. Así, la obra concluye con una llamada a la acción práctica y a encontrar sentido en las pequeñas cosas, en la naturaleza, en el jardín, en lugar de esperar un paraíso que nunca llega.

No tengo jardín, pero siempre que puedo me escapo a algo verde y con árboles. Días antes de que nos confinaran por la pandemia del coronavirus, me llevé a toda la familia a caminar por la ribera del Manzanares, en El Pardo. Les dije: «Vamos a aprovechar, que va a pasar mucho tiempo hasta que podamos volver a pasear por aquí». No había que ser un adivino para saber que nos iban a confinar. El recuerdo de ese paseo verde me ayudó a sobrellevar el confinamiento.

En una de sus cartas Cicerón le escribe a su amigo que donde más descansa es en su jardín:

> En cuanto a mí, aunque sigo tu consejo y descanso en mis jardines más hermosos, no soy tan amante de la sombra como solía ser, pero aun así, es tan agradable que no me perturba en absoluto.

(Cartas a Ático I)

NO HACE FALTA IRSE A UNA CABAÑA AL MONTE

Vivir de acuerdo con la naturaleza, como dice Séneca, no significa irse a vivir a una cueva o a una cabaña en el monte, ni renunciar a todo lo que nos ofrece la vida moderna. Para nada. Significa encontrar ese equilibrio, esa conexión con la naturaleza. Porque cuando nos alejamos de ella nos alejamos de nuestra propia esencia, y ahí es cuando empezamos a sentirnos «pobres»:

> Viviendo de acuerdo con la naturaleza, nunca seremos pobres; alejándonos de ella, nunca seremos ricos.

(Cartas a Lucilio 4)

Es como si la naturaleza nos recordara que, al final del día, lo que importa no es cuánto tenemos, sino cómo nos sentimos. Así que, siguiendo el consejo de Séneca, buscar la riqueza verdadera es más fácil de lo que parece: se trata de volver siempre que se pueda a la naturaleza, aunque sea un rato cada día, para recordarnos que la verdadera abundancia está en la serenidad que ella nos ofrece.

¿Y si no puedes escaparte de la ciudad y de tus ocupaciones? ¿Qué hacer entonces? No se te ocurra amargarte, eso no sería nada estoico. Marco Aurelio nos da la solución (es maravilloso, los clásicos tienen soluciones para todo):

> Se buscan retiros en el campo, en la costa y en el monte. Tú también sueles anhelar tales retiros. Pero tú puedes, en el momento que te apetezca, retirarte en ti mismo. En ninguna parte un hombre se retira con mayor tranquilidad y más calma que en su propia alma; sobre todo aquel que posee en su interior tales bienes, que si se inclina hacia ellos de inmediato consigue una tranquilidad total. Y denomino tranquilidad única y exclusivamente al buen orden. Concédete, pues, sin pausa, este retiro y recupérate.

> (*Meditaciones* IV)

Es decir, no debemos depender de retirarnos al campo, la costa o el monte —¡ya lo buscaban los clásicos!— para ser felices. No hay que depender de las condiciones exteriores, nos dice Marco Aurelio. De acuerdo, pero si puedes estar en la naturaleza no desaproveches la oportunidad.

Tampoco se trata de llegar al extremo del Campeonato Mundial de Abrazar Árboles que se celebra en Finlandia —no es broma, es una noticia de agosto de 2024—, una muestra de lo desquiciados que estamos.

RATÓN DE CAMPO Y RATÓN DE CIUDAD

Sin llegar a estos extremos, el poeta Horacio, que era epicúreo y presumía de ello, revindica la vida en la naturaleza para ser feliz:

Esto es lo que yo querría: una finca no grande en exceso, en la que hubiera un huerto y un manantial de agua viva cercano a la casa, y además un poco de bosque.

(Sátiras II)

Una vez instalado en el campo evoca los inconvenientes de Roma (¡en torno al 31 a. C.!): madrugones, pleitos y tal cantidad de gente por la calle que no puede llegar a casa de Mecenas, ¡y esto sin coches ni metro ni móviles!:

En estas cosas [en Roma] pierde el día de mala manera, no sin formular un deseo: «¡Oh campo! ¿Cuándo he de verte, cuándo me será permitido, ya con los libros de los antiguos, ya con el sueño y las horas de asueto, lograr el dulce olvido de esta vida agitada?».

(Sátiras II)

Y cuenta la famosa y genial fábula del ratón del campo y el ratón de la ciudad: un ratón de campo, sencillo y austero, recibió a un viejo amigo, un ratón de ciudad, en su modesta casa. A pesar de su pobreza, el ratón de campo compartió lo mejor que tenía con su amigo: garbanzos, avena, uvas secas y tocino. Sin embargo, el ratón de ciudad, acostumbrado a lujos, apenas tocaba aquella comida «con su diente soberbio».

El ratón de ciudad, con cierto desdén, le dijo a su amigo que no entendía cómo podía vivir en condiciones tan humildes y lo invitó a irse con él a la ciudad, donde podrían disfrutar de una vida de placeres antes de que la muerte inevitable los alcanzara. Convencido, el ratón de campo accedió y se fueron juntos.

Una vez en la ciudad llegaron a una casa rica, donde había sobras de una gran cena. El ratón de ciudad ofreció a su amigo tumbarse en telas de púrpura y comer deliciosos manjares, y por un momento el ratón de campo disfrutó del lujo. Pero, de repente, el ruido de unas puertas y el maullar de unos gatos los aterraron y los hicieron correr despavoridos por toda la casa.

Agotado y asustado, el ratón de campo se dio cuenta de que la vida en la ciudad, aunque llena de lujos, estaba repleta de peligros. Prefirió regresar a su tranquilo y seguro agujero en el campo, donde podía vivir en paz, aunque fuera con comida humilde.

La moraleja de esta fábula es que una vida sencilla pero segura es preferible a una vida lujosa llena de riesgos e incertidumbre. Que los animales sean protagonistas de las historias no es algo que hayamos inventado nosotros ni Disney, es también algo que nos viene de los clásicos. Desde Esopo.

¡QUÉ DESCANSADA VIDA!

Es especialmente famoso el epodo 2, en el que Horacio reivindica la tranquilidad que se encuentra en la naturaleza para lograr el bienestar emocional:

> *Beatus ille qui procul negotiis,*
> *ut prisca gens mortalium…*
> Dicho aquel, que lejos de ocupaciones, como la primitiva raza de los mortales, labra los campos heredados de su padre con sus propios bueyes, libre de toda usura, y no se despierta, como el soldado, al oír la sanguinaria trompeta de guerra, ni se asusta ante las iras del mar, manteniéndose lejos del foro y de los umbrales soberbios de los poderosos ciudadanos.

> (*Epodos* 2)

A finales del siglo XVI, uno de los grandes de la literatura española, fray Luis de León, además de traducir este poema de Horacio lo recreó en su oda I, *Vida retirada*, que debería aprenderse de memoria en los colegios:

> ¡Qué descansada vida
> la del que huye el mundanal ruido,
> y sigue la escondida
> senda por donde han ido
> los pocos sabios que en el mundo han sido!

Por cierto, que fray Luis también habla del huerto:

El aire el huerto orea
y ofrece mil olores al sentido,
los árboles menea
con un manso ruido,
que del oro y del cetro pone olvido.

Horacio expone el bienestar que supone una vida en el campo, los goces que la naturaleza ofrece a los sentidos. Como él nos sugiere, hay algo profundamente reconfortante en esa conexión con la tierra, sin depender de nadie más. En esa vida rural, Horacio encuentra la fórmula para evitar el estrés de las trompetas de guerra o las intrigas del poder. Para él, la naturaleza es un refugio, una fuente de paz que, hoy en día, sigue siendo el remedio que muchos buscamos para calmar la mente. Hay algo profundamente reconfortante en esa conexión con la tierra, en sentir que puedes trabajar para ti mismo, sin depender de nadie más.

VIVIR CON CONTRADICCIONES

Lo más irónico del texto de Horacio es que quien pronuncia estas palabras sobre la vida en el campo no es un simple campesino, sino un usurero. Sí, un tipo que vive de prestarle dinero a la gente y cobrar intereses. Vamos, alguien que no tiene pinta de abandonar su vida urbana y de poder en Roma para irse a plantar olivos y cultivar su huerto. Y esto lo hace todavía más interesante, porque nos refleja algo muy común en nuestros días: añorar la vida tranquila en la naturaleza mientras seguimos pegados a la jungla de asfalto.

Es como ese amigo que siempre te habla de lo mucho que le gustaría dejar la ciudad, irse a una casa rural y vivir en paz… pero no da el paso. Se pasa los fines de semana fantaseando con una cabaña en el bosque mientras sufre atascos de lunes a viernes. ¿Te suena? Pues Horacio ya nos hablaba de este tipo de contradicción. El usurero se imagina una vida ideal, libre de responsabilidades, en contacto con la naturaleza, pero sigue atado a su trabajo en el foro, rodeado de cifras y deudas.

En este sentido, no hemos cambiado tanto. En la era de los *likes* y el trabajo remoto seguimos atrapados en el mismo dilema. Vivimos en ciudades llenas de ruido, estrés y pantallas, soñando con una vida en la naturaleza, pero no nos escapamos a vivir al campo. Nos encanta la idea de tener un huerto, pero no queremos ensuciarnos las manos. Queremos la paz del campo, pero no renunciamos a los servicios y comodidades de la ciudad ni a la wifi de alta velocidad. Si estuviéramos viviendo en el campo, echaríamos de menos la ciudad. Por eso se trata de encontrar un equilibrio, de escaparnos los fines de semana que podamos a disfrutar de la naturaleza.

Horacio refleja también una constante del alma humana, que menciona en más pasajes de sus geniales versos: que nadie está satisfecho con lo que tiene, aunque siga aferrado a ello. En otro de sus poemas le confiesa a un amigo suyo que cuando está en Roma echa de menos su finca en el campo, y cuando está en el campo siente nostalgia de Roma:

> Me apetece Tívoli cuando estoy en Roma, y Roma cuando estoy en Tívoli.

> (*Epístolas* I, 8)

Como Horacio, yo también vivo con contradicciones; creo que todos lo hacemos. No puedo, ni quiero, abandonar mi vida en la ciudad y no tengo tiempo para ir al campo y menos aún a la playa.

Escapar a la naturaleza se ha convertido en mi refugio personal. No importa si es una caminata larga por el monte o simplemente sentarme en un banco del parque, es algo que me ayuda a mantener la paz interior. No es casualidad que los clásicos, tanto los estoicos (Séneca) como los epicúreos (Horacio), hablaran tanto de la importancia de vivir en armonía con la naturaleza.

¿Y si no podemos hacerlo? Siempre nos queda el refugio interior de Marco Aurelio, ideal para cuando no podemos salir de la ciudad. Pero en un mundo donde todo parece estar diseñado para mantenernos ocupados y conectados las 24 horas del día, encontrar un rato para estar en contacto con la naturaleza es casi un acto de rebeldía.

LA BIBLIOTECA, ESE OTRO REFUGIO

Me he centrado, sobre todo, en la importancia de la naturaleza para encontrar la serenidad, pero Cicerón no se quedó solo con la idea de un huerto o un jardín. Añadió algo igual de crucial: la biblioteca. Y no puedo estar más de acuerdo. Si la naturaleza nos ofrece ese respiro y calma tan necesarios, las bibliotecas, ya sean las que tenemos en casa o las públicas, son el alimento para nuestra mente y espíritu.

El «huerto» (o «jardín») de Cicerón representa ese regreso a lo esencial; la «biblioteca» es un refugio para la mente, donde la lectura nos conecta no solo con la sabiduría de los clásicos, sino también con nosotros mismos. Esta combinación de naturaleza y lectura se convierte en un antídoto poderoso contra el estrés, contra la angustia o contra la furia de la vida contemporánea.

Imagina esto: después de un paseo entre árboles, te sientas con un buen libro, uno de esos que te transportan a otro lugar o te hacen reflexionar sobre el sentido de la vida. Es entonces cuando se cumple la fórmula de Cicerón: un huerto y una biblioteca. En casa, una biblioteca es más que una simple colección de libros: es un santuario personal. Es ese lugar al que puedes recurrir cuando necesitas inspiración, cuando quieres aprender algo nuevo o simplemente cuando buscas la compañía silenciosa de las palabras.

Y luego están las bibliotecas, esos templos del saber a los que todos tenemos acceso. En un mundo donde la información se consume rápido y superficialmente, las bibliotecas son un recordatorio de que el conocimiento profundo, ese que cambia vidas, no tiene prisa. Son espacios donde se preserva la sabiduría de siglos.

Las bibliotecas son refugios en medio del caos. La naturaleza y las bibliotecas nos ayudan a desconectar del ruido exterior. Es un equilibrio perfecto: la tranquilidad que encontramos en la naturaleza y la riqueza intelectual que nos brindan los libros. Disfrutar siempre que se pueda, sin ansia viva, de la naturaleza y de los libros es la receta infalible de Cicerón para vivir una buena vida.

Ahora, lo curioso es que, en los últimos años, esto parece haber sido «descubierto» por los gurús de la autoayuda y la gente que te vende retiros espirituales en contacto con la naturaleza. Hablan de *mindfulness*, de *grounding* —caminar descalzo sobre la hierba o la arena o para entrar en contacto con la energía de la tierra—, de escaparse a la naturaleza para recargar energías...

No es necesario irse a vivir al campo para encontrar la paz, basta con buscar momentos para disfrutar de la naturaleza. Lo importante no es dejar nuestra vida urbana —no podemos, porque ahí está nuestro trabajo, nuestra familia, nuestros amigos—, sino en encontrar el equilibrio.

Los clásicos ya lo sabían: la naturaleza, aunque sea en pequeñas dosis, te ayuda a recargar energía y mantenerte emocionalmente estable. Un paseo por el bosque o por la playa reduce los niveles de estrés, de ansiedad, de insomnio, combate la depresión, reduce la presión arterial y mejora el sistema inmunitario. Añade a eso la riqueza intelectual que nos brinda una biblioteca. La naturaleza y un libro. Es una de las maneras más sencillas y efectivas de alcanzar la felicidad.

35

NADA HUMANO ME ES AJENO: NO HABLES MAL DE LOS DEMÁS

¡Ah, el típico «¿Sabes que Álvaro ha empezado a salir con Teresa?... ¡Y cada uno ha dejado a sus respectivos novia y novio!». ¿Y qué más nos da al que me lo cuenta y a mí?

Ese tipo de chismes es justo lo que alimenta tantos momentos incómodos, malentendidos y dramas innecesarios. Imagina la escena: estás en una comida con amigos y de repente alguien lo suelta, con esa voz susurrante de falsa confidencia. Y claro, en ese momento se enciende la chispa de curiosidad. ¿Qué habrá pasado? ¿Cómo lo has sabido? ¿Es de fiar la fuente? Pero nadie pregunta eso, porque el chisme es mucho más divertido sin verificaciones. De repente, todos están hablando de los detalles de una historia que ni siquiera está confirmada, añadiendo cada uno un toque más.

Lo más curioso es que, de pronto, no es solo la historia de Álvaro y Teresa, sino que todos empiezan a analizar su vida amorosa. «Es que ya se veía venir», «Seguro que María, la amiga de Teresa, ha tenido algo que ver». A lo mejor, ni siquiera están saliendo juntos, pero el rumor ya está tan instalado que, para cuando se enteran, es demasiado tarde. Y ahí está el problema del cotilleo: no aporta nada, no mejora nada, y al final ni siquiera te hace sentir más feliz. A veces genera dramas personales.

Vivimos instalados en el cotilleo. La tele está llena de programas de cotilleo, los llamados «programas del corazón», que llenan la programación de las teles y me parecen pura basura. Ahí ves a gente que ni te va ni te viene, sacando trapos sucios de otros, discutiendo por cosas que, en el fondo, no le importan a nadie, ¡pero la gente los ve!

Te lo pintan como si fuera inofensivo, pero al final, ¿qué consigues con sentarte a ver cómo despellejan al famoso de turno? Nada. Cero. Solo perder el tiempo y meter ruido en tu cabeza con historias que ni van a cambiar tu vida ni te van a hacer más feliz. Lo peor es que muchos se enganchan y al final están hablando en el trabajo o con los amigos de lo que hizo tal o cual famoso, como si fuera un tema de interés nacional.

La felicidad no está en esos cotilleos televisivos, sino en vivir tu propia vida. Y no me malinterpretes, está bien querer desconectar viendo algo ligero, pero que sea algo que sume y no algo que te convierta en una esponja de negatividad. Las redes sociales han amplificado toda esta basura emocional.

¡QUÉ FELICIDAD NO COTILLEAR!

Tengo muchos defectos, ya lo he dicho, pero por fortuna no soy cotilla. Ojo, no es que no me importe lo que les pasa a mis amigos, conocidos o a la gente en general. Claro que me importa, pero hay una gran diferencia entre interesarse por los demás y vivir enganchado a la última cháchara de turno. ¿Qué más me da si esa famosa se ha acostado con uno u otro?

El cotilleo sobre las personas que nos rodean va cargado de veneno. Te metes en vidas ajenas, comentas lo que no deberías, y al final, ni ayudas a nadie ni te ayudas a ti mismo. ¿De verdad te hacen sentir mejor esos cotilleos? Pues no, más bien te llenan de ruido mental y de conflictos que ni te corresponden. El cotilleo te aleja de la serenidad.

No escuches a los que hablan mal de los demás

La vida ya tiene suficientes problemas como para andar persiguiendo el último chisme. La felicidad está en la discreción, en saber cuándo no meterte donde no te llaman y, sobre todo, en no hacerle caso a rumores que solo entorpecen tu paz interior. No te prestes al juego de los calumniadores.

En la esencia del estoicismo está no solo en evitar los cotilleos sino en no hablar mal de los demás. ¿Por qué? Ser partícipes de habladurías o chismes nos coloca en una situación de juicio constante. La verdadera felicidad no se encuentra en lo externo, sino en la serenidad y el autocontrol interno. Por eso escribe Séneca:

> Que nuestros oídos no sean propicios a los calumniadores, que nos sea sospechoso este defecto de la naturaleza humana: creer de buena gana lo que hemos oído a disgusto.

> *(Sobre la ira* II)

Séneca, como buen estoico, defiende la importancia de la moderación, la discreción y el control emocional, y recomienda que «que nuestros oídos no sean propicios a los calumniadores» que suelen alimentar juicios apresurados y emociones negativas.

Hablar mal de los demás crea ruido mental, fomenta emociones negativas como la envidia, y nos distancia de los valores que llevan a una vida equilibrada y a la serenidad emocional. Evitar las habladurías, en cambio, implica que controlamos lo que está en nuestra mente, rechazando los comentarios negativos sobre los demás, que solo nos distraen de lo esencial, que es crear las bases personales y sociales para ser feliz.

MARCO AURELIO: EVITA A LOS QUE MALMETEN
Y VIVIRÁS MEJOR

Donde más cotillas hay es en la política. El poder es muy chismoso; claro, la información es poder y en política determinada información personal es especialmente valiosa. Por eso el todopoderoso emperador Marco Aurelio se pronuncia contra las murmuraciones y los chismes en sus *Meditaciones*. Para él, estas actitudes no solo son inútiles, sino que además degradan el carácter y la vida misma.

Cuando Marco Aurelio describe a su predecesor Antonino, lo retrata como una persona íntegra, que no acepta chismes:

> Era un escrupuloso indagador de las costumbres y de los hechos. Sin embargo, a pesar de su rigor, no era insolente, ni le atemorizaba el alboroto, ni era desconfiado o charlatán.

(Meditaciones VI)

El hecho de que Marco Aurelio destaque que su antecesor, el emperador Antonino, no se dejara llevar por habladurías es la mejor muestra de la importancia de mantener la serenidad frente a los cotilleos.

Esto se conecta con el autocontrol: en lugar de perderse en habladurías o calumnias que solo desvían la atención de lo importante, Antonino era escrupuloso y directo. Esa es una lección clave: la felicidad y la serenidad vienen de la franqueza y la discreción, de ser rigurosos con lo que decimos y lo que escuchamos. En pocas palabras, no des oportunidades a los que malmeten.

En otra de sus notas, Marco Aurelio se lanza directamente contra el hábito de las murmuraciones y los chismes, que él ve como una forma de «vida miserable». Al preguntarse por qué nos dejamos llevar por lo que sucede a nuestro alrededor y nos turbamos por cosas sin importancia, Marco Aurelio nos invita a hacer una pausa, reflexionar sobre lo que realmente nos afecta y evitar hablar mal de los demás:

Basta de vivir una vida miserable, llena de murmuraciones y astucias. ¿Por qué te turbas? ¿Qué novedad hay en eso que te altera? Examina la causa y la materia. Más allá de eso, nada existe. A partir de ahora, que tu relación con los dioses sea más sencilla y mejor. ¿Qué más da haber indagado esto durante cien años o durante tres?

(Meditaciones IX)

Marco Aurelio nos recuerda que la felicidad no puede existir en un entorno de chismes. Las murmuraciones y esos que solo saben hablar mal de los demás nos alejan de nuestra verdadera esencia y, en última instancia, de la paz mental que el estoicismo promueve. Prestar oídos a esa gente, como dice Marco Aurelio, es perjudicial para nuestra propia tranquilidad.

EL DIABLO ES EL CALUMNIADOR

Cómo será la cosa que hay una palabra que recoge lo absolutamente tóxico que es ser un calumniador. Es la palabra *diablo*. El diablo representa en la tradición judeocristiana el espíritu del mal. Lo decimos también de alguien que es mala gente.

Pues bien, *diablo* quiere decir 'calumniador'. No es que el diablo sea un calumniador, es que el diablo es *el* calumniador. Lo cuenta su etimología, término que a su vez significa 'la verdad de las palabras'.

La palabra *diablo* viene del latín *diábolus*, que a su vez tiene su origen en el griego διάβολος (*diábolos*). Esta palabra griega está compuesta por el prefijo *diá-* (que significa 'a través de') y *bolos*, del verbo *ballein* ('arrojar, lanzar'), que encontramos también en *discóbolos* ('que lanza el disco'). Es decir, *diábolos* significaba originalmente 'el que separa' o 'el que lanza a través', es decir, el que crea discordia o división.

El término fue usado en textos religiosos para referirse a alguien que es un acusador o calumniador, porque se entiende que lanza o esparce palabras malintencionadas, causando conflicto y confusión.

En este contexto, la conexión de *diablo* con *difamador* es evidente. Un difamador es alguien que con sus habladurías y calumnias genera división, discordia, y separación entre las personas. Así, el diablo, en su acepción original, es una figura que genera caos y malestar a través de la palabra, al igual que esa gente que se dedica solo a sembrar cizaña. Evítalos.

NADA HUMANO ME ES AJENO

Es curioso cómo una frase que ha pasado a la historia como símbolo de empatía y solidaridad es, en realidad, una justificación para el cotilleo.

Homo sum, humani nihil a me aliénum puto, en español «Soy un ser humano, nada humano me es ajeno», es una de las citas más célebres de Terencio, un comediógrafo latino del siglo II a. C. Pero lo gracioso es que la frase ha sido sacada completamente de contexto a lo largo de los siglos, convirtiéndose en una especie de lema de humanidad, cuando en realidad, en la obra *El atormentador de sí mismo* (*Heautontimorumenos*), el personaje que la dice lo hace con una clara intención de justificar su intromisión en los asuntos ajenos. Es decir, ¡es la excusa perfecta del murmurador!

El contexto original es este: Cremes, uno de los personajes de la obra, está metiéndose donde no le llaman, y otro, Menedemo, le reprocha que se preocupe por las cosas que no le afectan. Es entonces cuando Cremes suelta la frase, con toda la ironía del mundo:

> MENEDEMO (*mientras está cavando*): Cremes, ¿tanto tiempo libre te dejan tus propios asuntos para preocuparte de cuestiones que nada te incumben?
> CREMES: Hombre soy, y nada de lo humano considero que me sea ajeno.

La ironía es tremenda. Lo que hoy interpretamos como una frase de solidaridad, en realidad es la defensa del chismoso, del que no puede evitar meter la nariz en los asuntos de los demás, justificando su curiosidad malsana. En cierto modo refleja a la perfección ese «no puedo evitarlo» que los cotillas siempre usan como excusa.

Pero claro, lo que en el fondo pasa con esta frase es que hemos olvidado el tono irónico de su uso original. Es un cotilleo disfrazado de interés humano. Terencio era un tipo genial, porque deja claro que las habladurías a menudo se presentan como «preocupación» o «interés», cuando en realidad son solo una forma de satisfacer nuestra curiosidad y llenar los vacíos de nuestra vida.

La ironía es que esta frase, tan repetida como emblema de empatía, puede ser más bien una advertencia de lo contrario. Es una invitación a reflexionar sobre nuestras verdaderas intenciones: ¿realmente nos importa lo que ocurre en la vida de los demás por solidaridad, o solo estamos buscando algo de entretenimiento o alimentar nuestro ego?

Los autores clásicos coinciden en que hablar mal de los demás y la falta de discreción son enemigos de la paz interior y de la serenidad. Una de las claves de la felicidad radica en evitar la cizaña y a los calumniadores. Participar de los chismes, por extenderlos o por poner la oreja, refleja una falta de autocontrol porque dependemos en ese caso de las cosas que les pasan a los demás y, por lo tanto, nos aleja de la felicidad. Además, genera malestar en los otros. Así que ¡no hables mal de los demás, sé discreto y pon el foco en ti mismo! Los clásicos lo tenían muy claro. Y tú también.

36
CÓMO AFRONTAR LA VEJEZ

Pedro es un hombre que ha dedicado su vida a su carrera profesional. A sus 82 años se encuentra retirado de un trabajo al que se entregó con intensidad, pero que ahora parece tan lejano como un sueño difuso. Antes, su vida está marcada por reuniones, metas y el constante bullicio de las ciudades en las que había trabajado. Ahora todo parece detenido, y el reloj avanza lento, demasiado lento, en su piso del Eixample de Barcelona, donde vive con su mujer, Mariví, cinco años más joven que él. Sus dos hijos están uno en Madrid y el otro en Londres.

Cada mañana Pedro se mira al espejo con desdén. Sus manos tiemblan un poco al intentar abrocharse los botones de la camisa. Se siente más frágil, más cansado. Para él, la vejez es una traición de su propio cuerpo y una burla del tiempo. Recuerda con amargura los días en los que podía caminar kilómetros sin sentirlos, o cuando su mente retenía detalles de largas reuniones sin problemas. Ahora, incluso recordar los nombres de sus vecinos es un desafío.

Los días de Pedro se convierten en una sucesión de nostalgias y lamentos. No se adapta a los cambios que la vejez le impone. Sus hijos lo visitan de vez en cuando, pero él los recibe con un tono ácido. Sus nietos lo llaman alguna vez, pero su insatisfacción constante y sus reproches —«Ya no llamas nunca»— hacen que esas llamadas se vuelvan cada vez menos frecuentes.

«El yayo cada vez es más gruñón», dicen sus nietos.

Su amargura vital aleja incluso a quienes más lo quieren. Se resiste a aceptar invitaciones para salir o reunirse con viejos amigos, que cada vez lo llaman menos, claro. Para él, la vejez no es más que una pérdida, un ladrón que le arrebata cada día un poco más de lo que considera su esencia.

La llegada de cada mañana le trae la sensación de una batalla perdida; mientras su cuerpo se vuelve más débil y sus movimientos más lentos, se siente atrapado en un ciclo interminable de nostalgia y amargura. Observa el paso del tiempo con impotencia, recordando lo que alguna vez fue, y dejando escapar, en su obstinación, la oportunidad de encontrar algo positivo en esta etapa de su vida.

Igual que Pedro, muchos se sienten despojados y derrotados por el paso del tiempo. Cada vez que paso por una residencia de ancianos pienso en voz alta: «Qué jodido es llegar a viejo». Y mi mujer, Mayte, me replica: «Peor es no llegar».

Pedro representa a muchos que luchan contra la vejez como si fuera un enemigo, pero al mirar a los clásicos podemos encontrar en sus enseñanzas una guía para hacer de la vejez una etapa de serenidad y de felicidad.

Cuando somos jóvenes pensamos que la vejez es algo muy lejano, pero de repente han pasado sesenta años y los ochenta están a la vuelta de la esquina. Los clásicos nos ayudan como nadie para prepararnos para afrontar la vejez. Los autores griegos y romanos escriben auténticos manuales de supervivencia, hechos para todos los que quieran llegar a viejos sin amargarse. No hace falta esperar a tener arrugas, canas y todo tipo de achaques para echar un ojo a los consejos de los antiguos. ¡*Carpe diem* sobre todo, sobre todo, en la tercera edad!

LA VIDA ES UNA PREPARACIÓN PARA LLEGAR A LA VEJEZ

El gran Cicerón, por ejemplo, escribe un librito hermosísimo: *Sobre la vejez*. Lo hace a los 63 años, edad a la que era excepcional llegar en la Roma de hace 2100 años. Moriría al año siguiente y lo escribió para darse ánimos a sí mismo, porque estaba ya en la vejez. Y es que la vejez ha ido «retrasándose» con el tiempo. Ahora a alguien de 63 años no se le considera viejo.

Cicerón nos da una clase magistral sobre cómo afrontar la vejez, sobre cómo envejecer sin volverse un cascarrabias: «Los que no son conscientes de sus defectos y sus culpas se las cargan a la vejez».

Después nos suelta que «la culpa no está en la edad sino en las costumbres», un recordatorio para todos esos gruñones de que no pueden echarle la culpa a los años:

> La culpa no está en la edad sino en la forma de ser. Los ancianos moderados, no exigentes y de buen carácter, viven una vejez llevadera; en cambio, el mal carácter y la dureza resultan molestos a cualquier edad.

Cicerón lo dice muy claro: si eres una persona de buen carácter y no te pasas la vejez quejándote, esta etapa de la vida puede ser agradable. ¡Pero, ojo! Esto no solo aplica para los viejos; la verdad es que a cualquier edad el fastidio y el mal carácter son un imán para alejar a la gente.

Luego viene la metáfora del vino, que no puede ser más acertada: «Igual que no todo vino se avinagra con el tiempo, así no todos los caracteres lo hacen». De la misma manera que algunos vinos mejoran con los años y otros se vuelven imbebibles, a algunas personas les sientan bien las arrugas y a otras no tanto. Así que, aunque tengas veinte años, si no quieres terminar como un vino avinagrado, mejor empieza a cultivarte desde ya.

A Cicerón no le importaría ahora que tuviéramos o no bótox, pero sí que a medida que pasaran los años, nuestra personalidad siguiera evolucionando en el buen sentido.

El filósofo Cioran afirma que hay que vigilarse con la edad para no convertirse en un viejo gruñón. Cicerón en cambio escribe:

> Hay ancianos de ánimo templado y que no tienen mal carácter ni son gruñones, que viven y llevan bien la vejez, y es que la intransigencia y el mal genio son cosas molestas en cualquier edad.

Cicerón dice una de las grandes verdades sobre la vejez:

> Todos desean llegar a la vejez, pero todos se quejan una vez llegados a ella. Dicen que les sobreviene antes de lo que habían pensado. Tan grande es la inconsecuencia y la extravagancia de la estupidez humana.

Esta frase nos pone frente al espejo de nuestras contradicciones. Todos quieren vivir muchos años, pero cuando empiezan a tener achaques, la cosa cambia. Nos quejamos de que la vejez llega «antes de lo que habíamos pensado», como si los años hubieran pasado de puntillas y, de repente, ¡zas!, nos pillaran por sorpresa.

Cicerón nos lanza este desafío: ya que nos gusta la idea de vivir muchos años, ¿por qué no hacemos las paces con la vejez y dejamos de ponerle mala cara? La clave está en hacer de esta etapa algo positivo, porque, como bien nos dice, todo depende de nuestra actitud: «Todos desean llegar a la vejez, pero todos la censuran una vez llegados a ella».

Cicerón nos da aquí un consejo que va directo al corazón del *carpe diem*:

> Es fruto de la vejez el recuerdo y acopio de todo lo bueno que hemos producido antes. Cuando llega la muerte solo queda lo que se haya conseguido mediante la virtud y las buenas obras, porque pasan las horas y los días y los años, y el tiempo transcurrido nunca regresa, ni puede saberse qué es lo que queda por venir. El tiempo que a cada uno se nos concede de vida, ese es con el que debemos conformarnos. Porque un breve tiempo de vida es lo suficientemente largo como para vivir bien y con honor.

Dice que «es fruto de la vejez el recuerdo y acopio de todo lo bueno que hemos producido antes», y nos deja claro que, en el ocaso de la vida, lo que realmente importa es lo que hemos acumulado en términos de buenas acciones y virtudes, no de bienes materiales:

> El arma mejor adaptada para combatir la vejez es el ejercicio de los valores humanos; estos, cultivados a todas las edades, cuando has

vivido mucho tiempo e intensamente producen frutos asombrosos no solo porque nunca te abandonan, ni siquiera en la última parte de la vida, por larga que sea, sino también por lo gratísima que resulta la conciencia de una vida bien vivida y el recuerdo de muchos buenos actos.

El ejercicio de valores morales no solo nos hace disfrutar de una vida plena, sino que también enriquece especialmente la etapa final de la vida, la vejez. Para Cicerón, cuando una persona ha vivido con integridad y se ha dedicado a practicar buenas acciones, llega a una vejez gratificante, donde el recuerdo de una vida bien vivida se convierte en una fuente de satisfacción.

TIEMPO DE COSECHA

En este sentido, la vejez no es vista como un declive inevitable sino como un tiempo de cosecha, en el cual se recogen los frutos de una vida virtuosa. La gratitud y la satisfacción derivadas de la autorreflexión y el reconocimiento de los propios logros morales son un bálsamo que, según Cicerón, nos acompaña en la última etapa de la vida.

Nos recuerda también que el tiempo es implacable: «pasan las horas y los días y los años, y el tiempo transcurrido nunca regresa». Nos invita a reflexionar sobre cómo utilizamos nuestro tiempo, porque no solo no se puede recuperar, sino que ni siquiera sabemos cuánto nos queda por delante. Es como si dijera: «Deja de malgastar tu tiempo en tonterías, que nunca se sabe cuándo vas a recibir la cuenta».

Luego nos suelta otra verdad que hay que aceptar si queremos ser felices y no vivir amargados: que aceptemos el tiempo que nos ha tocado, sin andar envidiando más años ni mirando con «ansia viva» hacia el futuro. Nos dice que lo importante no es la cantidad de tiempo que vivimos, sino la calidad de lo que hacemos con él. Cada etapa de la vida debe aprovecharse:

La carrera de la edad es ineludible, y uno solo es el camino de la naturaleza, y es simple, y a cada tramo de la vida se le ha concedido su manera de ser, de manera que tanto la debilidad de los niños, como la arrogancia de los jóvenes, la seriedad de la edad ya adulta, y la madurez de la vejez tienen algo de connatural, que debe tomarse a su debido tiempo.

Cicerón nos recuerda que la vida es un viaje con varias paradas, y cada una tiene su encanto. «La carrera de la edad es ineludible» y, nos guste o no, todos vamos a pasar por las mismas fases: desde los años de la infancia hasta la vejez. No hay vuelta de hoja, ni atajos para saltarse etapas. Lo que sí hay, según Cicerón, es una manera de disfrutar cada tramo del camino.

Hay que saber disfrutar de cada etapa —«a cada tramo de la vida se le ha concedido su manera de ser»— como si cada edad tuviera su propio sabor. Y nos invita a saborearlo, sin apresurarnos ni mirar con nostalgia lo que dejamos atrás. La infancia tiene su ternura y su inocencia, la juventud su ímpetu y su chispa, la edad adulta su serenidad, y la vejez su madurez y su sabiduría. Aprovechemos cada etapa en lugar de pelearnos con el calendario.

En pocas palabras, Cicerón nos da un consejo directo: disfruta el momento en el que estás, porque cada etapa tiene algo único que ofrecer. Eso de andar quejándose de la vejez, o de querer quedarse eternamente joven, no sirve de nada. La naturaleza nos ha dado un tiempo para cada cosa, y Cicerón nos propone que, en vez de resistirnos, abracemos cada etapa y le saquemos todo el jugo. Al final, la clave para una buena vida, incluso en la vejez, es saber disfrutar de cada momento tal como es: *carpe diem*, es decir, aprovecha el fruto de cada día.

De la misma forma que para Cicerón escribir esta obra es una manera de reconciliarse con la vejez, para el lector acercarse a esta joya es una forma también de reconciliarse o de prepararse para la vejez:

La elaboración de este libro me ha sido en verdad tan agradable que no solo me ha borrado todas las molestias de la vejez, sino que incluso me la ha hecho benigna y agradable.

Esto es genial. Cicerón nos muestra cómo el simple acto de reflexionar sobre la vejez es, en sí mismo, una manera de hacerla más llevadera. Dice que escribir este libro le ha hecho ver esta etapa como algo «benigno y agradable». Aquí Cicerón está dejando ver que, al analizar y entender la vejez, esta deja de ser una carga y se convierte en algo que uno puede aceptar, e incluso disfrutar. Al tomarse el tiempo para pensar y escribir sobre el tema, transforma su percepción de la vejez.

Es decir, y esto es importante, reflexionar sobre algo nos permite afrontarlo con más tranquilidad, con menos miedo y menos incomodidad. Cicerón, al dedicar su mente a comprender esta etapa, ha conseguido no solo sobrellevarla, sino también encontrarle su lado positivo. Comprender y dar un sentido a la vejez puede ser una forma de aliviarla y, en última instancia, de disfrutarla. ¡Es buenísmo! ¡La mejor forma de afrontar la vejez es empezar a asumirla!

LA VEJEZ ES CARA

Si algo he visto con mis padres es que la vejez es muy cara si queremos tener cierto confort y atención en casa. Ya Cicerón nos aconseja que hay que ahorrar para la vejez: «No puede ser llevadera la vejez, ni siquiera para un sabio, en una total falta de recursos».

Pero también sugiere que ni el dinero ni la sabiduría por sí solos son suficientes para hacer llevadera esta etapa: «Ni para el que no es sabio puede dejar de ser gravosa, aun en el colmo de la riqueza».

Por un lado, no se puede subestimar la importancia de los recursos materiales: es difícil, por no decir imposible, vivir bien si uno carece de lo necesario para cubrir sus necesidades. Pero, por otro lado, la riqueza sin serenidad, sin equilibrio mental, tampoco asegura una vejez feliz, ya que una persona que no sabe adaptarse, que no encuentra satisfacción interior o que no ha cultivado su mente y su carácter, seguirá amargándose por la vejez, sin importar cuánto dinero tenga.

Cicerón está trazando un equilibrio entre lo material y lo espiritual. Nos recuerda que la vejez requiere tanto de seguridad en lo económico como de fortaleza interior. La riqueza, sin sabiduría, puede resultar vacía, y la sabiduría, sin medios, puede ser insuficiente. En definitiva, nos invita a reflexionar sobre la importancia de cuidar tanto los aspectos prácticos de la vida como el desarrollo personal para que, cuando llegue la vejez, podamos enfrentarla con serenidad y plenitud.

¿Qué reproches se le hacen a la vejez? El propio Cicerón los enumera: aparta de la vida activa, debilita el cuerpo, priva de casi todos los placeres y es el umbral de la muerte.

Y a continuación, por boca de Catón —un personaje principal del diálogo *Sobre la vejez*— irá anulándolos uno a uno con sus argumentos.

VEJEZ ACTIVA

¿Realmente la vejez aparta de la vida activa, como se dice? A esto replica Cicerón:

> Es lo mismo que si dijeran que en la navegación el timonel no cumple ninguna tarea, y que mientras que otros suben a los mástiles, otros corren entre los puentes de la nave, otros vacían la sentina, él, en cambio, sujetando el timón permanece quieto y sentado en la popa. Las cosas grandes no se hacen con las fuerzas o la velocidad o con el rápido movimiento de los cuerpos, sino con el discernimiento, la autoridad y la reflexión, de dichas cualidades no suele estar privada la vejez, sino que incluso suele tenerlas aumentadas.

Recuerda Cicerón casos como el de Gorgias, que «llegó a cumplir 107 años y nunca dejó de estudiar». Insiste también en la idea de seguir siempre aprendiendo o enseñando a los que vienen detrás —Pau Casals a los 80 seguía tocando porque, decía, «quiero mejorar»—. Escribe:

> Permanece en los ancianos la memoria siempre que se mantenga hasta el fin su afán por algo y su laboriosidad. Y ello no solo en los hombres que han desempeñado cargos públicos, sino también en una vida privada y tranquila.

Pone como ejemplo al gran Solón, «que envejeció aprendiendo muchas cosas cada día». Y defiende lo que ahora se llama una «vejez activa». Afirma Cicerón en boca de Catón:

> La vejez no tiene por qué ser solo lánguida e inactiva, sino que también puede ser laboriosa y estar siempre haciendo o preparando algo, tal y como fue el empeño de cada uno en los años precedentes de su vida. Solón, ufano de sus versos, dice que se hacía viejo aprendiendo cada día alguna cosa y así he hecho yo también, que he aprendido literatura griega en mi vejez.

En este tiempo veloz, de redes sociales, de exaltación de la juventud, apartamos a los viejos de la sociedad, «edadismo» lo llaman ahora. Ya lo canta Serrat en «A quien corresponda»:

> [...]
> que a los viejos se les aparta
> después de habernos servido bien.

HAY QUE SABER ADAPTARSE

Sobre la debilidad del cuerpo, Cicerón distingue entre las limitaciones propias de la edad y las de la salud. La vejez en sí no debe considerarse una época de incapacidad total, sino una etapa de la vida en la que nuestras capacidades y fuerzas se adecuan a las nuevas circunstancias. Plantea que no debemos exigir a la vejez aquello que es natural de la juventud, como la fuerza física. Es decir, la sociedad y las leyes reconocen que ciertas responsabilidades que exigen gran vigor no deben recaer sobre los ancianos. Esto refleja una comprensión de que la vida tiene diferentes fases y que la utilidad y el valor de una persona no dependen solo de su capacidad física.

> ¿No hay fuerzas en la vejez? Tampoco se le piden fuerzas a la vejez. Por consiguiente, tanto en las leyes como en la vida nuestra edad está exenta de las tareas que no pueden sostenerse sin fuerzas. De esa forma, no nos vemos obligados a hacer lo que no podemos, y ni siquiera hemos de hacer todo cuanto podemos.

Pero hay muchos ancianos que están tan debilitados que no pueden encargarse en absoluto de ninguna de las obligaciones y tareas de la vida. Pero este es un problema que compete a la salud.

La vejez no debería percibirse como una época de inutilidad. Al contrario, sugiere que, mientras la salud se mantenga, la vejez puede ser una etapa productiva y digna. Además, nos invita a reflexionar sobre cómo valoramos la vida en función de la salud y no simplemente de la edad.

Insiste en la importancia de un enfoque equilibrado para mantener el bienestar físico y mental en la vejez. Mantenerse físicamente en forma debe complementarse con el cuidado de la mente, y lo hace aludiendo a la metáfora de la lámpara que necesita aceite para seguir encendida. Esta imagen es buenísima: así como una lámpara se apaga sin aceite, la mente se extingue sin estímulo y ejercicio. De esta manera subraya la importancia de mantener la mente activa, a través del aprendizaje, la reflexión o a través de la participación en actividades intelectuales y sociales:

> Hay que cuidar la salud, hay que hacer ejercicio moderado, hay que comer y beber para reponer las fuerzas, no para aplastarlas. Y no solo hay que ayudar al cuerpo, sino mucho más a la mente, pues estos también se extinguen en la vejez, como la lámpara, si no se la impregna de aceite. Los cuerpos se hacen más pesados con el cansancio del ejercicio; las mentes, al revés, se aligeran haciéndolo.

OTROS PLACERES

Sobre que la vejez aleja de los placeres, Cicerón viene a decir que:

> La pasión por el placer es un obstáculo para la reflexión, es enemiga de la razón, cierra los ojos de la mente y no tiene relación ninguna con la virtud.

Cicerón argumenta que, al envejecer, uno se libera de las consecuencias desagradables, de excesos como la resaca o las cenas abundantes. Presenta la vejez como una etapa de mayor moderación y equilibrio, donde la mente y el cuerpo no se ven tan afectados por los estragos de una vida de excesos. Plantea la vejez como una etapa de mayor serenidad y control, donde uno puede disfrutar de placeres más sutiles.

Además, Cicerón elogia la capacidad de la vejez para disfrutar de la vida sin necesitar el ruido y la intensidad de las fiestas o de los grandes banquetes. Es como si la vejez proporcionara una libertad de elección y una tranquilidad que en otras etapas de la vida quizás se anhelen, pero no se alcanzan tan fácilmente:

> ¿Por qué hablo tanto del placer? Pues para mostrar que el que la vejez no eche de menos los placeres intensos no solo no es un reproche pertinente, sino que merece el mayor de los elogios. La vejez está alejada de los banquetes, de las grandes mesas y de las copas abundantes; luego está libre de resaca, de malas digestiones y de insomnio.

Para Cicerón hay otras formas de disfrutar en la vejez, por ejemplo, esos encuentros con los amigos, en este texto maravilloso:

> No valoraba yo tanto el deleite de los mismos banquetes por el placer corporal de la comida como por la reunión con los amigos y por las conversaciones. A mí todavía por el deleite de la conversación me agradan los convites que empiezan temprano, y no solo los de edad, que ya van quedando muy pocos, sino con gente más joven y le doy muchas gracias a la vejez por haberme aumentado las ganas de conversación y haberme quitado las de bebida y comida, y prolongamos la cena hasta muy entrada la noche, lo más que podemos, en variada charla.

Cicerón viene a decir que, a estas alturas, no hay necesidad de andarse enredando con las pasiones de siempre. Es como llegar al final del juego con la satisfacción de haber superado todos los niveles: el placer, la ambición, las rivalidades y hasta las enemistades. Y, si además uno se ha cultivado un poco, tiene libros y conocimientos que lo acompañan, la vejez se convierte en un verdadero oasis de calma. Es como la recompensa final, donde ya no necesitas demostrarle nada a nadie, porque ya lo has vivido todo y, al fin, puedes sentarte a disfrutar:

> ¡Menudo valor tiene estar a solas consigo y vivir consigo, para un alma que ya ha cumplido con el placer, la ambición, las rivalidades, las enemistades y con todas las pasiones! Y si además tiene un poco de estudio y de ciencia como alimento, no hay nada más agradable que una vejez tranquila.

NI ANSIA NI AMARGURA

En la última parte del libro contesta al reproche de que la vejez es el umbral de la muerte. Escribe Cicerón algo que hay que aprenderse de memoria:

> ¡Pobre anciano el que no vea que hay que despreciar la muerte después de tan larga vida!

Morir viejo es tan natural como que la noche siga al día. Los jóvenes que mueren es como si se apagaran de golpe, es algo que choca, que duele, porque interrumpe algo que aún tenía chispa. Pero cuando muere un anciano, es como cuando una vela se consume hasta el final. No hay dramatismo, no hay interrupción, solo el curso natural de las cosas. Es el fin que llega sin forzar, sin ruido, porque se ha cumplido el ciclo:

> Es fruto de la vejez, como he dicho a menudo, el recuerdo y acopio de todo lo bueno que hemos producido antes. Cuanto sucede de acuerdo con la naturaleza debe considerarse entre los bienes. ¿Y qué hay entonces tan de acuerdo con la naturaleza como que a los viejos les llegue la muerte? Me parece a mí que cuando mueren los jóvenes es como cuando un gran chorro de agua sofoca la fuerza de una llama, mientras que cuando mueren los ancianos es como cuando un fuego se apaga consumido por sí mismo, sin ninguna fuerza externa.

Hay un poema imprescindible de Gil de Biedma en el que afirma, como Cicerón, que envejecer y morir son el argumento de la vida. Se titula «No volveré a ser joven»:

> Que la vida iba en serio
> uno lo empieza a comprender más tarde
> —como todos los jóvenes, yo vine
> a llevarme la vida por delante.
>
> Dejar huella quería
> y marcharme entre aplausos
> —envejecer, morir, eran tan solo
> las dimensiones del teatro.
>
> Pero ha pasado el tiempo
> y la verdad desagradable asoma:
> envejecer, morir,
> es el único argumento de la obra.

Cicerón utiliza una imagen llena de serenidad: la vejez y la cercanía de la muerte se sienten como el final de un largo viaje por mar. Cuanto más se acerca al fin, más calma encuentra, como un marinero que, después de toda una vida navegando, por fin ve la costa. En lugar de sentir miedo, lo que siente es alivio, una especie de paz al saber que el viaje está por terminar y que el destino al que se dirige es un puerto seguro:

> Al igual que los frutos de los árboles apenas pueden arrancarse si aún están verdes, pero si están maduros y bien maduros se caen por sí mismos, así también a los jóvenes es la violencia la que les quita la vida y a los ancianos la madurez plena.

Cicerón resume en esta frase la sabiduría profunda sobre cómo enfrentar los últimos años de vida con equilibrio:

> Así, el breve tramo de la vida que les queda a los ancianos, ni deben ansiarlo con avidez ni abandonarlo sin razón.

Se trata de disfrutar de los años que quedan de una manera tranquila, porque obsesionarse con prolongar la vida te llevará a una especie de ansiedad constante. Al mismo tiempo, Cicerón advierte contra el abandono, porque no es justo renunciar a la vida antes de que realmente sea el momento.

Aquí, la clave es el equilibrio. Es vivir con serenidad, agradeciendo el tiempo que queda y sin rendirse antes de lo necesario para disfrutar de una vida feliz también en la última etapa de la vida. Cicerón cree en la inmortalidad, y así amortigua la característica de la vejez más difícil, la cercanía a la muerte, pero afirma que incluso

> [...] si no vamos a ser inmortales es deseable extinguirse en el momento debido, pues la naturaleza, igual que tiene la medida de otras cosas, la tiene de la vida.

LA LLEGADA AL PUERTO

Otros muchos autores clásicos abordaron la vejez, claro, pero la obrita de Cicerón nos deja una lección que nunca pasa de moda: la vejez puede ser un lastre o puede ser una buena y feliz etapa de la vida, todo depende de cómo la afrontes. La edad no es el problema, sino cómo nos enfrentamos a ella:

> Esa madurez plena me resulta tan agradable, que cuanto más cerca estoy de la muerte más me parece como que estoy viendo la tierra, y que por fin voy a llegar al puerto después de una larga navegación.

El truco está en aceptar cada arruga como una medalla, en reírte de tus propias canas y en darte cuenta de que los achaques solo son señales de que has llegado hasta aquí. ¿Cuántos pueden decir lo mismo?

Así que empieza a pensar en la vejez como una oportunidad para ser más sabio, más libre y más auténtico. Como dice en un pasaje Cicerón, la vejez es la llegada al puerto: ya se ve la costa después de la navegación de la vida.

Y, sobre todo, la gran enseñanza de los clásicos: no esperes a ser viejo para aprender a vivir; hazlo ahora, y así, cuando llegues, podrás saborear cada día con gusto. *Carpe diem.* Porque envejecer es el plan, y llegar a viejo con alegría, la auténtica victoria:

Esto ha sido lo que tenía que deciros sobre la vejez, ojalá lleguéis a ella, para que podáis confirmar con la experiencia lo que me acabáis de oír.

Los clásicos lo tenían claro.

37
LA LIBERTAD COMO FORMA DE VIDA

Los estoicos hablan mucho de la libertad interior, que ciertamente es clave para ser feliz. El buen estoico es libre porque no está «esclavizado» por sus pasiones. «El que no tiene miedo de la muerte, el que no se deja atar por los placeres ni el dolor, ese es verdaderamente libre», nos dice Séneca. Ya he hablado antes de esa libertad interior, la que te da paz mental y el control sobre tus emociones. Esa libertad es importante, claro. Es la que nos mantiene en pie cuando todo lo demás falla, la que te hace libre en lo más profundo, aunque fuera el mundo se esté cayendo a pedazos.

Pero, ojo, no me quiero quedar solo con esa idea estoica. Reivindico también, como algo básico, la libertad política, la democracia. Y aquí es donde la cosa cambia, porque, aunque los estoicos no se refieren a la libertad política, para mí es fundamental para ser feliz.

LA LIBERTAD INTERIOR

¿Puede alguien ser feliz en una dictadura? Sí, claro, no hay que irse a ejemplos lejanos, muchos españoles han vivido bajo la dictadura franquista y fueron felices. Incluso los que sufrieron el exilio supongo que fueron también felices. Los estoicos te dirán que sí, porque las circunstancias externas no deberían afectarte. Pero yo no pretendo ser un modelo de estoicismo y sí me afecta que no haya libertad. De hecho, creo que es un valor superior. He vivido en democracia y no concibo otro régimen (cuando murió Franco yo tenía once años).

Los grandes referentes estoicos, Séneca, Epicteto o Marco Aurelio, conocían bien esa tensión, ninguno de ellos vivió en democracia. Séneca vivió y murió bajo la dictadura de Nerón, Epicteto fue esclavo y Marco Aurelio era el todopoderoso emperador. Todos ellos defendían que, aunque la libertad externa pudiera ser arrebatada, la verdadera libertad, la interior, no tenía por qué verse afectada. Para ellos se trata de ser feliz aunque no haya libertad política. La participación en los asuntos del Estado, según los estoicos, era importante, pero siempre subordinada a la serenidad del alma y la preservación de los valores éticos.

TÁCITO: «SOBREVIVIR A NOSOTROS MISMOS»

A principios de nuestra era, el historiador latino Tácito, que no era un filósofo estoico, se queja de forma tácita —no he podido evitar el juego de palabras— de la época sombría que le había tocado vivir, bajo el poder absoluto de los emperadores, sin democracia. Pero incluso bajo las peores dictaduras, dice en una ocasión, se pueden dar grandes hombres, como su suegro Agrícola al que dedica una breve biografía (que contiene una descripción de Britania, donde había sido gobernador).

Tácito llega a decir algo tremendo, ¿cómo no sentirse culpable por no oponerse a este régimen absolutista?:

> Los más comprometidos cayeron asesinados por la crueldad del emperador y unos pocos sobrevivimos, por así decirlo, no ya a los demás, sino a nosotros mismos.

(*Agrícola* 3)

«Sobrevivimos a nosotros mismos». Es implacable esa frase.

No niego que sea posible ser feliz incluso bajo una dictadura, como sugiere Tácito. Pero, ya lo he dicho, yo no soy un estoico puro, ni pretendo serlo. Me esfuerzo en leerlos y en aprender para ser una persona menos rencorosa, más sociable, y sobre todo para no perder los nervios con tanta tontería que uno tiene que aguantar. Pero este libro no es un manual de estoicismo, ni de ética epicúrea, ni de filosofía escéptica.

Es posible que logremos encontrar la serenidad, pero no debemos conformarnos, porque la libertad, tanto externa como interna, es algo que debemos buscar y defender siempre.

LA LIBERTAD ES EL BIEN MÁS PRECIADO, SANCHO

Hay un momento en el *Quijote* en que el protagonista explica a su fiel escudero Sancho Panza la importancia de la libertad, situándola como el bien más alto que cualquier ser humano puede poseer:

> La libertad, Sancho, es uno de los más preciosos dones que a los hombres dieron los cielos; con ella no pueden igualarse los tesoros que encierran la tierra y el mar: por la libertad, así como por la honra, se puede y debe aventurar la vida.

(*El ingenioso hidalgo don Quijote de la Mancha* II)

Cervantes destaca que la libertad es un derecho fundamental y un valor inigualable. Según él, nada en el mundo —ni riquezas ni bienes materiales— puede compararse con la capacidad de ser libre. Incluso, afirma que la libertad es tan valiosa que merece el sacrificio de la propia vida para preservarla.

La defensa de la libertad es un reflejo de la propia vida de Cervantes, que estuvo en prisión en dos ocasiones: primero en Argel, como cautivo de piratas berberiscos, y más tarde en España, por lo que ahora serían «problemas con Hacienda».

La democracia, la filosofía y el teatro son pilares esenciales del legado griego y han sido fundamentales para la configuración de nuestra cultura moderna. Estos elementos no solo transformaron el mundo antiguo, sino que también establecieron las bases de conceptos que hoy consideramos universales, como la libertad.

La democracia es el modelo a seguir

Atenas, siglo V a. C. No hay micrófonos ni megafonía. Pericles —el equivalente a nuestro presidente del Gobierno— sube a una tribuna elevada y, tras hacerse el silencio entre la multitud, habla:

> Tenemos un régimen político que no emula las leyes de otros pueblos, y más que imitadores de los demás, somos un modelo a seguir. Su nombre, debido a que el gobierno no depende de unos pocos sino de la mayoría, es «democracia».

Aquí Tucídides se refiere a la palabra *democracia* que está compuesta por *demos* ('pueblo') y *kratos* ('poder, gobierno'), lo que literalmente significa 'gobierno del pueblo'.

> En lo que concierne a los asuntos privados, la igualdad, conforme a nuestras leyes, alcanza a todo el mundo, mientras que en la elección de los cargos públicos no anteponemos las razones de clase al mérito personal y al prestigio de que goza cada ciudadano en su actividad. En nuestras relaciones con el Estado vivimos como ciudadanos libres y, si es en nuestras relaciones privadas, evitamos molestarnos; en la vida pública, un respetuoso temor a las leyes es la causa de que no cometamos infracciones, sobre todo, las que están establecidas para ayudar a los que sufren injusticias.

Este discurso, conocido como el «Discurso fúnebre de Pericles», es una de las grandes piezas oratorias de la historia. ¡Sí! Una de las más grandes y una encendida defensa de la democracia, ese invento que los griegos legaron a la humanidad. El inolvidable discurso lo recoge el historiador griego Tucídides en su

Historia de la guerra del Peloponeso, y en él Tucídides hace que
Pericles explique las diferencias entre Atenas, una sociedad libre
y democrática, y Esparta, una sociedad militarizada. Atenas es
considerada la cuna de la democracia. Fue aquí donde, durante
el siglo V a. C., surgió el primer sistema de gobierno en el que los
ciudadanos tenían el derecho directo de participar en las decisiones políticas. Y continúa:

> Amamos la belleza con sencillez y el saber sin relajación. Nos ser-
> vimos de la riqueza más como oportunidad para la acción que
> como pretexto para la vanagloria, y entre nosotros no es motivo de
> vergüenza para nadie reconocer su pobreza, sino que lo es más
> bien no hacer nada para evitarla. Esta es la ciudad por la que estos
> hombres han luchado y han muerto, oponiéndose noblemente a
> que les fuera arrebatada, y es natural que todos los que quedamos
> estemos dispuestos a sufrir por ella.

Es la idea de Cervantes. La democracia ateniense, aunque
imperfecta —excluía a mujeres, esclavos y extranjeros—, supuso
un cambio radical en el mundo clásico. Por primera vez, la toma
de decisiones sobre la vida pública no dependía de una élite o de
un rey absoluto, sino de la participación directa de los ciudadanos.

El concepto de *isonomía* ('igualdad ante la ley') y *eleutheria*
('libertad') estaba profundamente arraigado en esta idea de la
democracia griega. Aunque la democracia fue una forma de
libertad política, también simbolizaba el reconocimiento de la
dignidad y el valor del individuo como miembro de la comunidad.

Si algo enseñan los clásicos, y la filosofía, es la importancia de
la libertad de pensamiento. No solo la libertad política, sino también la intelectual. La posibilidad de cuestionar, razonar y dialo-
gar sin coacciones es la base del progreso del pensamiento.

El teatro griego era no solo entretenimiento, sino también un
espacio para la libertad y la reflexión crítica. Esquilo, Sófocles y
Eurípides utilizaron la tragedia como un medio para explorar
temas universales como el poder, la justicia, el destino y la libertad.

Por no hablar de la comedia, como las obras de Aristófanes, que eran un instrumento formidable de crítica política y social. Obras como *Las nubes* o *Lisístrata* son ejemplos claros de cómo el teatro servía de canal para cuestionar el poder, la guerra y los vicios de la sociedad ateniense.

UBI LIBERTAS, IBI PATRIA

El primer capítulo de esa obra maestra que es *Momentos estelares de la humanidad*, de Stefan Zweig, se titula «Cicerón» y en él Zweig resalta su papel como defensor de la ley y de la república romana. Narra el enfrentamiento de Cicerón con Julio César y Marco Antonio, así como su lucha final por preservar la república frente al ascenso de la dictadura. Cicerón, un humanista profundamente comprometido con la justicia y la legalidad, fue incapaz de frenar el avance del poder autocrático de César. A pesar de sus esfuerzos, se vio superado por la ambición y el control militar de este, lo que le llevó a retirarse de la vida política activa tras la derrota de sus ideales republicanos.

El momento más dramático llega con la muerte de César y la posterior confusión en Roma. Aunque ya retirado, Cicerón regresa a la arena política con la esperanza de restaurar la república. Se enfrenta a Marco Antonio, que quiere liquidarla y hacerse con todo el poder. Esto le costará la vida a Cicerón. Marco Antonio hará que le corten la cabeza, literalmente.

Cicerón defiende la ley y la república, y lucha contra lo que él considera el peor de los males: la tiranía. Marco Antonio representaba el peligro del poder absoluto y la destrucción del sistema de controles y equilibrios que Cicerón tanto valoraba. Para Cicerón, el gobierno republicano era la garantía de la libertad política —de una parte de los ciudadanos, porque había esclavitud y las mujeres no votaban, ¡han tardado miles de años en poder votar!—, de la ausencia de dominación arbitraria y de la posibilidad de vivir bajo el imperio de la ley, no de la tiranía.

Cualquier intento de socavar ese sistema debía ser combatido enérgicamente. Por eso Cicerón representa el ideal de libertad y justicia, que Zweig recoge en su obra. No es suya la frase, pero desde luego recoge su posición: «Donde hay libertad, ahí está mi patria».

Marco Aurelio, dos siglos después, escribió: «Soy ciudadano romano, pero mi patria es el mundo». Por eso cuando Kennedy va a visitar el Berlín libre, y a reivindicar la libertad y la democracia frente al muro de separación que estaban construyendo los comunistas para impedir que los alemanes de la Alemania del Este pasaran al Berlín libre, comienza su discurso —¡en latín!— diciendo: *Civis romanus sum*, 'soy ciudadano romano', es decir, ciudadano libre, ciudadano del mundo.

LAS HUMANIDADES CLÁSICAS MANTIENEN VIVA LA DEMOCRACIA

Insisto siempre en que no se trata de hacer un club de fans de los clásicos, sino de aprender de sus errores y aprovechar lo que de bueno nos enseñan. Dicho esto, de las muchas cosas que debemos a los clásicos creo que la más importante es que la libertad es un valor fundamental.

Para los griegos, la libertad estaba vinculada a la capacidad de participar en la vida cívica (democracia), a la autonomía moral e intelectual (filosofía), y a la expresión artística y crítica de la sociedad (teatro). La libertad no solo era un derecho político, sino un compromiso con la búsqueda del conocimiento, la justicia y la verdad.

Si algo nos enseñan los clásicos es que la libertad, en sus diversas formas, es un valor supremo para la felicidad personal y para el progreso humano. Por eso necesitamos las humanidades clásicas. Para formar ciudadanos críticos y libres. Para mantener viva la democracia.

38
LA BONDAD TIENE PREMIO

Dicen que Giges era un pastor que estaba al servicio del entonces rey de Lidia. Sobrevino una vez un gran temporal y terremoto, se abrió la tierra y apareció una grieta en el mismo lugar en que él apacentaba su ganado.

Asombrado ante el espectáculo, descendió por la hendidura y vio allí, entre otras muchas maravillas, un caballo de bronce, hueco, y vio que dentro había un cadáver que no llevaba sobre sí más que una sortija de oro en la mano. Se la quitó y se marchó.

Cuando, según la costumbre, se reunieron los pastores para informar al rey, como todos los meses, acerca de los ganados, acudió también él con su sortija en el dedo. Estaba sentado con los demás cuando, por casualidad, le dio la vuelta a la sortija, dejando el engaste de cara a la palma de la mano, e inmediatamente dejaron de verle quienes le rodeaban y, con gran sorpresa suya, comenzaron a hablar de él como de una persona ausente. Tocó de nuevo el anillo, dándole la vuelta, y volvió a ser visible. Al darse cuenta de ello, repitió el intento para comprobar si la joya tenía ese poder y otra vez ocurrió lo mismo. Al volver hacia dentro el engaste, se volvía invisible, y cuando lo volvía hacia afuera, le veían de nuevo.

¿Qué hizo Giges una vez que se dio cuenta de que con el anillo podía ser invisible? Se las arregló para llegar al palacio, seducir a la esposa del rey, matarlo y apoderarse del reino. Esta historia nos la cuenta Platón en una de sus obras más famosas y una de las más importantes de la cultura universal, *República —Politeia—*, escrita hacia el 370 a. C. La obra tiene forma de diálogo entre Sócrates y otros seis personajes. Cuenta esta historia uno de ellos, Glaucón, hermano de Platón. Y concluye el personaje del diálogo de Platón:

> Si hubiera dos sortijas como aquella, de las cuales llevase una puesta el justo y otra el injusto, es opinión común que no habría persona de convicciones tan firmes como para perseverar en la justicia y abstenerse en absoluto de tocar lo de los demás, cuando nada le impedía dirigirse al mercado y tomar de allí sin miedo alguno cuanto quisiera, entrar en las casas ajenas y fornicar con quien se le antojara, matar o libertar personas a su antojo, obrar, en fin, como un dios, rodeado de mortales. Los dos seguirían el mismo camino. Esta sería la mejor demostración de que nadie es justo de grado, sino por fuerza. En cuanto uno cree que va a poder cometer una injusticia, la comete.

Glaucón defiende la teoría de que todas las personas, por naturaleza, son malas e injustas; solo son justas y buenas por miedo al castigo de la ley o por el premio por el buen comportamiento. Eso es lo que busca Platón, que pensemos… ¿qué haría yo con el anillo de Giges?

Según esa teoría, el ser humano hace el bien por cumplir las normas y, si pudiera, haría lo que quisiera, sin respetar a los demás, y se corrompería irremediablemente. Pero esto no es que lo defiende Platón, al contrario. Lo dice uno de los personajes de su diálogo porque quiere hacernos pensar. Él ataca esta teoría y defiende que «es peor cometer una injusticia que padecerla». Escribe:

> La práctica de la justicia es en sí misma lo mejor para el alma; en su propia esencia está hacer el bien, y el alma ha de obrar con justicia, tenga o no tenga el anillo de Giges, y aunque a este anillo se agregue el casco de Hades.

La referencia al casco de Hades es porque quien lo llevaba podía también ser invisible. Por ejemplo, lo lleva Perseo para matar a la monstruosa Medusa.

La historia ha tenido una influencia extraordinaria a lo largo de los siglos y es la fuente de inspiración de John Ronald Tolkien, el padre de la literatura fantástica moderna, para una de las grandes obras del siglo XX y de la historia de la literatura, *El señor de los anillos*.

¿Cómo reivindica Platón el bien? Para contrarrestar la historia de Giges, Platón pone en boca de Sócrates, al final de la *República*, el mito de Er. Er es un guerrero de una región de Asia Menor que muere en el campo de batalla y, al ir a recoger los cuerpos, días después de su muerte, el de Er permanece sin descomponerse. Dos días más tarde revive cuando está en la pira funeraria. Cuenta entonces su viaje al otro mundo, al más allá, y describe lo que ha visto. Y ha visto que las personas virtuosas son recompensadas y las inmorales son castigadas después de su muerte. Sócrates dice:

> Se salvó este relato y no se perdió, y podrá salvarnos también a nosotros si le hacemos caso. Si me creéis a mí, practicaremos la justicia acompañada de sabiduría, para que seamos amigos entre nosotros y con los dioses, mientras permanezcamos en la tierra y cuando emprendamos el viaje al más allá que he contado, seremos felices.

Sí, para Platón, la bondad tiene premio (es mi lema en guasap).

La bondad es uno de esos conceptos universales que los autores clásicos defendieron con fervor, aunque a menudo aparezca entrelazada con otros valores como la justicia, la generosidad o el autocontrol. Y es que la bondad no es un acto aislado o un simple gesto amable: es una forma de vida, un ideal que toca prácticamente todos los aspectos del comportamiento humano. Lo más interesante es cómo los clásicos tejen la bondad en el tejido mismo de la virtud, señalando que, para ser verdaderamente virtuoso, uno debe actuar de manera bondadosa, no por obligación sino por convicción.

Si la humanidad sigue existiendo es porque al final triunfa la bondad, aunque claro que existe la maldad y a la mala gente le cunde mucho. El problema es que la bondad es a largo plazo y suele ser invisible; pero, al final, la bondad tiene premio.

La bondad en los autores clásicos, eso es otro libro. La bondad es un tema central en la ética y en la filosofía clásicas, en general en la literatura clásica, desde los diálogos de Platón, donde se discuten las formas de justicia y el bien, hasta las *Meditaciones* de Marco Aurelio, donde se reflexiona sobre cómo la bondad está en la esencia misma de la naturaleza humana. No es simplemente una virtud más: la bondad lo atraviesa todo.

Esopo, Platón, Aristóteles, Cicerón, Séneca, Marco Aurelio, Epicteto… todos ellos dedicaron un espacio a hablar sobre la bondad, pero siempre vinculada a otras virtudes: la justicia, la moderación, la amistad, la serenidad. En este sentido, cuando hablamos de bondad en los clásicos no estamos hablando solo de hacer el bien por hacer el bien, sino de un concepto mucho más profundo: el bien para uno mismo y para la comunidad, el bien como camino hacia la felicidad.

La bondad en ellos es el punto de encuentro de muchas ideas. En la ética de Aristóteles, la bondad se entrelaza con el concepto de *areté* ('virtud') y *eudaimonía* ('felicidad'), mientras que para los estoicos, como Séneca o Marco Aurelio, la bondad es una fuerza que nos permite vivir en armonía con la naturaleza.

Cicerón, en *Sobre los deberes del buen ciudadano*, plantea que la bondad y la justicia son las bases de toda sociedad. Insiste en que debemos tratar a los demás con benevolencia y generosidad, no por interés sino porque es lo correcto. De hecho, su idea de que la bondad está en tratar a los demás como te gustaría que te tratasen a ti ha sido una de las que han perdurado a lo largo del tiempo. Cicerón es un gigante de la cultura occidental, y lo es también en el aspecto moral. Cicerón no se queda solo en la teoría, sino que insiste en que la bondad es acción: debe mostrarse en actos concretos, como en ayudar a los amigos, proteger a los vulnerables y contribuir al bien común.

En Séneca hay permanentes referencias a la bondad. En sus *Cartas a Lucilio*, defiende que la bondad no es algo de lo que se deba hacer ostentación, sino una práctica diaria que nos acerca a la serenidad y la paz interior. En la medida en que hacemos el bien sin esperar nada a cambio, dice, experimentamos una recompensa interna: la tranquilidad del ánimo, que es mucho más valiosa que cualquier premio externo.

En *Sobre los beneficios*, Séneca enfatiza que ayudar a los demás y hacer el bien sin esperar nada a cambio es un principio fundamental para vivir una buena vida. La bondad, según Séneca, es un deber moral y un camino hacia la verdadera felicidad, y es el conjunto de virtudes del verdadero estoico. Defiende que la bondad es el resultado de un espíritu firme, sabio y libre que actúa con sensatez y justicia. La bondad no es solo hacer actos amables, sino vivir de acuerdo con una serie de virtudes que forman un todo coherente y elevado. Para Séneca, la bondad es una condición esencial para alcanzar la verdadera libertad y la paz interior:

> El bien supremo es la reciedumbre de un espíritu inquebrantable y su previsión y elevación y cordura y libertad y armonía y decoro.

(*Sobre la vida feliz* IX)

ELIGE LA BONDAD

Epicteto, por su parte, nos recuerda que la bondad es una elección consciente. Esto es muy interesante. Habla de la importancia de ejercer el control sobre nuestras reacciones, no dejándonos arrastrar por la ira o el resentimiento, y de practicar la clemencia y la compasión con los demás. Para él, ser bondadoso es parte de ejercer ese dominio sobre uno mismo que tanto defendía el estoicismo:

> El hombre, sabedor por instinto de que la felicidad reside en el bien, aceptará el bien y rechazará el mal. Lo exterior no depende de mí; el albedrío depende de mí. ¿Dónde buscaré el bien y el mal? En lo interior, en mis cosas.

(*Disertaciones* II)

Epicteto nos está recordando una de las lecciones fundamentales del estoicismo: el bien y el mal no se encuentran en las circunstancias externas, sino en nuestra propia capacidad de elegir. Es decir, no son las cosas que nos ocurren lo que determina nuestra felicidad o sufrimiento, sino cómo reaccionamos ante ellas. El control que tenemos sobre nuestras acciones y nuestras actitudes es lo que define si algo es bueno o malo, es decir, el bien y el mal están en nuestro interior.

Epicteto está señalando que la felicidad proviene del control sobre nuestro propio albedrío, sobre nuestras decisiones. Es decir, el bien está en nuestras propias decisiones y en cómo manejamos nuestras emociones y pensamientos.

En otro momento Epicteto afirma:

El bien es útil.

(*Disertaciones* II)

Es decir, el bien no solo es moralmente correcto, sino también práctico y beneficioso para quienes lo practican. Así, lo que define si algo es útil no es el resultado externo, sino cómo contribuye a nuestra tranquilidad interior, a nuestra paz mental. Para Epicteto el bien es útil porque, al ser virtuosos, obtenemos la única felicidad verdadera: la que proviene del interior.

Marco Aurelio, por otro lado, nos deja en sus *Meditaciones* una reflexión muy clara sobre la bondad. Habla de cómo cada individuo, como parte del conjunto de la humanidad, debe buscar el bien común y actuar con bondad, porque lo que es bueno para la comunidad lo es también para uno mismo. Dice algo así como: «No obres nunca pensando en que vas a obtener un premio, sino simplemente por la satisfacción de haber hecho el bien». ¡Vamos! Un zasca en toda regla a aquellos que hacen favores esperando que les devuelvan el gesto:

Pero, mi buen amigo, mira si la nobleza y la bondad no serán otra cosa que salvar a los demás y salvarte a ti mismo. Porque no debe el hombre que se precie de serlo preocuparse por la duración de la vida, tampoco debe tener excesivo apego a ella, sino confiar a la divinidad estos cuidados y dar crédito a las mujeres cuando afirman que nadie podría evitar el destino. La obligación que le incumbe es examinar de qué modo, durante el tiempo que vaya a vivir, podrá vivir mejor.

(Meditaciones VII)

Es decir, para Marco Aurelio, en lugar de obsesionarnos con la duración de nuestra existencia, lo importante es la calidad con la que vivimos. Y la calidad la da la bondad, que depende de nosotros mismos:

El bien y la justicia están conmigo.

(Meditaciones VII)

La bondad, más que un simple rasgo de carácter o una cualidad social, es una virtud que tiene efectos profundos tanto en quienes la practican como en quienes la reciben. La bondad no solo mejora la vida individual, sino que también fortalece la sociedad en su conjunto.

Los clásicos tenían claro que ser bueno no es ser ingenuo o tonto. No es que ser bueno te lleve necesariamente al éxito material, pero sí a una vida interior más rica, una vida que tiene sentido, y eso ya es un premio en sí mismo; por eso insisto en que la bondad tiene premio.

La bondad es una constante en los autores clásicos. De hecho, tal como la concebían los autores clásicos, es la suma de muchas otras virtudes recogidas en este libro y que ellos defendían para ser felices: la serenidad, la fraternidad, la justicia, la moderación…

En este sentido, cuando hablo de la bondad no me refiero solo a ser «buena persona» en un sentido genérico, sino a vivir de acuerdo con una serie de principios que llevan a una vida plena y feliz.

Las buenas acciones generan gratitud, empatía y confianza. Esto, a su vez, alimenta las relaciones humanas. La bondad, por tanto, no solo beneficia al que la practica, sino que también tiende a regresar de alguna forma. Por eso digo que la bondad tiene premio no solo interior, sino exterior, aunque no sea lo que buscamos.

La bondad tiene premio porque nos hace mejores personas, nos acerca a una vida feliz y nos da un sentido de unión con los demás. Aunque no sea visible ni inmediata, tiene un impacto que perdura en nosotros y en quienes nos rodean. La bondad tiene un premio: la felicidad. Si los clásicos lo tenían claro, ¿por qué no íbamos a tenerlo nosotros hoy?

39
REPASA CADA DÍA LO QUE HAS HECHO

Mi hijo Jaime es ingeniero de Teleco y se pasa el día trabajando en reuniones interminables, todos los días con decisiones que tomar y agobiado con correos que responder. Cuando por fin llega a casa solo quiere tumbarse en el sofá y desconectar. Pero en ese pequeño espacio de calma hay algo que le sigue rondando la cabeza: las decisiones que ha tomado hoy, los comentarios que ha soltado sin pensar, el tiempo que podría haber aprovechado mejor. Me lo estaba contando, muy estresado, un lunes, y le dije:

—Te paso un texto de Séneca, haz caso a lo que dice.

—¿Quééé? Seguro que es un puto coñazo —me contestó.

—A ver, que son diez líneas. Tú léelo y me dices.

Se lo pasé y me llamó al momento para decirme que él no sufría de ataques de ira:

—No sé por qué me pasas esto, si yo no me cabreo.

—Pero no lo tomes en ese sentido. Te lo he pasado para que te apliques lo de hacer un examen de lo que has hecho durante el día antes de irte a la cama. Yo lo hago cada día, y lo escribo —le contesté.

—¿Hacer cuentas conmigo mismo? ¡Qué pereza! No tengo tiempo ni ganas —me replicó.

—Oye, hazlo unos días, y si no te sirve dejas de hacerlo. ¿Por qué no te das unos minutos antes de dormir y repasas el día? Así, al menos, al día siguiente ya sabrás qué mejorar, cómo aprovechar mejor el tiempo, qué cosas evitar… Al menos unos días.

—Bueno, ya veré. ¡Gracias!

Al domingo siguiente, en la comida familiar, nos lo contó a todos:

—Oye, papá, he hecho lo que me pasaste de Séneca. Es buenísimo. Son diez minutos cuando llego a casa, después de cambiarme. Y me viene genial.

Claro, sus hermanos y cuñados —tengo dos hijos y una hija, los tres casados— le preguntaron de qué iba. Jaime les leyó el texto:

> Todos los sentidos hay que guiarlos hacia la firmeza; son de natural resistentes, si desiste de corromperlos el espíritu, que a diario ha de ser llamado a rendir cuentas. Así hacía Sextio, de modo que, al terminar el día, cuando ya se había recogido para su descanso nocturno, preguntaba a su espíritu: «¿Qué defecto te has curado hoy? ¿A qué vicio te has opuesto? ¿En qué aspecto eres mejor?». Desistirá y será más moderada la ira que sepa que a diario ha de presentarse ante el juez. ¿Qué, pues, más hermoso que esta costumbre de revisar toda la jornada? ¡Qué sueño el que viene después del examen de uno mismo, qué tranquilo, qué profundo y despreocupado, cuando el espíritu se ha visto alabado o aleccionado y ha instruido proceso, inquisidor de sí mismo y censor secreto, a su conducta! Yo hago uso de esta facultad y a diario defiendo ante mí mi causa. Cuando han retirado de mi vista la luz y se ha callado mi esposa, conocedora ya de mi costumbre, examino toda mi jornada y repaso mis hechos y mis dichos: nada me oculto yo, nada paso por alto. ¿Por qué razón, pues, voy a temer algo a consecuencia de mis errores, cuando puedo decirme: «No vuelvas a hacer eso, de momento te perdono»?
>
> (*Sobre la ira* III)

Es muy bueno lo que aconseja Séneca. No se trata de fustigarnos por lo que no hemos hecho bien, sino de aprender y mejorar para el día siguiente. Si nos tomamos un momento para observarnos con honestidad y sin trampas, nos daremos cuenta de lo que nos ha apartado de la serenidad y de cómo encauzar nuestros actos y nuestra actitud mental para tener una buena vida.

Marco Aurelio y Epicteto reflexionan y aconsejan sobre la autobservación y la mejora continua, pero no hay un pasaje que hable específicamente de hacer una evaluación diaria de los errores y aciertos de esa manera tan concreta como lo hace Séneca.

EL REPASO DIARIO DE FRANKLIN

Si haces esto cada día harás como Benjamin Franklin (1706-1790), uno de los personajes más influyentes en la historia de Estados Unidos: político, científico, inventor (del pararrayos), diplomático y escritor, Franklin jugó un papel clave en la creación de los Estados Unidos y es considerado uno de los Padres Fundadores. Un tipo que me fascina.

La práctica diaria del «examen de conciencia» la cuenta él mismo en su *Autobiografía*. Detalla cómo desarrolló un sistema personal de mejora personal. Este sistema se basaba en una lista de trece virtudes, que él consideraba esenciales para mejorar su vida y carácter. Las enumeró en una lista y se esforzó por practicarlas diariamente. Él mismo las comentaba, y eran:

1. *Templanza*. Comer y beber con moderación.
2. *Silencio*. Hablar solo cuando es útil, evitando conversaciones triviales.
3. *Orden*. Mantener las cosas en su lugar y organizar el tiempo.
4. *Determinación*. Decidir hacer lo que se debe y llevarlo a cabo sin fallar.
5. *Frugalidad*. No gastar innecesariamente; usar los recursos sabiamente.
6. *Diligencia*. Trabajar con empeño y evitar el ocio innecesario.
7. *Sinceridad*. Ser honesto y directo, evitando el engaño.
8. *Justicia*. No causar daño a nadie y cumplir con los deberes hacia los demás.

9. *Moderación*. Evitar los extremos y las reacciones despro-
   porcionadas.
10. *Limpieza*. Mantener el cuerpo, la ropa y los espacios en
    orden.
11. *Tranquilidad*. No inquietarse por las pequeñas cosas o
    por lo que está fuera de control.
12. *Castidad*. Moderación en los placeres sexuales.
13. *Humildad*. Imita a Jesús y a Sócrates en su comporta-
    miento humilde y virtuoso.

Franklin era un gran lector de los clásicos, y se nota, porque
este listado es toda una guía estoica.

A lo que voy, Franklin se enfocaba cada semana en una de
estas virtudes, llevando un registro en su diario para evaluar su
progreso en el cumplimiento de ellas. Cada día, al finalizar,
reflexionaba sobre sus acciones y analizaba en qué había fallado
y en qué había mejorado. El objetivo de este sistema no era
alcanzar la santidad, sino un progreso constante hacia la excelencia personal.

Este proceso de introspección diaria se asemeja al examen de
conciencia propuesto por Séneca. Franklin no se castigaba por
sus errores, sino que veía esta revisión como una herramienta
para mejorar constantemente, evaluando sus debilidades y trabajando en ellas día tras día.

Franklin también mencionaba que, aunque no llegó a ser
«perfecto» en sus trece virtudes, su vida mejoró notablemente
gracias a este método. Esta reflexión sobre las virtudes y los
defectos propios es muy parecida a la práctica estoica de evaluar
las propias acciones y trabajar sobre ellas con paciencia y disciplina.

DE FRANKLIN A SÉNECA

«Hacer las cuentas» con uno mismo nos da una oportunidad
diaria de mejorar. Como recomienda Séneca, dedicar un tiempo
cada noche a examinar nuestras acciones no solo nos ayuda a

corregir lo que hacemos mal, sino que también nos otorga paz interior, sabiendo que estamos en el camino de la mejora.

Hacer este repaso diario, esta revisión honesta y constante de nuestros actos, es algo fundamental para los estoicos como Séneca, quienes defendían que el autocontrol y la autoevaluación nos llevan a una vida más serena. Y, además, algo muy importante, dormimos mejor.

La clave está en la autobservación sincera. Al final del día, es fundamental hacer un examen honesto de nuestras acciones, sin ocultarnos nada ni pasarlo por alto, como un juez que evalúa su propio caso. ¿Quién mejor que nosotros? Yo lo hago también, y no te imaginas lo que ayuda. Es una manera de ser conscientes de nuestros actos, de reconocer nuestros fallos para aprender de ellos.

40
DATE PRISA EN VIVIR: *CARPE DIEM*

He visto con frecuencia cuántos aplausos suelen provocar los equilibristas cuando suben por una delgada cuerda a las alturas y parece que están una y otra vez a punto de caerse. Estas cosas cuanto más inesperadas, cuanto más peligrosas son, tanta más admiración provocan, y es lo que los griegos definen claramente con la palabra 'riesgo'.

(Cartas 9)

Así se refiere Plinio el Joven a los equilibristas, en el siglo II, en una de sus cartas. En los intermedios de los combates de gladiadores actuaban trapecistas, funambulistas, que atraían más atención cuanto mayor era el peligro al que se exponían. Hay muchos testimonios sobre esto. Los primeros equilibristas actuaban sin red, hasta que Marco Aurelio ordenó que se pusieran colchones debajo de ellos. Es el origen de la red. Así lo cuenta Julio Capitolino:

Hay que contar este acto de bondad entre sus muchas muestras de bondad: después de que se cayera un joven funambulista ordenó que se pusieran colchones extendidos debajo. Esta es la razón por la que hoy en día se pone una red.

(Historia Augusta XII)

¿Y qué tiene que ver esto con el bienestar emocional y con la felicidad?

Pues que en la vida buscamos siempre seguridades y certezas. En el trabajo, en el amor, en todo. Necesitamos las seguridades para vivir, por supuesto, pero en realidad somos funambulistas, la vida es estar en una cuerda floja. Los equilibristas son una metáfora de nosotros mismos, de la vida.

Vivimos —aunque no nos queramos dar cuenta— en la cuerda floja, por muchas seguridades que busquemos siempre. En la vida no tenemos un Marco Aurelio que nos ponga una red. Bueno, la fe es una red, al menos espiritual, los creyentes tienen suerte, de la religión que sea.

Vivir es andar sobre la cuerda de los funambulistas. Y sin red. Debemos caminar en un equilibrio permanente. Como cantó Battiato: «Busco un centro de gravedad permanente». Los clásicos grecolatinos nos ayudan a encontrarlo. Y nos enseñan que hay que aprovechar cada segundo que estamos en la cuerda. En la cuerda floja.

Además, son nuestra red para no caernos.

APROVECHA LA VIDA

Por eso hay que vivir intensamente, aprovechar cada momento de este regalo que es la vida. Esto es algo que nos enseñan los clásicos. La expresión que da título a este libro —que no es, insisto, sino unas notas para mí mismo, mis notas de lectura de los clásicos para ser mejor persona y ser feliz— es parte de unos versos del poeta latino Horacio: *carpe diem*, goza de la vida y no te preocupes del futuro, porque lo que tenga que pasar, pasará:

> Sé prudente, filtra el vino y, en el breve espacio que es la vida, contén la esperanza. Mientras hablamos, el tiempo, celoso, ha escapado. Aprovecha la vida, no te preocupes del mañana.

(*Odas* II)

Como dijo Churchill: «Me he pasado la vida preocupándome por cosas que nunca han sucedido». Eso es *carpe diem:* no desperdicies tu vida preocupándote por lo que no va a pasar, mira siempre el lado positivo de las cosas.

Los clásicos escriben para la vida, no para que se pregunte sobre ellos en un examen. Y nos enseñan a vivir. Hay que aprovechar cada minuto y vivir la vida intensamente. *Carpe diem.*

SERENIDAD INTERIOR PARA DARSE PRISA EN VIVIR

Frente a la idea que plantean algunos del estoico alejado del mundo, escribe Séneca:

> Date prisa, querido Lucilio, en vivir, y piensa que cada día es una vida.

(Cartas a Lucilio 101)

No se trata de vivir en una especie de torre de marfil emocional, ajeno a los placeres o las experiencias de la vida, sino de aprovecharla plenamente: «date prisa en vivir».

Séneca nos exhorta a no postergar la vida. No significa que debamos vivir en un hedonismo desmedido, pero no debemos caer en la trampa de vivir esperando siempre un futuro mejor, renunciando al presente. La clave está en vivir con serenidad y sabiduría, disfrutando de cada momento y dándole valor a la vida que tenemos hoy, sin quedarnos atrapados en la esperanza de un mañana incierto:

> Quien vive con esta disposición, quien cada día lo vive plenamente, está a salvo; en cambio, aquellos que viven solo para la esperanza, incluso el tiempo más cercano se les escapa, y les invade la avidez y ese deplorable miedo a la muerte, que convierte todo en algo aún más lamentable.

(Cartas a Lucilio 101)

En esto el estoico Séneca coincide con el epicúreo Horacio, que en su *carpe diem* nos insta también a aprovechar el día. Aunque pertenecen a escuelas filosóficas diferentes, ambos pensadores se encuentran en esta misma verdad fundamental: la vida está sucediendo ahora.

> El mayor defecto de nuestra vida es que siempre la dejamos incompleta, reservando cada día algo para el futuro. Quien es capaz de dar cada día el toque final a su vida no siente la necesidad del tiempo, porque de esa necesidad nacen el temor y la ansiedad por el futuro, que consumen el espíritu. No hay nada más deplorable que la incertidumbre sobre cómo terminará lo que nos sucede: nuestro espíritu, inquieto por saber cuánto durará o cómo será nuestra vida, se desgasta en esa preocupación.

(*Cartas a Lucilio* 101)

Este texto de Séneca es una auténtica bofetada de realidad. ¿Cuántas veces posponemos las cosas para mañana? «Lo hago después», «Ya habrá tiempo»… Pues Séneca nos dice claramente que no. Que vivir así, siempre dejando algo para después, nos deja con una vida incompleta, insatisfecha, infeliz. Si cada día pudiéramos decir que lo hemos vivido, no estaríamos tan obsesionados con el tiempo.

El problema es que, al vivir para el futuro, nos llenamos de ansiedad. Nos pasamos la vida preocupados por cuánto tiempo nos queda, o por cómo serán las cosas mañana. Es un desgaste mental brutal. Séneca lo tiene claro: si dejas de aplazar la vida para mañana vives más libre, más sereno, con más tranquilidad de ánimo, porque el miedo al futuro no te consume. Y, por tanto, eres más feliz. Así que, en lugar de andar dándole vueltas a lo que pasará, céntrate en vivir hoy. Porque la vida es ahora, no mañana.

Séneca defiende que hay que aprovechar el momento presente, pero sin ansiedad ni apego excesivo a las cosas externas.

El bienestar emocional está en escapar de las falsas expectativas de un futuro mejor, y en ser capaces de crear ese futuro a través de nuestras acciones diarias. La felicidad no se encuentra en «horizontes lejanos», sino en las decisiones y acciones que tomamos hoy. Séneca nos anima a ser proactivos, a tomar las riendas de nuestra vida y a hacer que cada día pueda ser un gran día, como canta Serrat.

La letra de la canción «Momentismo absoluto» de Fangoria (2021), cantada por Alaska, reivindica también *carpe diem*:

> El futuro lo he dejado atrás.
> El ayer me atormentaba,
> el mañana me asustaba.
> Solo creo en el momento actual.
> *Carpe diem* es la única verdad.
> Tenemos que seguir,
> es tiempo de vivir.

Y es que aferrarse al futuro o al pasado no nos hace felices. Hay que vivir con conciencia plena del ahora. De los clásicos a Alaska. *Carpe diem.*

Así que menos etiquetas. Tanto el estoicismo como el epicureísmo, a pesar de sus diferencias, coinciden en una lección vital: no desperdicies la vida esperando el futuro, porque eso solo genera frustración. Vivir es un acto que debe realizarse en el presente, apreciando lo que tenemos, pero sin caer en el error de renunciar a los placeres moderados ni vivir atado a la esperanza de lo que vendrá. Cuando te levantes por la mañana, piensa en el privilegio precioso de estar vivo: la vida es un regalo.

No te líes con teorías ni bases tu felicidad en promesas vacías. Apresúrate a vivir. Busca siempre el lado positivo de la vida. *Carpe diem.*

41
ME HAN AYUDADO A SER MEJOR PERSONA

Este libro son mis notas de lectura de los clásicos grecolatinos, autores que me han ayudado a ser mejor persona. Pero no solo los clásicos lo han hecho, también unas cuantas personas han influido para bien en mi vida y por eso les doy las gracias. Además, dar las gracias es gratis —son la misma palabra—, por eso no entiendo que a algunos les cueste tanto hacerlo.

En realidad, tendría que poner este capítulo de agradecimiento al comienzo, como hace Marco Aurelio. Al principio de las *Meditaciones*, Marco Aurelio expresa su gratitud hacia aquellos que han influido en su vida. Es una auténtica delicia el comienzo de la obra, para mí lo mejor de las *Meditaciones*. En esa sección, única en la literatura clásica, enfatiza las cualidades que le transmitieron las personas de su vida y que moldearon su carácter. Al estilo de una lista —las listas, tan queridas para los clásicos—, Marco Aurelio escribe:

De mi abuelo Vero, el buen carácter y la serenidad.
De mi madre, la generosidad y la abstención no solo de obrar mal, la frugalidad en el régimen de vida y el alejamiento del modo de vivir propio de los ricos.

De mi preceptor, el soportar las fatigas y tener pocas necesidades, el trabajo con el esfuerzo personal y la desfavorable acogida a la calumnia.

Así que, siguiendo modestamente a Marco Aurelio, pago mi cordial —es decir, desde el corazón— deuda de gratitud con los que me han ayudado y ayudan a ser mejor persona. Le aplicaría a cada uno de ellos todos los valores que menciono, pero no quiero repetirme, así que los reparto.

He aprendido de mis padres, Emilio y Dori, la honradez, la humildad, «el soportar las fatigas y tener pocas necesidades, y el trabajo con el esfuerzo personal».

De mi madre, además, la paciencia (yo era, soy, tan impaciente).

De Pepa Fernández, la serenidad, la lealtad y la templanza.

De More, la generosidad, la constancia y buscar siempre el lado positivo de la vida.

De Borja Carabante, la bondad y la paz interior.

De José Luis Pérez Pastor, la complicidad y la capacidad de compartir.

De José Antonio Oteo, el espíritu de servicio, la prudencia y la sensatez.

De Luis Jorcano, el amor al latín.

De Luis Alberto de Cuenca, el amor a la belleza.

De Jesús Ruiz Tutor, la paciencia.

De Miguel Herrero de Jáuregui, la generosidad.

De Julián Ciriza, a reírme de mí mismo.

De Óscar Campillo, la fortaleza de ánimo.

De Pere Guardiola, que el ser humano es un ser social.

No quiero que me falten nunca.

En *Sobre la vejez*, Catón, el protagonista del diálogo, se refiere a Quinto Fabio Máximo, un famoso personaje a quien echa de menos, y dice de él: «Yo disfrutaba de su conversación con tanto placer como si ya adivinara lo que me sucede una vez que él falta: que no tengo a nadie de quien aprender».

Echo de menos la conversación con mis padres, con Antonio Fontán y con Luis Alegre, pero tengo la fortuna de seguir disfrutando y aprendiendo de la conversación con los que he mencionado y, además, con Eduardo Álvarez, Ignacio Elguero, Juan Antonio Fernández Velilla, Matilde García Duarte, Álex Grijelmo, Antonio López Fonseca, Gregorio Luri, Jorge Moreta, Manu Mostaza, Jordi Nadal, Manolo Pizarro, José Luis Prusén, Raúl Rodríguez y Eduardo Torres Dulce.

No quiero que me falten nunca.

De mi editora, Pilar Cortés, la serenidad, la paz interior y la paciencia. Escribo libros para poder hablar con ella. Y, además, me ahorro el psiquiatra.

Y de todos los mencionados, de todos, el valor de la amistad. Como escribió Cicerón, la vida sin amistad no vale nada.

De Guillermo, Jaime y Teresa, mis hijos, y de Gabriel, Catalina y Jacobo, mis nietos, he aprendido a ser más comprensivo y a saber lo que es el amor incondicional a cambio de nada. Me han enseñado a tener paciencia y me recuerdan cada día la alegría de vivir. No quiero que me falten nunca.

Y, por último, de Mayte he aprendido a perdonar, la serenidad, a tener hábitos y, sobre todo, que la única medida del amor es el amor sin medida. Escribo libros para dedicárselos.

42
MIS CÓMPLICES EN ESTE VIAJE

Los libros son mis compañeros en el viaje de la vida. A lo largo de los años, he encontrado en los autores clásicos verdaderos cómplices en este viaje, voces que han sido mi refugio, mi guía y mi recordatorio constante de aquello que realmente importa.

Como digo siempre, lo que pretendo es animar a la lectura de estos autores geniales, divertidos, inspiradores y motivadores que son los autores griegos y romanos. Te sirven para la vida. Como escribió mi querido y añorado Nuccio Ordine, son «clásicos para la vida».

Con este libro espero animar al lector a que se acerque a los clásicos, a los autores grecolatinos, que no solo son divertidos, sino también una fuente de sabiduría y de bienestar emocional, y nos enseñan el camino para ser mejores personas y encontrar la felicidad.

No voy a hacer una bibliografía de las habituales, por eso he titulado este capítulo «Mis cómplices en este viaje» porque, para mí, eso es lo que han sido: amigos leales que me han ayudado a ver las cosas con claridad, especialmente en los momentos más confusos o difíciles. Como escribió Quevedo en su soneto genial:

Retirado en la paz de estos desiertos,
con pocos, pero doctos libros juntos,

vivo en conversación con los difuntos
y escucho con mis ojos a los muertos.

Al leer esos libros, Quevedo escucha la voz de autores desaparecidos, encontrando en ellos una guía, un refugio y una conexión con el pasado. Cuando dice «escucho con mis ojos a los muertos», el poeta usa esta sinestesia maravillosa para transmitir cómo, al leer, sus ojos «escuchan» las palabras de los autores. Este «escuchar» visual representa el diálogo que mantiene con ellos, es como si hablase con ellos, en un diálogo en el que busca inspiración y guía, como quien recibe consejos de un sabio mentor. Ahora dirían un *coach*, pero cada vez que escucho esta palabra echo a correr.

Al leer a los clásicos, establecemos una conversación con ellos. Son nuestros cómplices. En estas páginas pretendo animar a leer a estos compañeros íntimos en el viaje de mi vida y que espero que puedan encontrar un lugar en el tuyo. Hablo de Séneca, Marco Aurelio, Epicteto, Homero, Platón, Aristóteles, Demócrito, Terencio, Plinio, Frontón, Horacio, Marcial, Virgilio, Ovidio o Cicerón; autores que, aunque distantes en el tiempo, han tenido el poder de darme respuestas y consuelo. Son nuestros amigos, nuestros contemporáneos.

Espero que este libro te anime a acercarte a las magníficas traducciones en español que hay de estos autores, que he manejado para este libro, en la Biblioteca Clásica Gredos, Alianza Editorial, Cátedra, Acantilado, Alma Mater, Akal o Los Secretos de Diotima. Leer a un escritor grecolatino en cualquiera de estas editoriales te abrirá las puertas de estos autores que te ayudan para la vida.

Los clásicos son algo más que palabras en papel; son compañeros silenciosos, maestros discretos que me han enseñado y me siguen enseñando a vivir con serenidad y a centrarme en lo que de verdad importa en la vida. En sus páginas encuentro consuelo, fuerza y, sobre todo, compañía. Uno de los secretos de la felicidad está en la relación que construimos con los libros que elegimos.

En el prólogo a su último libro, *Los conjurados* (1986), Borges escribió:

> Al cabo de los años he observado que la belleza, como la felicidad, es frecuente. No pasa un día en que no estemos, un instante, en el paraíso.

Así que no lo olvides, la felicidad es frecuente.

Los clásicos me han ayudado a ser mejor persona y a encontrar el camino para la felicidad. Han sido, son, mis cómplices en el viaje de la vida. Espero que *Carpe diem* lo sea también para ti.